JEAN-JACQUES LANGENDORF

AHNENGALERIE DER KAISERLICHEN ARMEE 1618–1918

Biographische Schattenrisse

Wien

KAROLINGER

Gesamtherstellung:
M. Theiss, Wolfsberg in Kärnten

Umschlag:
Original-Mischtechnik von Christoph Rodler

Aus dem französischen Manuskript übersetzt
von Cornelia Langendorf und Peter Weiß

Die Erstausgabe erscheint als Privatdruck der Österreichischen Volksbanken AG in Wien.

Die Deutsche Bibliothek – CIP-Einheitsaufnahme

Langendorf, Jean-Jacques:
Ahnengalerie der kaiserlichen Armee 1618–1918 : biographische
Schattenrisse / Jean-Jacques Langendorf. [Aus dem franz. Ms.
übersetzt von Cornelia Langendorf und Peter Weiss]. – Wien :
Karolinger, 1995
ISBN 3-85418-070-5

INHALTSVERZEICHNIS

ABBILDUNGSVERZEICHNIS

VORWORT

Wörterbücher von einst definieren den Schattenriß als „das Bild eines meist im Profil dargestellten Menschen, das mit schwarzer Farbe ausgefüllt ist, während die inneren Linien bisweilen mit weißen Strichen leicht ausgespart werden".

Bekanntlich erfreute sich diese Kleinkunst, die nur eine Schere, schwarzes Papier und natürlich auch eine gewisse Fertigkeit erfordert, im 18. Jahrhundert außerordentlicher Beliebtheit. Rasch ausgeführt, gaben die Silhouetten, einzig vermittels des Profils, das Modell in manchmal frappierender Weise wieder.

Diese Methode regte uns an, „Scherenschnitte" berühmter, weniger berühmter und unbekannter österreichischer Soldaten anzufertigen, nicht mehr oder weniger lückenlose Biographien mit allen Daten und Ereignissen, sondern skizzenartige Porträts, Schattenrisse eben. Nehmen wir Menschen nicht schattenhaft wahr, wenn wir ihnen zum ersten Mal begegnen, prägt sich uns nicht zunächst ihr Profil ein? Sollte der Leser nach dieser ersten Begegnung neugierig geworden sein und mehr wissen wollen, so wäre der Zweck dieses Buches erfüllt.

In einer Zeit überdies, die ihre Helden, ihre Vorfahren verleugnet und die Tempel niedergerissen hat, in denen ihr Andenken bewahrt wurde, die alles über Bord geworfen hat, was die Stärke eines Volkes und einer Gemeinschaft ausmacht, erschien es angemessen, eine jener Ahnengalerien wiederherzustellen, einen jener Ehrentempel, ein Pantheon tapferer Soldaten zu errichten, deren Tradition bis in die Antike zurückreicht. Wir halten dies für einen notwendigen Beitrag zum Kampf gegen den Zeitgeist.

Dennoch sollte nicht allein der ruhmreichen, triumphgekrönten Schlachtenlenker gedacht werden, sondern auch jener Glücklosen, die der Siegesengel im entscheidenden Moment verließ: ein Mack, ein Benedek, ein Potiorek. Schließlich durften die Gelehrten und Erfinder in dieser Galerie nicht fehlen, deren Wirken für die Streitkräfte unentbehrlich ist.

Es war allerdings nicht einfach, eine Auswahl unter Hunderten von „Kandidaten" zu treffen, deren Anzahl aus verlegerischen Gründen auf 33 begrenzt werden mußte, weshalb wir so bedeutende – und bekannte – Feldherren wie Prinz Eugen, Erzherzog Carl oder Fürst Karl von Schwarzenberg ausklammerten. Dagegen wurden einige Berühmtheiten aufgenommen, von Wallenstein bis Conrad, um den Zeitraum von 1618 bis 1918 vollständig zu umfassen.

Bedauerlich ist vor allem, daß auf viele weniger bekannte oder völlig vergessene Persönlichkeiten verzichtet werden mußte, beispielsweise auf den unglücklichen Bolyai von

Bolya, den Kriegslaufbrücken-Erbauer Birago, auf Franz von Hauslab, den „gelehrtesten Offizier der Armee", Josef von Phillipović, der 1878 die Okkupationstruppen in Bosnien-Herzegowina befehligte, oder den Kartographen von Fligely. Dagegen sind Schicksale aus allen Waffengattungen vertreten: Infanterie, Kavallerie, Artillerie, Genie, Marine, Luftwaffe.

Ob berühmt oder vergessen, vom Glück begünstigt oder verlassen, adelig oder bürgerlich, ob Österreicher oder Fremde in österreichischen Diensten, eines ist allen Gestalten in dieser Galerie gemeinsam, nämlich die Opferbereitschaft, mit der sie der Monarchie mit ihrem Mut, ihren Leistungen, ihrem Wissen und nicht zuletzt mit ihrem Blut dienten.

ALBRECHT WENZEL EUSEBIUS WALLENSTEIN

Hermanitz (Böhmen), 24. September 1583 – Eger, 25. Februar 1634

„Er ist hoch geboren, wie Sie wissen, und mit allen großen Häusern verwandt", schreibt sein Schwager. Seine Familie ist evangelisch. Mit zehn Jahren verliert er seine Mutter, mit zwölf den Vater, der ihm Schloß und Ländereien von Hermanitz hinterläßt, „eine große goldene Vase, die sich in Salznäpfe, Schalen und kleinere Tassen zerlegen läßt", sowie eine aus 411 Golddukaten zusammengesetzte Kette. Gold! Gold wird im Leben Wallensteins eine zentrale Rolle spielen, bereits jetzt tritt es in seine Existenz.

Er kommt auf die Lateinschule, dann bezieht er die Akademie in Altdorf. Der Hitzkopf und Raufbold führt ein ungeordnetes, umtriebiges Leben. Später bereist er Frankreich und Italien; es ist die klassische Bildungsreise, die damals hochgeborene junge Leute zu absolvieren hatten. Mit 19 Jahren kehrt er zurück und läßt in Hermanitz seinen Eltern zwei Grabmäler errichten. Es ist dies gewiß eine Geste der Pietät, eine Erinnerung an die Vergangenheit, zum anderen aber vielleicht auch eine symbolische Handlung. Diese Statuen erscheinen als Garanten eines neuen Lebens, das der Waise im Zeichen der Ordnung beginnen wird.

*

Die Legende hat sich schon früh der Gestalt Wallensteins bemächtigt, sie manchmal bis zur Unkenntlichkeit entstellt und sie mit dem Nimbus des Außergewöhnlichen umgeben. Fest steht, daß er um 1606 zum Katholizismus konvertierte. Man erzählt jedoch, er sei im Schlaf aus einem hochgelegenen Fenster gefallen, ohne sich im mindesten zu verletzen, habe darin ein Zeichen der Vorsehung erblickt und sich bekehrt. Auch dies kann symbolisch gedeutet werden: er stürzt aus ungewissen Höhen auf den festen Boden des Katholizismus und geht damit aus der Unordnung der Häresie in die Ordnung der heiligen römischen Kirche ein.

*

1608 bestellt er beim berühmten Astronomen und Mathematikus seiner kaiserlichen Majestät Johannes Kepler sein Horoskop. Damit wendet er sich der kosmischen Ordnung zu, der reibungslosen Mechanik der Planeten, die, wie er zeitlebens überzeugt bleibt, sein Schicksal harmonisch bestimmen werden. Die Deutung des Astrologen ist nicht gerade schmeichelhaft: „Weil der Mond verworfen stehet, wird ihm diese Natur zu einem merklichen Nachteil und Verachtung bei denen, mit welchen er zu conversieren hat, gedeihen, daß er für einen einsamen, leichtschätzigen Unmenschen wird gehalten werden. Gestaltsam er auch sein wird: unbarmherzig, ohne brüderliche oder eheliche Lieb, niemand achtend, nur ihm und seinen Wollüsten ergeben, hart über seine Untertanen, an sich ziehend, geizig, betrüglich, ungleich im Verhalten, meist stillschweigend, oft ungestüm, auch streitbar, unverzagt, Weib und Mann beisammen, wiewohl Saturn die Einbildungen verderbt, so daß er oft vergeblich Furcht hat. Es ist aber das Beste an dieser Geburt, daß Jupiter darauf folget und Hoffnung machet, mit reifem Alter werden sich die meisten Untugenden abwetzen und also diese seine ungewöhnliche Natur zu hohen, wichtigen Sachen zu verrichten tauglich sein."

*

Er ehelicht eine steinreiche Witwe, die ein hämischer Chronist der Zeit als „eine geile Antiquität" bezeichnet. Sie stirbt vier Jahre später. Nun ist Wallenstein reich. Er lebt auf seinen Gütern inmitten von Jesuiten, begibt sich bisweilen nach Wien „und wann er seinen gemachten Vorrat verzehrt gehabt, ist er wieder nach Haus gezogen", berichtet ein Zeitgenosse.

Beim Ausbruch des böhmischen Aufstandes zögert er keine Sekunde. Er ist für ihn die Verkörperung der Unordnung; mit Begeisterung stellt er sich im Range eines Obersten an die Spitze eines ständischen Regiments, „zur desto schleunigeren Unterdrückung und Auslöschung des angezündeten Aufruhrs".

Seine militärischen Kenntnisse hat er sich als Fähnrich in Ungarn im Feldzug gegen die Türken und ihren Verbündeten Stefan Bocskay erworben.

1617 hatte er für den Krieg des Erzherzogs Ferdinand gegen die Republik Venedig 180 Kürassiere und 80 Musketiere rekrutiert und in den Kämpfen um die Festung Gradisca am Isonzo Courage bewiesen.

*

Mit 20 000 geliehenen Gulden und weiteren 20 000 aus der eigenen Tasche reist er nach Wien, um dem Kaiser die Stellung eines Regiments von 1 000 Kürassieren vorzuschlagen. Das Verfahren hat zu dieser Zeit nichts Außergewöhnliches, der Kaiser nimmt an und ernennt ihn zum Obersten der kaiserlichen Armee.

Von nun an arbeitet Wallenstein methodisch am Aufbau seines „Systems". Er weiß nur zu gut, daß ein höherer Offizier ohne finanzielle Ressourcen nichts ist. Im Krieg wie in allen anderen Lebensumständen ist das Geld der Garant der Ordnung. Mit außergewöhnlicher Geschicklichkeit und Hartnäckigkeit vermehrt er sein bewegliches und unbewegliches Gut. Jedes Mittel ist ihm recht, ob es sich nun um den Einzug der Güter böhmischer Aufständischer handelt, um Kriegskontributionen, Wucher, Prägung minderwertiger Münzen, Grundstücksspekulation, Erbschleicherei und anderes mehr. Er spielt auch den Bankier, indem er zum Beispiel dem Kaiser nach der Schlacht am Weißen Berge 60 000 Gulden leiht und dafür exorbitante Garantien erhält, nämlich 67 Dörfer, 4 Edelsitze, 13 Bauernhöfe sowie Brauereien und mehr.

Seine zweite Ehe mit Isabella Katharina von Harrach, der Tochter eines Günstlings des

Kaisers, stärkt seine Stellung bei Hofe endgültig und trägt ihm den Grafentitel ein. Als er 1623 Herzog von Friedland wird, scheint seine materielle Macht fast grenzenlos: 57 Dörfer und Schlösser fallen ihm zu.

*

Die Zeitgenossen sahen im Herzogtum Friedland auch „Friedland" im wahrsten Sinne des Wortes: eine Terra Felix, ein „Zauberherzogtum", wo Ordnung und Wohlstand herrschen inmitten einer vom Krieg verwüsteten Welt. Wallenstein ist ein großer Ökonom: ein neuer König Midas, verwandelt er alles, was er berührt in Gold. Seine Felder, Obstgärten, Teiche, Bauernhöfe, Manufakturen und Brauereien erzeugen alles, was er benötigt, im Überfluß. Den Überfluß verkauft er und erzielt damit hohe Gewinne. Gleichzeitig ist er Lieferant der eigenen Armee, die er mit Lebensmitteln und Ausrüstungsgegenständen von seinen Gütern und aus seinen Manufakturen versorgt. Auch damit verschafft er sich ein bedeutendes Einkommen. Der Kaiser hat ihm zudem, wie einem Souverän, Münzrecht und Gerichtshoheit verliehen.

Seine Leidenschaft gilt auch der prachtvollen Architektur. Er baut ebenso verschwenderisch in Prag wie in seinem Herzogtum. In Gitschin läßt er gewaltige Unternehmen ausführen, die aus diesem verlorenen Nest eine glanzvolle Residenz machen. In Laipa begründet er ein Gymnasium mit der Aufgabe, seine Offiziere und Verwalter auszubilden und zu ergebenen Untertanen zu machen. Vor allem liegt ihm daran, daß den Zöglingen Ordnungssinn beigebracht wird. Vielleicht auch erinnert er sich des schlampigen Schülers, der er selbst war und will das Andenken an seine wüste, zügellose Jugend tilgen.

*

Wo immer er auftritt, lebt er auf großem Fuß. Seine Gäste empfängt er glanzvoll, seine Tafel ist üppig. Alle, die Großen wie die kleinen Leute, dienen ihm mit Hingebung, weil er sie gut bezahlt. Seine Hofhaltung beschäftigt 900 Personen, in seinen Ställen stehen über tausend Pferde. Auf dem Höhepunkt seiner Herrlichkeit gibt er die schwindelerregende Summe von 500 000 Talern pro Jahr für seine Hofhaltung aus.

In all seinem Glanz und Reichtum fehlt ihm doch eine Bibliothek: er ist alles andere als ein humanistischer Fürst. Unter den 1552 inventarisierten Objekten seines Prager Palais findet sich ein einziges Buch: eine Abhandlung über militärische Architektur.

*

Er macht sich wenig aus Frauen, Tafeleien, Wein oder Jagd, er kennt nur eine Leidenschaft: die Pferde, wie er übrigens alle Tiere liebt. Die glücklichsten Stunden seines Lebens verbringt er unter seinen Vierbeinern. Er läßt Pferde von überall her kommen, aus Spanien, Neapel, aus Friesland und Pommern, kein Preis ist ihm zu hoch. Eine Armee von Stallknechten pflegt sie unter dem strengen Auge ihres Herrn. Ein Zeitzeuge hat sie in Prag gesehen: „Sie stehen alle in einem Stall, welcher wunderlich war zugerichtet, die Krippen waren von Marmelstein und bei jeder Krippe entsprang ein brunnenklares Wasser, die Pferde zu tränken."

*

Sein Gestüt in Gitschin, ein Muster seiner Art, ist wie ein Symbol seines Sinns für Ordnung und Organisation, ein Modell seiner Weltanschauung im kleinen: „In dessen Mitte stund ein Turm und auf dem ein Wächter, welcher des Morgens und Abends mit der Trompete ein Zeichen gab, dadurch die Stallknechte ermahnt wurden, die Pferde zu striegeln, zu putzen und zu futtern. An diesem Ort hielt er aufs wenigste dreihundert kostbare Pferd."

*

Im Sommer 1625 schlägt er dem Kaiser die Aushebung einer ganzen Armee vor, zunächst von 28 000 Mann, die auf 50 000 aufgestockt werden sollen. Er würde sich in den eroberten Ländern auf seine Weise entschädigen. Ferdinand nimmt an, macht ihn zum Herzog und ernennt ihn zum Generalissimus.
Von nun an verfügt der Monarch über zwei Armeen. Tilly, der alte, erfahrene General steht an der Weser, Wallenstein an der Elbe. Doch die beiden Heerführer stimmen ihre Unternehmungen nicht ab. Letztlich erschöpft sich der Herzog von Friedland in ergebnislosen Manövern. Als er 1626 seinen Gegner Mansfeld an der Dessauerbrücke schlägt, nützt er den Sieg nicht aus. Als sich dieser nach Ungarn wendet, verfolgt er ihn, sucht aber keine Schlacht. Trotz großer Erfolge in Norddeutschland gelingt ihm die Eroberung des Hafens Stralsund nicht, dessen er für die Begründung seiner Macht über die Ostsee bedarf. Sein Traum, die See zu beherrschen, eine Flotte aufzustellen wie zuvor eine Armee, „General des baltischen und ozeanischen Meeres" zu werden, wird durch den Widerstand von ein paar tausend „Ketzern" vereitelt, die sich hinter ihren Mauern verschanzt haben.

*

Seinen inneren Feinden indes, deren Zahl in dem Maße gewachsen war, wie sein Stern stieg, kommt dieser Mißerfolg gelegen. Für sie ist er eine unmittelbare Gefahr. Sie wissen nur zu gut, was er denkt: „Man braucht keine Fürsten und Kurfürsten mehr, es ist an der

20

Zeit, ihnen das Gasthütl abzuziehen, wie in Hispanien und Frankreich, wo nur ein König ist, soll auch in Deutschland nur ein Herr allein sein." Diese Idee aber, die der Herstellung einer allgemeinen Ordnung im deutschen Wirrwarr gleichkäme, ist zu groß; sie übersteigt das Verständnis und den Mut Ferdinands, der unter dem Druck der Fürsten den Generalissimus absetzt. Wallenstein zieht sich auf seine Güter zurück.

*

Im Juni 1630 landet der schwedische König Gustav Adolf mit seinen Truppen bei Usedom, und der Krieg nimmt eine neue Wendung. Von allen Heerführern des Dreißigjährigen Krieges ist er der begabeste, er ist genial. Er verfügt über eine kleine, aber wohlorganisierte, disziplinierte und motivierte Armee. Wie ein reißender Fluß ergießt sie sich über Deutschland, nichts vermag, ihr zu widerstehen. Nachdem sie Tilly bei Breitenfeld weggefegt hat, erreicht sie den Rhein. Wenn die Schweden nach Osten schwenken und Bayern einnehmen, steht ihnen der Weg nach Böhmen offen.

Wallenstein ist die letzte Rettung, der Kaiser ruft ihn. Sofort sammelt er 50 000 Mann um sich, was einem Wunder gleichkommt; daß es ihm gelingt, dieses Heer auszurüsten, zu bewaffnen und zu verpflegen ist ein weiteres Wunder. Ferdinand akzeptiert seine drakonischen Bedingungen: Er wird österreichischer und spanischer Generalissimus, er kann seine Offiziere selbst ernennen, und der Kaiser wird sich nicht bei der Armee zeigen. Er wird alle eroberten Gebiete selbständig regieren, die konfiszierten Güter gehören ihm.

*

Der König von Schweden und der durch bayerische Truppen verstärkte Wallenstein stehen einander vor Nürnberg gegenüber, gedeckt von mächtigen Stellungen. Als sich Gustav Adolf zum Angriff entschließt, beißt er sich die Zähne an der starken Artillerie der Kaiserlichen aus. Er befiehlt den Rückzug, aber Wallenstein hat die Schweden nicht besiegt, sondern nur aufgehalten.

16. November 1632: Neuerliche Konfrontation bei Lützen. Die Schweden weichen zuerst, rücken dann jedoch vor und bedrängen die Truppen des Herzogs von Friedland. Aber ihr König, einer der größten Feldherren aller Zeiten, ist gefallen. Auch das Pferd Wallensteins ist tot. Untröstlich läßt er es nach Prag bringen und dort ausstopfen.

*

Nun läßt sich Wallenstein auf ein gefährliches Spiel ein. Was ihm der Krieg nicht gab, will er durch Diplomatie gewinnen. Er knüpft Beziehungen zu den Sachsen, Schweden und Franzosen an. Krieg führt er nur noch auf Sparflamme und begnügt sich mit der Belagerung einer Anzahl von Festungen.

Was will er? Hat er nur mehr seine Interessen im Sinn? Will er seine Gegner entzweien, der Bedrohung durch Frankreich begegnen? Plant er, die Karten neu zu verteilen und eine europäische Ordnung zu schaffen, in deren Mittelpunkt er selbst steht? Seine Gegner haben sich die Frage nicht gestellt. Sie wollten nur einen Verräter in ihm sehen.

*

Wallenstein ruft seine Generale nach Pilsen und läßt sie am 12. Januar 1634 während eines Banketts, bei dem der Wein in Strömen fließt, eine Erklärung unterschreiben, in der er ihre unbedingte Treue verlangt. Für den Kaiser ist dies der endgültige Beweis für den Verrat. Jetzt geht alles sehr schnell, da die Feinde des Herzogs seit Monaten das Getriebe der Maschine ölen, die ihn in den Abgrund stürzen soll. Am 21. Januar setzt Ferdinand den Generalissimus ab und entbindet die Truppen von dem auf ihn geleisteten Eid. Am 22. Januar wird die Entlassung des Herzogs in Prag proklamiert. Die Offiziere und ihre Regimenter stellen sich hinter den Kaiser. Nun ist Wallenstein allein, sein Schicksal ist besiegelt.

*

Woran mag er wohl gedacht haben in jener Nacht, als seine Mörder in sein Gemach eindrangen? Weit öffnete er die Arme, um den ersten Degenstoß zu empfangen, als wollte er die schwarzen Boten der Ordnungslosigkeit beschwören.

*

Ein Feldherr ist tot! Nicht der größte seiner Zeit, denn Tilly oder Bernhard von Weimar waren ihm zehnmal, Gustav Adolf hundertmal überlegen.

Dem Taktiker Wallenstein fehlte es regelmäßig an Kühnheit. Er verlegte sich auf eine vorsichtige Kriegsführung, legte großen Wert auf gute Stellungen, bevorzugte Belagerungen und komplizierte Manöver und zögerte, wenn es galt, dem Feind schnelle und entscheidende Schläge zu versetzen. Mehrfach kosteten ihn seine furchtsamen Operationen den Sieg.

Als Organisator aber, als „Schöpfer der Ordnung" war er unvergleichlich. Niemand konnte besser Regimenter ausheben, ausrüsten, disziplinieren, fähige Offiziere auswählen, und das alles mit einer außerordentlichen, zu dieser Zeit ungewöhnlichen Schnelligkeit.

Gemäß dem Axiom „Eine Armee ist in erster Linie ein Bauch" verstand er sich bestens darauf, seine Logistik zu organisieren, Magazine, Verpflegung, Pulver- und Munitionsvorräte, Sicherung des Nachschubs. Was das Geld, den „Nerv des Krieges" angeht, so haben wir gesehen, wie er zu dessen Beschaffung vorging.

*

War er auch kein großer Taktiker, so war er doch ein großer Stratege oder einfach ein großer Politiker. Mit seltenem Scharfblick hat er die schwachen und starken Seiten seiner Gegner ausgemacht und die Möglichkeiten seiner Verbündeten eingeschätzt. Er hatte begriffen, daß es leicht ist, einen Krieg zu beginnen und unendlich schwer, ihn zu beenden, wozu er sein Möglichstes tat. Besser als jeder andere erkannte er die Bedeutung des Besitzes von Norddeutschland für eine siegreiche Fortsetzung des Krieges und der Beherr-schung der Ostsee, um die schwedischen Absichten zu durchkreuzen.

*

Zeitlebens war er von düsterem, verschlossenem Charakter, von dunklen Vorahnungen ge-quält. Er hat nur zögernd jemandem vertraut und dann nicht immer dem Richtigen. Tiere liebte er sicher mehr als Menschen. Habsüchtig und raffgierig, konnte er sich auch großzü-gig zeigen. Was sich ihm auf seinem ehrgeizigen Weg entgegenstellte, wurde weggefegt und vernichtet. Wüst und derb zuweilen, war er dann wieder Ästhet, das Schöne eine der Dimensionen seiner Existenz. Der brutale Realist beugte sich vor dem Gesetz der Ge-stirne, vor astrologischen Träumereien. Maßlos in allem, war er ein zurückhaltender Tak-tiker. Seine Soldaten hielt er durch Furcht und Habgier. Niemals suchte er jemandes Wert-schätzung. Ihm ging es um finanzielle, militärische und politische Macht, um die Welt nach seinem Maß – oder Unmaß – zu gestalten. Er träumte davon, als irdischer Demiurg eine höhere Ordnung zu schaffen. Aber diese neue Ordnung scheiterte schließlich an der überkommenen, an der Ordnung des Kaisers, des zersplitterten und vielschichtigen Deutschlands. Zusammenfassend schreibt ein Historiker: „Ein heller Stern an Deutsch-lands Himmel ist Wallenstein emporgestiegen, auf selbstertrotzer Bahn zog er dahin, bis er an der starren Ordnung zerschellte. Die Nacht hat ihn geboren, er schwand in Nacht."

OCTAVIO PICCOLOMINI

Florenz, 11. November 1599 – Wien, 11. August 1656

Er ist Abkömmling einer berühmten, ursprünglich aus Rom stammenden Familie, die sich in der Toskana niederließ. Sie hatte der Christenheit unter anderem zwei Päpste geschenkt. Was den einen, Pius II., betrifft, so galt er als einer der gebildetsten Männer seiner Zeit, während der andere, Pius III., seine Wahl nur Intrigen verdankte. Alt und krank wie er war, dauerte sein Pontifikat nur 25 Tage.

Seine ersten Waffentaten als einfacher Pikenier vollbringt Octavio bei den spanischen Truppen in Norditalien. Es ist eine gute Schule des Gehorsams, in der er auch Beweise seiner Tapferkeit liefert.

Als 1618 der Aufstand in Böhmen losbricht, stellt der Großherzog von Toskana dem Kaiser ein Regiment von 500 Kürassieren zur Verfügung. Octavio und sein Bruder Aeneas erhalten das Kommando über je 100 Reiter. Aenas findet schon im August 1619 in einem Reitertreffen den Tod.

*

Piccolomini nimmt an der Schlacht am Weißen Berge teil, kämpft in Ungarn und tritt in Italien aufs neue in spanische Dienste. Er zeichnet sich bei der Belagerung von Asti aus und wird zum Obersten befördert.

Sein brennendster Wunsch aber ist es, unter dem großen Wallenstein wieder in den Reihen der kaiserlichen Armee zu dienen. Als Mann, der seine Beziehungen zu pflegen versteht, gelingt es ihm, über Vermittlung des Präsidenten des Hofkriegsrates Collalto mit seinem in Italien erworbenen Dienstgrad aufgenommen zu werden. Er wird sogar zum Hauptmann der Garde des Herzogs von Friedland ernannt. Diese Ehre verdankt er allerdings nicht allein seinen mächtigen Protektoren, die sich bis in die Umgebung des Papstes finden, sondern auch den Astrologen Wallensteins, die seine Konstellation als außerordentlich günstig bezeichnen.

*

Zwischen 1628 und 1629 ist er in Stargard in Hinterpommern stationiert. Mit harter Hand treibt er Kontributionen ein und fordert der Stadt eigenmächtig 30 000 Taler ab. Dieses willkürliche Vorgehen erzürnt sogar Wallenstein, der die Einleitung einer Untersuchung verlangt: „Ist der Piccolomini im Unrecht, wie er denn wegen der selbigen Extorsion nicht recht haben kann, so will ich, das er bestraft wird."

Einmal mehr läßt er seine Beziehungen spielen und zerstreut den Unmut des Generalissimus. Es gelingt ihm, die Gnade seines Herrn zu finden, der ihn zum Obersten „zu Roß und zu Fuß" befördert.

Als sein Bruder Erzbischof von Siena wird, verfügt er über direkten Kontakt zur römischen Kurie, von dem er ausgiebig Gebrauch machen wird. Im übrigen überträgt ihm Wallenstein wiederholt diplomatische Missionen.

*

Als 1629 der mantuanische Erbfolgekrieg zwischen den Franzosen und den mit den Österreichern verbündeten Spaniern ausbricht, begibt sich Piccolomini, der als Beauftragter Wallensteins fungiert, zum Schauplatz und rät bei seiner Rückkehr zu einem raschen Friedensschluß. Wallenstein entscheidet sich für den Krieg und läßt 20 000 Mann über die Alpen gehen. Österreicher und Spanier bemächtigen sich rasch Mantuas und plündern und verwüsten es auf abscheuliche Weise, was ihnen den dauerhaften Haß der Bevölkerung einträgt. Piccolomini, der schon vorher mit seinen Soldaten das Veltlin verheert hat, streift einen fetten Teil der Beute ein und befriedigt damit für einige Zeit seine Gier.

Die Neuigkeiten, die ihm zugehen, sind wenig erfreulich: Wallenstein hat abgedankt, der schwedische König Gustav Adolf bricht in Deutschland ein, und zur Krönung des Ganzen stirbt zur gleichen Zeit sein Gönner Collalto.

*

Im April 1631 wird der Friede von Chierasco unterzeichnet. Er besiegelt die französische Vorherrschaft in Norditalien. Geiseln werden bis zur Erfüllung aller Friedensbedingungen ausgetauscht, unter ihnen Piccolomini. Er wird einige Monate lang in Ferrara interniert und hat dort Zeit, über die Launen des Schicksals nachzudenken. Sein Gönner ist tot, Wallenstein führt die kaiserlichen Armeen nicht mehr an und der schwedische Vormarsch in Deutschland scheint unaufhaltsam.

Am Ende des Jahres kehrt er zu seinem Regiment nach Böhmen zurück. Kaiser Ferdinand II. hat sich zur Wiedereinsetzung Wallensteins mit fast diktatorischen Vollmachten entschlossen. Der Herzog von Friedland entfaltet eine außerordentliche Betriebsamkeit, hebt Truppen aus und gibt ihnen neue Kommandanten. Eine ganze Reihe Generale werden Feldmarschälle oder Feldzeugmeister. Einer von ihnen bringt es zu einer außergewöhnlich erfolgreichen Laufbahn: der Däne Heinrich Holk ist ein Meister des Kleinkrieges, „einer der wildesten Generale seiner Zeit", wie ihn ein Historiker des 19. Jahrhunderts nennt. Er tritt genau zu jener Zeit in kaiserliche Dienste, als Piccolomini sich in Italien befindet. Letzterer wird Holks Befehl unterstellt, was er zähneknirschend, Zorn und Eifersucht im Herzen, akzeptieren muß.

Holk hat entscheidenden Anteil am Sieg bei Lützen 1632, wo Gustav Adolf fällt. Piccolomini seinerseits zeichnet sich durch unerhörte Bravour aus. Trotzdem erfährt er eine neuerliche Zurücksetzung: als der Däne Feldmarschalleutnant wird, muß sich Piccolomini mit dem Patent eines Generalwachtmeisters zufrieden geben.

*

Regelmäßig liefert er Informationen über Wallenstein nach Rom, zu einem Zeitpunkt, da diesem die päpstliche Politik nicht gewogen ist. Und als der Herzog von Friedland während des Feldzuges von 1633 mehr an die Knüpfung von Bündnissen als an Schlachten denkt, beginnt Piccolomini, ein echter Florentiner, Zweifel und Mißtrauen zu säen. Als Drahtzieher komplizierter Intrigen spielt er mit höchster Geschicklichkeit Lüge, Verstellung und Hinterlist aus und nimmt damit die Fäden der Verschwörung gegen Wallenstein in die Hand – und das in dem Augenblick, als ihn dieser zum General der Kavallerie ernennt.

Nach der Ermordung des Generalissimus erhält Piccolomini seinen Lohn: 100 000 Gulden, die Herrschaft Nachod und den Rang eines Feldmarschalls. Er ist 34 Jahre alt.

Aus Paris kommentiert Richelieu: „Wallenstein hatte Piccolomini aus dem Nichts zu hohem militärischen Rang erhoben, ihn überhäuft mit Gütern und Ehren; er baute auf ihn und irrte; denn nicht jene, die wir uns am generösesten verpflichtet haben, sind die Treuen, sondern die Edelgetreuen, die Männer von Ehre und Tugend."

*

Der Krieg mit seinen Höhen und Tiefen geht endlos weiter. Die Gegner vergießen Ströme von Blut und erschöpfen einander ohne Ergebnis. Endlich belohnt ein „großer" Sieg am 7. Juli 1639 in Thionville die Hartnäckigkeit Piccolominis. Er verdankt ihn allerdings weniger seinen eigenen militärischen Verdiensten als der Unfähigkeit seines Gegners, des Marquis de Feuquières, der die elementarsten Vorsichtsmaßregeln vernachlässigt und sich wie ein Anfänger überraschen läßt. Der Kaiser, der ihn wenig vorher in den Grafenstand erhoben hat, verleiht im den Titel eines Wirklichen Geheimen Rates, der König von Spanien die Würde eines Herzogs von Amalfi.

*

Der nach dem Tod Wallensteins ernannte Armeechef Gallas erweist sich als unfähig und wird seines Postens enthoben. Piccolomini glaubt, daß seine Stunde gekommen ist und er das Generalkommando erhalten wird. Aber Erzherzog Leopold Wilhelm wird designiert, der sich indes als nicht fähiger als sein Vorgänger erweist. Piccolomini läßt mehrere Gelegenheiten zum Siege ungenützt verstreichen, und als im November 1642 die kaiserliche Armee bei Breitenfeld den Schweden kläglich unterliegt, danken der Erzherzog und Piccolomini ab. Nach einem Zwischenspiel in Spanien, in dem er Grande wird und das Goldene Vließ erhält, kehrt er nach Deutschland zurück. Gallas übernimmt abermals das Generalkommando, Piccolomini ist wieder der zweite. Auch nach dem neuerlichen und dieses Mal endgültigen Abtritt von Gallas wird wieder ein anderer bevorzugt.

Endlich, im Frühling 1648, wird ihm das Generalat übertragen, und in dieser Funktion führt er auch den letzten Feldzug dieses Krieges, der seit 30 Jahren währt. Und er führt ihn schlecht. Es gebricht ihm an Entschlossenheit und Energie, er läßt die Zügel schleifen und wird bald mit Kritik überhäuft. Nach Ende der Feindseligkeiten nimmt er als Principal-Commissarius an den Friedensverhandlungen teil und verheiratet sich fünf Jahre vor seinem Tod.

*

Piccolomini entspricht keineswegs dem Ideal des edlen Kriegers, wie es Prinz Eugen oder vor diesem Montecuccoli verkörpern. Von unersättlichem Ehrgeiz, gierig nach Macht, Ehren und Geld, von unermeßlicher Eitelkeit, aber auch von einer gewissen Geschicklichkeit, ist er zu allem bereit. Als General nur mäßig begabt, aber tapfer vor dem Feind, macht ihn seine Brutalität zum Schrecken der Bevölkerung. Dieses Raubtier im Harnisch, diese Schlange mit dem Helm hätte als Wappenspruch führen können: „Schwach gegenüber den Starken und stark gegenüber den Schwachen."

RAIMONDO MONTECUCCOLI

Montecuccolo, 21. Februar 1609 – Linz, 16. Oktober 1680

Als drittes von elf Kindern wird er auf dem alten Schloß der Familie in der Nähe von Modena geboren. Der Name kommt von dem Hügel, auf dem das Schloß errichtet ist: mons qui dicitur cuculi. Seine Mutter ist eine Adelige aus Ferrara, die an den Hof von Modena gekommen war, sein Vater ein jähzorniger, skrupelloser Mann, der behauptet, deutscher Abkunft zu sein. Er stirbt indes bald. Nun ist es die Mutter, Gräfin Anna, die die zahlreichen Sprößlinge erzieht; sie genießt den besonderen Schutz des Kardinals Alexander von Este, des Bruders des regierenden Herzogs.

*

Seine militärische Laufbahn beginnt Montecuccoli bei den Kaiserlichen in Deutschland in der zweiten Phase des Dreißigjährigen Krieges als einfacher Soldat. Er erklimmt die Stufen der Hierarchie, da er sich als mutig, intelligent, entschlossen erweist und es versteht, Angriffe geschickt zu führen. Mehrmals wird er verwundet. 1635 zeichnet er sich in der Schlacht bei Kaiserslautern besonders aus. Der Kaiser macht ihn zum Obersten und gibt ihm das Regiment Aldobrandini. Er ist 25 Jahre alt.

*

Im Frühling 1639 nehmen ihn die Schweden bei Prag gefangen. Das Schicksal will, daß das, was im Leben eines Kriegers eine Katastrophe darstellt, für ihn eine glückliche Wendung und eine fruchtbare Periode seiner Existenz bedeutet. Man bringt ihn nach Stettin in Pommern und erlaubt ihm die Benützung der großartigen Bibliothek im herzoglichen Palast, wo er gefangengehalten wird. Er befaßt sich mit Geschichte und Politik, liest Tacitus und Machiavelli, studiert die Geometrie des Euklid, die Architektur des Vitruv, Jurisprudenz, Medizin und Botanik. Er denkt viel über militärische Fragen nach und versucht, Lehren aus den Erfahrungen, die er im Felde gemacht hat, zu ziehen. Aus dieser Zeit stammen die beiden Abhandlungen *Delle Battaglie* und *Trattato della guerra.* Nach drei Jahren tauschen ihn die Schweden gegen einen ihrer Obristen aus; er ist wieder frei.

*

Bis zum Ende des Dreißigjährigen Krieges leistet er Bewundernswertes, besonders gegen die Schweden. Er besitzt einen vorzüglichen Instinkt, die Absichten des Gegners zu erraten, dessen geringste Fehler auszunutzen, um ihn zu bedrängen, zu zermürben und auch den hartnäckigsten Widerstand zu brechen. Bald schmeichelt er sich, Fabius zum Vorbild genommen zu haben und wünscht, für die Nachwelt den Beinamen *Cunctator* zu verdie-

nen. Der Kaiser macht ihn zum General der Kavallerie und zum Hofkriegsrat.

Nachdem er sich aufs neue im polnisch-
schwedischen Krieg von 1657–1660
hervorgetan hat, wird er zum Gouverneur von Raab ernannt und beauftragt, die durch die Türken höchst
gefährdete Grenze zu verteidigen.
1664 beschließen diese, die Raab
zu überschreiten, die sie von den
Kaiserlichen trennt. Es gelingt
Montecuccoli, der den Oberbefehl führt, sie zurückzuschlagen.
Er ist aber gezwungen, einen Teil
seiner Reiterei in großer Entfernung fourragieren zu lassen, was
den Türken nicht entgeht. Am
Morgen des 1. August erzwingen
sie in einem massiven Überra-
schungsangriff die Überquerung des
Flusses. Montecuccoli sammelt seine
schwere Reiterei und hält mit ihr dem Angriff stand. Aber der Großwesir läßt nicht ab,
Truppen über den Fluß zu werfen. Das Gefecht
ist in vollem Gange und unentschieden, bis die zum
Fourragieren weggeschickten Husaren und Dragoner zurückkehren. Montecuccoli bezieht sie geschickt in seine Dispositionen ein, schiebt die Flügel vor, um eine Umgehung
zu vermeiden und wirft den Gegner zuletzt über den Fluß zurück. Die Fliehenden reißen
die Reserve der Türken mit, eine allgemeine, panische Flucht beginnt. Jene, die nicht fallen, werden gefangen oder ertrinken in der Raab. Die türkischen Verluste belaufen sich
auf 17 000 Mann, die 40 Fahnen, 16 Kanonen und 300 Wagen des Trosses zurücklassen.
Der Waffenstillstand von Eisenberg, der in der Folge unterzeichnet wird, garantiert dem
Kaiser einen Frieden von zwanzig Jahren.

Der Sieg von St. Gotthard hebt Montecuccoli auf den Gipfel des Ruhmes. Ganz Europa
feiert ihn als seinen Retter, die höchsten militärischen Ehren werden ihm zuteil.

*

Der letzte Feldzug des alten Generals ist auch sein gelungenster, ein Meisterwerk der Strategie und Taktik. Dieses Mal kämpft er gegen die Franzosen unter Turenne, einem der
größten Feldherren seines Jahrhunderts. Es ist ein Kampf der Giganten, aber auch der
Füchse „Alle beide", schreibt Voltaire, „haben den Krieg zur Kunst gemacht." Sie brin-

gen Monate damit zu, sich in Märschen und Gegenmärschen zu verfolgen und zu belauern, der eine errät immer die Absichten des anderen, indem er überlegt, was er an seiner Stelle machen würde. Sie täuschen sich niemals. „Einer setzte dem anderen die Geduld, die List und die Tätigkeit entgegen", bemerkt ein Zeitgenossen. Als sie sich endlich entschließen, eine Schlacht zu liefern, tötet eine Kanonenkugel Turenne. Montecuccoli vergißt, daß dieser sein Feind war, er zeigt sich lebhaft betroffen. „Ich kann einen Mann, der über dem Manne steht, nicht genug betrauern, einen Mann, der dem Menschengeschlechte Ehre machte."

Seine Zeitgenossen, die Anagramme lieben, bilden aus dem Namen Montecuccolis *Centum Oculi*. Er ist in der Tat ein Mann, der alles sieht, ein Argus der Taktik, immer vorausschauend, ausweichend, die günstige Gelegenheit abwartend.

*

Seine letzten Jahre sind traurig. Er hat unter den Intrigen der Höflinge zu leiden. Er verliert seine Frau, die ihm vier Söhne hinterläßt. Ihrer Erziehung widmet er seine besten Stunden, er schmückt sein Haus mit Kunstgegenständen und pflegt die Freundschaft. Obwohl er krank ist, begleitet er den Kaiser, der ihn zum Fürsten erhoben hat, nach Linz. Die Legende will, daß er von einem herabstürzenden Balken am Kopf getroffen und getötet worden sei. In Wirklichkeit fiel er einem *Hemmorroidum fluvio* zum Opfer, wie uns sein Epitaph berichtet. Sein Herz wird in der Gruft der Starhemberger in Linz, sein Leib in der Jesuitenkirche zu Wien bestattet.

*

Der große italienische Dichter Ugo Foscolo, der einen Teil der Werke Montecuccolis herausgab, ist der Meinung, er sei „Philosoph und Krieger" zugleich gewesen. In der Tat verbringt er die Zeit, die er nicht den Waffen widmet, an seinem Schreibtisch und denkt über militärische, aber auch über viele andere Gegenstände nach. In Stettin hat er bereits eine *Arte della Guerra* geschrieben. Es ist dies ein Jugendwerk, er selbst nennt es *poco pulito*. Im ersten Teil befaßt er sich mit der Definition der verschiedenen Arten des Krieges, die er in „innere" und „auswärtige" unterteilt und deren Ursachen er untersucht. Was die ersteren angeht, so verbreitet er sich über die Mechanismen der Verschwörungen und zeigt, wie der Fürst diese bekämpfen soll. Für letztere erklärt er, wie sie vorzubereiten sind (die Beratung durch Astrologen spielt eine große Rolle), wie man seine Verbündeten aussucht und wie man endlich den Krieg erklärt. Er stellt sich gegen Machiavelli mit der Behauptung, daß „nicht die Menschen, sondern das Geld entscheidend sind für den Krieg". Kein Geld, keine Soldaten, kein Heer.

Im Defensivkrieg sind alle Mittel recht: Mord, Verrat und Bestechung. Montecuccoli will nicht die Konfrontation um jeden Preis. Eine große Schlacht zu vermeiden, ist immer empfehlenswert, weil das Leben der Soldaten ein wertvolles Gut ist. „Sie wachsen nicht wieder, wie das Gras oder die Bäume." Für ihn ist der große Heerführer jener, der manövrieren kann, weshalb er die Kriegsführung definiert als „eine Wissenschaft, die hauptsächlich darin besteht, dann zu kämpfen, wenn man es will".

*

Die *Aforisme,* die den ersten Teil von *Della guerra col Turco in Ungheria* bilden und 1670 vollendet werden, sind das reifste militärische Werk Montecuccolis. Er verfeinert hier seine Definition des Krieges zu einer „Operation von Heeren, die einander auf alle mögliche Weise angreifen, bis der Sieg erreicht ist". Zur Erreichung dieses Zwecks soll der Kommandierende „klüglich überlegen und dann mit Schnelligkeit und Beharrlichkeit ausführen". Geistreiche Passagen widmet Montecuccoli den Schlachten, „welche die Herrschaften errichten und zerstören, zwischen den Mächten das endgültige und unwiderrufliche Urteil verkünden, den Krieg beenden und den Feldherrn unsterblich machen".

*

Das Denken Montecuccolis ist unablässig in Bewegung, alles interessiert ihn, alles drängt ihn zum Schreiben. Er befaßt sich mit den Beziehungen der europäischen Mächte, mit den Gefahren der Entwaffnung, der Rolle des Hofkriegsrats, dessen Vorsitz er führt, der Bedeutung der Milizen oder mit der Lage in Ungarn im Jahre 1677. Daneben ist er auch noch Dichter: Seit seiner Jugend hat er Verse geschrieben und mit den Jahren eine ausgefeilte Technik entwickelt, die einer reichen Inspiration und einem Höhenflug der Gefühle zu Gebote steht, in denen die Melancholie vorherrscht.

Mit *Zibaldone* hat Montecuccoli sicher sein merkwürdigstes Werk geschaffen. In diesem Opus enthüllt er seine tiefsten Gedanken über die Monarchie, den Staat, über Politik, Religion, Justiz, das Familienleben, den Staatsschatz und anderes mehr. Dann gibt er sich Betrachtungen über das Wesen Gottes und des Glaubens hin. Auf die Erde zurückgekehrt, erörtert er Probleme der Chemie und Medizin, stellt Grammatikregeln auf, befaßt sich mit Rhetorik und Metrik, um dann zur Astrologie und Astronomie überzugehen. Der letzte Teil des Werkes ist den ritterlichen Tugenden, den Ritterorden, Turnieren und Zweikämpfen gewidmet.

*

Montecuccoli hat auch Reisen unternommen, nach Schweden, Flandern, England, die er treffend beschreibt. In Upsala wird er von Königin Christine empfangen, von der er wie geblendet ist und in die er sich nachgerade verliebt. In London küßt er die Hand Cromwells, der ihn im Schlafrock empfängt. Er versteht es, die Augen zu öffnen und zuzuhören, er registriert tausend interessante Einzelheiten über das Alltagsleben, die Institutionen, die Menschen.

*

Was für ein Mensch war Montecuccoli im Grunde?

Seine Zeitgenossen preisen seine *virtu,* seine Ruhe, seine Ausgeglichenheit, seine Festigkeit, die Weisheit seines Rates. Im Krieg zeigt er sich unerbittlich hinsichtlich der Disziplin, er verabscheut jede Art von Ausschreitung. Niemals haben Exzesse, wie sie ein Wallenstein, ein Tilly oder ein Turenne verübten, sein Wappen besudelt. Er war immer der treue Gefolgsmann zweier Herren, des Kaisers und des Herzogs von Modena. „Die wahre Größe Montecuccolis", stellte ein italienischer Historiker fest, „liegt in der Folgerichtigkeit seiner Prinzipien, in seiner Standhaftigkeit angesichts eines guten oder schlechten Geschicks, in seinem bewundernswertem Gleichmut in allen Lebenslagen."

WOLF HELMHARD VON HOHBERG

Lengenfeld bei Krems, 20. Oktober 1612 – Regensburg, 28. Juni 1688

Schon als Jüngling schmiedete er Verse, und Polyhymnia begleitete ihn sein Leben lang. Seine kraftvolle Natur machte ihn zu einem der fruchtbarsten Dichter seiner Zeit, der heute, vielleicht zu Unrecht, vollkommen vergessen ist, selbst wenn er nicht „der öster-reichische Vergil" war, wie ein Zeitgenosse ihn ein wenig übereilt bezeichnete. Nachdem er eine *Georgica* in lateinischen Versen begonnen, aber nicht vollendet hatte, schrieb er eine *Unvergnügte Proserpina* in 14 000 Versen. Danach machte er sich kühn an das große Heldengedicht *Der habsburgische Ottobert* in 40 000 Alexandrinern. Außerdem unter-nahm er eine Übersetzung – nach seiner Art – der Psalmen und hinterließ eine *Historia passionis et mortis Jesu Christi,* die nach seinem Tode erschien.

Die *Georgica curiosa,* die erstmals 1682 veröffentlicht wurden und zahlreiche Neuaufla-gen erlebten, sind sein einziges Buch, das die Zeiten überlebte, was teilweise der grund-legenden Arbeit zu verdanken ist, die Otto Brunner ihm widmete. Es handelt sich hier um das Werk eines ganzen Lebens, gewaltig, komplex, vielschichtig. „Die *Georgica cu-riosa",* schreibt der verdienstvolle Heinrich Wehmüller, „sind eine Lehre vom Haus als Ganzheit von Menschen und Natur, in deren Zentrum der Hausvater steht, konkretisiert als altständischer Landadeliger. Es ist eine gesamthafte Darstellung des nutzbaren, haus-haltlichen, forstlich-jagdlichen, zoologischen und botanischen Wissens, von dem Exkurse aber weit über den Bezirk des nur »Brauchbaren« hinausweisen."

Doch Hohbergs Leben umfaßt auch einen weniger bekannten Aspekt, nämlich jene Jahre, die er in der kaiserlichen Armee verbrachte.

*

Geht man – wie im 17. und 18. Jahrhundert üblich – davon aus, daß das Erwachsenenle-ben und damit das Leben überhaupt mit sieben Jahren beginnt, so stellt man fest, daß fast die Hälfte der Existenz Hohbergs den Dreißigjährigen Krieg zum tragischen und gran-diosen Hintergrund hatte. Und er selbst opferte zehn Jahre seines Lebens, von 1632 bis 1641, auf den Altären Bellonas. Man kann ihn also als Kind dieses Krieges betrachten, der sein Denken durch direkte und indirekte Einflüsse formte, von dem er bleibende Ein-drücke empfing. Von Anfang an steht Hohbergs Kindheit im Zeichen der politischen Wir-ren der Zeit, und sein Schicksal wird von den kriegerischen Ereignissen entscheidend mit-bestimmt. Er ist acht Jahre alt, als die bayerischen und kaiserlichen Truppen im Novem-ber 1620 in der Blitzschlacht am Weißen Berg den protestantischen Adel Böhmens ver-nichtend schlagen. Diese unglückliche Schlacht hat für die Familie von Hohberg verhee-rende Folgen, denn sie gehört, wie die große Mehrheit des niederösterreichischen Landadels, der Augsburgischen Konfession an. Sein Vater Wolf Heinrich und sein Onkel mütterlicherseits, Helmhard von Friedesheim, die sich mit ihren niederösterreichischen Glaubensgenossen im „Horner Bund" zusammengeschlossen und dem neuen römisch-deutschen Kaiser Ferdinand II. die Erbhuldigung verweigert haben, müssen die Konsequenzen der „Katastrophe von 1620", wie Bismarck sie nannte, tragen. Der Onkel, der als einer der Rädelsführer gilt und auf der Ächtungsliste steht, muß ins Ausland fliehen, seine Herrschaft Lengenfeld, wo Hohberg das Licht der Welt erblickte, wird beschlagnahmt und verkauft. Welche Sanktionen über den Vater verhängt wurden, der in manchen Quellen als „unproklamierter Rebell" bezeichnet wird, läßt sich nicht mehr genau ermitteln, fest steht der Verkauf seines „Guetl" Süßenbach nördlich von Raabs, wo Helmhard seine frühe Kindheit verbrachte. Er starb übrigens kurze Zeit später, gerade 34 Jahre alt.

*

Doch schon vor den Schicksalsjahren 1620–21 hat der Krieg zweifellos die Vorstellungswelt des Kindes geprägt. Man kann sich unschwer ausmalen, welche psychologischen Auswirkungen die düsteren Neuigkeiten der Zeit auf ihn haben mußten: im November 1618 besetzt der Protestant Schlick Weitra, bemächtigt sich der gewaltigen Beute, die die Kaiserlichen unter Dampierre aus Böhmen gebracht haben, und macht einen Teil der Garnison nieder. Sogleich wird in Dietmannsdorf, Fuglau und anderen Orten ein Teil der baren Münze vergraben. Das durch Feuersbrunst zerstörte Eggenburg machen die Protestanten zu ihrem Hauptquartier gegen das kaiserliche Heer. Im Oktober 1619 zieht sich Graf Bouquoy aus Böhmen zurück und hinterläßt 150 Pestkranke in Waidhofen. Die Epidemie greift in der ganzen Gegend um sich. Bald darauf dringen die katholischen Verbündeten des Kaisers – Spanier und Bayern – ins Waldviertel ein und vereinigen sich mit den Truppen Bouquoys in Neu Pölla. Aus jenen Tagen stammt ein Bericht an den Probst von Eisgarn, der mehr sagt als lange Kommentare: „Eurer Gnaden Unterthanen haben jetzt nichts mehr. Alles ist ihnen genommen worden. Dieselben haben zu schaffen, daß sie sich des Hungers erwehren, auch ist man mit ihnen so erbärmlich umgegangen, gebrannt, geradelt, gepeinigt und geschlaget, daß ein gut Teil davon hat sterben müssen."

*

Es bedeutet daher keine große Veränderung im Leben Hohbergs, als er zwanzigjährig zur Armee kommt: er wechselt vom erlittenen Krieg zum aktiven über. Wir wissen nicht, mit welchen Gefühlen er das Kriegshandwerk begann. Aber dem ältesten Sohn einer verarmten protestantischen Adelsfamilie, Waise und Autodidakt, stand keine andere Laufbahn offen. Er nimmt daher Dienste in den neuen Regimentern, die Graf Rudolf Colloredo, ein Gefolgsmann Wallensteins, in Ober- und Niederösterreich aushebt. Sein Regiment erhält den Namen „Deutsche Knechte". In den *Georgica Curiosa* klingen autobiographische Bezüge an: „Es gibt bisweilen so schwere und mühselige Zeiten, daß der Adel seine Unterhaltung suchen muß, wo er immer kann (...), also wenn ein Vater, der viele Kinder hat, und einen unter ihnen spürt von einem heroischen, martialischen Wesen, der großmütig, unerschrocken, anschlägig und beherzt scheint, so mag er solchen wohl zum Krieg destinieren; sonderlich, wenn er auch dabei eine gute Statur, starke Complexion, und beredten Mund hat, denn wenn er kleinherzig, unresolviert, ungesund und von keinem Ansehen ist, so würde man ihm sein Glück nicht befördern, inmaßen die Kriegsschule scharf und gerecht ist, die nicht kann betrogen werden, und wenn das Gemüt nicht fest und standhaft, so wird er mehr Schande als Ehre dabei zu gewarten haben."

*

Als Hohberg Soldat wird, hat der Krieg in seiner schwedischen und kaiserlichen Phase militärisch gesehen seinen Höhepunkt erreicht. König Gustav Adolf, der Vorkämpfer des Protestantismus, steht im Zenith seines im wesentlichen taktischen Genies, während der zeitweise erblaßte Stern Wallensteins in neuem strategischen Glanz erstrahlt. Seine Feuertaufe erhält Hohbergs Regiment in der Defensivschlacht bei Nürnberg, die Wallenstein gewinnt; wenig später, im November 1632, kämpft er in der Schlacht bei Lützen, in der Gustav Adolf, der Vertreter des „nordischen Imperialismus", fällt. Hohbergs Regiment nimmt danach teil am zweiten Einfall in Schlesien des Feldmarschalls Grafen Holk, der zu Recht als Meister des kleinen Krieges, des kühnen Handstreichs betrachtet wird, aber auch als der grausamste Bandenführer in diesem Konflikt.

WOLFGANGVS HELMHARDVS LIBER
BARO AB HOHBERG ET GVTMANSTORF
IN RORBACH KLINGENBRVN SIESSENBACH
ET TVMERIZ

*

Hohberg erlebte so die drei Aspekte des Krieges: die großen Belagerungs- und Gegenbelagerungsarbeiten vor Nürnberg, die alle Mittel der Ingenieurskunst erfordern, die Schlacht in ihrer klassischen Form bei Lützen, in der die taktische Überlegenheit des Feldherrn zum Zuge kommt, schließlich den dämonischen, grausamen und schmutzigen Krieg – die entfesselte Bellona – wie er ihn bei Holk beobachtete. Diese letzte Erfahrung hat in seinem Werk deutliche Spuren hinterlassen. In dem um 1655 entstandenen Versepos *Die Unvergnügte Proserpina* beschreibt er sehr realistisch eine „Mord-, Brand- und Schändungsszene", die er in ein sizilianisches Dorf verlegt, und im zweiten Buch der Georgica Curiosa fragt er sich, wie „die Laster im Krieg, so Fressen, Saufen, Huren und Bubenspielen, Stänkereien" zu vermeiden seien. Er kommt zu dem Schluß: „Wer die Weise und die Handlungen der christlich genannten Soldateska examiniret, der wird vielmal zwischen Christen und Türken, des Raubens, Plünderns und Übelhausens halber, einen geringen Unterschied finden."

*

Von 1634 bis 1641, nachdem die großen Feldherren Tilly, Gustav Adolf und Wallenstein tot sind, erlebt Hohberg auf seinen verschiedenen Feldzügen in Brandenburg, Pommern und Schlesien nur noch zersplitterte, chaotische Kämpfe, die von keiner großen strategischen Idee mehr getragen sind. Die zahlreichen Kampfpausen weiß er jedoch zu nützen, denn man schlägt sich weder im Winter noch während der Nacht und bleibt oft wochenlang in Stellungen, die man sich zu besetzen begnügt. Er schreibt von sich selbst:

„Er ist, wo es nur möglich war, den Studiis obgelegen, so daß er mitten im Krieg nicht nur die lateinische Sprache in Prosa und Ligata herrlich excolirt, sondern dabei Spanisch, Französisch, Italienisch etc. gelernet und sich auch in griechischer Sprach geübet, ja auch im Hebräischen nicht unwissend gewest; und in diesem allen solchen Fleiß angelegte, daß er oft selbst gemeldet, wann er nur einen gemeinen Soldaten gewußt, der seine Muttersprache, was auch für eine gewest, zierlich rede und ausspreche, er sich zu demselben gemacht und von ihm eines und das andere ergriffen, dabey in omni scibili eine ganz rare Wissenschaft, sonderlich in Genealogicis erlanget."

Beim Lesen dieser Zeilen fühlt man sich an das schöne Bild Gerhard Terbocks gemahnt, ebenfalls eines Kindes des Dreißigjährigen Krieges, das einen „Lesenden jungen Krieger" darstellt, oder an die bewegenden Passagen in Ricarada Huchs *Dreißigjährigem Krieg,* in denen sie die Wirkung der Lektüre auf einen einfachen Soldaten beschreibt.

*

Hohberg ist 30 Jahre alt, als er den Dienst im Hauptmannsrang quittiert. Im Einführungsgedicht zu seinem Heldenepos Der *habsburgische Ottobert* (um 1657) anerkennt er, daß die Kriegsjahre „aus mir einen Mann gemacht haben", um allerdings sogleich hinzuzufügen, er bevorzuge die „Cura domestica" (das Leben des adeligen Grundherrn) und die

„Musarum amor", die adelige Dichtung. Der allgegenwärtige und vielgestaltige Krieg läßt ihn jedoch nicht los. Auf seinem Gut in Süßenbach, das die Familie schließlich zurückerlangt hatte, muß er den verheerenden Einfall des Schweden Torstenson im Waldviertel miterleben, und es gelingt ihm nur mit knapper Not, das Gut vor der Zerstörung zu bewahren. Dies war auch sozusagen der letzte Salutschuß des Krieges für Hohberg.

*

An dieser Stelle kann man sich nun die legitime Frage stellen, warum Hohberg der Sache der Habsburger treu war, er, der überzeugte Protestant, dessen Onkel vom katholischen Kaiser verbannt und dessen Vater als Rebell betrachtet worden waren, dessen Bekanntenkreis die Intoleranz Ferdinands II. dezimiert hatte. Aber wie Otto Brunner gezeigt hat, war die politische Welt Hohbergs wie die des ober- und niederösterreichischen Landadels überhaupt komplex, ihre Sprache kann heute nicht mehr ohne weiteres verstanden werden, nachdem die Begriffe im Verlauf des 19. Jahrhunderts eine tiefgreifende Sinnwandlung durchgemacht haben. Da ist zunächst, auf der untersten Stufe, der Begriff „Vaterland", der damals in sehr engem Sinne verstanden wurde. Dieses Vaterland siedelt sich für Hohberg mehr oder weniger in dem Dreieck Lengenfeld–Droß–Süßenbach an, wo sich die Schlösser der Familie befanden. Darüber baut sich die Liebe zu Österreich auf, die er immer wieder betont. Für ihn jedoch bedeutet das „liebe Vaterland Österreich" das Erzherzogtum, die beiden Länder Österreich unter und ob der Enns. Schließlich, ganz oben, „steht das Haus Österreich als Inhaber des Landesfürstentums, als römisch-deutscher Kaiser, als Träger einer universalen, abendländischen Mission". Diesem Haus hält er unverbrüchlich die Treue (sogar später als Exulant), als Freiherr, Mitglied der Stände Österreichs, als Landmann, der Ferdinand II. die Erbhuldigung geleistet hat, als Offizier. In dieser „politischen" Perspektive spielt die Konfession nur eine untergeordnete Rolle.

*

Jede große kriegerische Auseinandersetzung trägt dazu bei, einen bestimmten Menschentypus herauszubilden, mit einer besonderen Weltanschauung. Der Mensch des Dreißigjährigen Krieges stellt da keine Ausnahme dar. Da ist zunächst der „distanzierte" Typus, der den Krieg mitgemacht oder erlitten hat und den man vor allem in den graphischen Künsten findet. Ihm gelingt es, vom Augenblick und seinen Verwicklungen zu abstrahieren und mit unerbittlichem Realismus Zeugnis zu geben: man denke an den Lothringer Kupferstecher Jacques Callot oder den Nürnberger Maler Hans-Ulrich Franck, die die Greueltaten der Soldateska darstellten, als ob sie auf dem Mond säßen.

Der zweite Typus ist der des tragischen Bewußtseins. Er fühlt sich als Spielball von Ereignissen, die er nicht begreift, die ihn in Nihilismus und Tod treiben. Diese Einstellung kommt im tragischen Theater eines Andreas Gryphius zum Ausdruck und findet sich in höchstem Grade in den pathetischen Klagen des Schweizer Dichters Josua Wetter.

Der dritte Typus ist jener, der „relativiert", der die Realität des Krieges durch Spiel, Humor, durch Possen zu beschwören sucht und seine Schrecken hinter der Maske barocker Rhetorik verbirgt. Hier finden wir Grimmelshausen mit seinem *Simplicissimus.*

Hohberg dagegen verkörpert einen ganz anderen Typus, einen unendlich positiveren, er gehört zu den rationalistischen „Wiederaufbauern". Hier befindet er sich in Gesellschaft eines anderen Mannes, der den Dreißigjährigen Krieg ebenfalls mitgemacht hat: der katholische Franzose René Descartes. Es ist bekannt, daß dieser in einem Lager bei Ulm die entscheidende Erkenntnis gewann: „Cogito ergo sum", die Philosophie und Wissenschaft der Zeit umwälzen sollte. Was war damit gemeint? Ähnlich den kriegerischen Zerstörungen, deren Auswirkungen Descartes zur Genüge beobachten konnte, muß das alte Gebäude der Scholastik zerstört werden, um einen Neuaufbau aller unserer Kenntnisse mittels der Vernunft zu ermöglichen. Auf den Dreißigjährigen Krieg bezogen, erfaßt man hier die ganze Tragweite der Allegorie.

Diese „Ideologie" des Wiederaufbaus als eines Projekts der Vernunft und des Optimismus war ganz im Sinne Hohbergs. Der Welt des Krieges stellt er nicht etwa die des Friedens gegenüber (wie die militärischen Ratschläge im Zusammenhang mit der Türkengefahr beweisen, die er am Ende seines Lebens noch erteilt), sondern die der wiedergefundenen Prosperität dank des Landmanns und der Pflege des Bodens. Nach einem Flirt mit Bellona, deren wahres Gesicht er entdeckt, vermählt sich Hohberg schließlich mit Demeter.

*

Wir wissen nicht, ob der kleine Hohberg eines Tages auf der Straße nach Süßenbach einem hochgewachsenen Musketier mit einer Adlernase begegnet ist, der ihn in perfektem Latein nach dem Weg gefragt oder um ein Glas Wasser gebeten hat. Theoretisch wäre eine solche Begegnung mit Descartes möglich gewesen, denn dieser kam als Soldat Bouquoys durch das nördliche Waldviertel, als sich Hohberg dort aufhielt. Aber selbst wenn die beiden nicht zusammengetroffen sind, läßt sich eine Verbindung zwischen ihnen herstellen, eine weitere Gemeinsamkeit feststellen: der Blick. In seiner kongenialen Arbeit über Hohberg betrachtet Otto Brunner das Porträt seines etwa 50jährigen Helden und bewundert die Schärfe des Blicks, eines Blicks, der die Wirklichkeit erfaßt und beurteilt, der Blick eines Mannes, der die Dinge dieser Welt wägt und über sie befindet. Ungefähr zur selben Zeit betrachtet der französische Philosoph Alain in einem ebenfalls kongenialen Essai das Bildnis Descartes von Franz Hals. Wie Brunner verweilt er bei der Schärfe des Blicks, der die ganze Realität umspannt, Menschen und Dinge abschätzt. Es ist derselbe Blick zweier Kinder des Dreißigjährigen Krieges, der zu sagen scheint: Wir haben die Welt der Ruinen kennengelernt, aber auf diesen Ruinen werden wir bauen. Für den einen ist es das große Gebäude der Philosophie, für den anderen das der Agrikultur. Beide wurzeln in demselben Boden, der sich für sie als fruchtbar erwies, dem Dreißigjährigen Krieg.

FRANÇOIS-LOUIS DE PESME DE SAINT-SAPHORIN

Saint-Saphorin (Waadt), Februar 1668 – ebenda, 16. Juli 1737

Weitab vom Meer geboren, hatte er dennoch von Kindheit an eine weite Wasserfläche vor Augen, umgeben von hohen Bergen. Ein Binnenmeer, gewissermaßen. Auf dieser See konnte er sogar die stolzen Galeeren Ihrer Exzellenzen von Bern, des Herzogs von Savoyen und der Republik Genf im Wind manövrieren sehen.

Das Schloß seiner Eltern erhob sich, umgeben von Weinbergen, auf einem jener kleinen Hügel, die vom Jura zum Genfer See abfallen, im Herzen des Waadtlandes. Von der Terrasse aus, die das Gebäude flankiert, umfängt das Auge ein weites Panorama, halb Wasser, halb Berge, von dem Jean-Jacques Rousseau später sagen sollte, es sei das schönste der Welt.

*

Er entstammte einer vornehmen, aber armen Familie, die zum Kalvinismus übergetreten war. Sein Vater, von dem man wenig weiß, scheint ein strenger Protestant gewesen zu sein, der seine Kinder einer harten Disziplin unterwarf, in der Rechtschaffenheit und Arbeit im Mittelpunkt standen, um dem Wahlspruch der Familie Ehre zu machen: „Sans varier".

Die Erzählungen von der Verfolgung der Protestanten in Frankreich unter Ludwig XIV. erschütterten ihn schon als kleines Kind, so daß er schwor, sollte er in fremde Dienste treten, niemals dem König von Frankreich zu dienen. Er hielt Wort bis zum letzten Atemzug.

*

Herangewachsen, muß sich Saint-Saphorin für einen Beruf entscheiden, zumal die Eltern von altem Adel, aber nicht begütert sind. Als Waadtländer ist er Untertan der mächtigen Berner Oligarchie, allerdings ein Untertan zweiten Ranges, ohne Zugang zu öffentlichen Ämtern. Um seine Fähigkeiten entfalten zu können, muß er auswandern und den einzigen Stand wählen, der einem Mann seiner Herkunft ziemt: die Waffen. Siebzehnjährig geht er daher nach Deutschland, um in den Dienst des Herzogs von Braunschweig-Lüneburg zu treten. Wenig später findet er sich am Hof des Landgrafen von Hessen-Kassel. Sein Aufenthalt dort ist von entscheidendem Einfluß auf seine Bildung, denn er wird in die Politik und Diplomatie eingeführt, in denen er Jahrzehnte später brillieren sollte.

*

An einem trüben Wintertag des Jahres 1692 sollte er in einer Kasseler Herberge dem Schicksal begegnen, das sein Leben in andere Bahnen lenkt. Seit einiger Zeit ist er ohne

Beschäftigung, er langweilt sich und hat vielleicht auch einen jener Schwermutsanfälle, die ihn so häufig heimsuchen. An einem Nachbartisch bricht ein Streit zwischen einem deutschen Offizier und einem Holländer aus. Saint-Saphorin mischt sich ein und verteidigt letzteren, der sich vorstellt: Vizeadmiral Ludwig van Assemburg, im Dienste Österreichs. Um seine Dankbarkeit zu beweisen, bietet er dem Waadtländer an, ihn dem Marquis de Fleury, „Kämmerer seiner kaiserlichen Majestät und Generalwachtmeister im Admiralsrange" zu empfehlen.

*

Dieser Fleury ist sicher eine der eigentümlichsten Persönlichkeiten, die das diesbezüglich so reiche 17. Jahrhundert hervorgebracht hat. Der gebürtige Savoyer und Günstling des Herzogs Karl Emmanuel II. wird von diesem ermächtigt, ein Kriegsschiff im Mittelländischen Meer auszurüsten, mit der Bestimmung, „Seeräuber, Ketzer und Feinde der Krone zu jagen". Nach einem galanten Abenteuer jedoch wird er des Totschlags bezichtigt, festgenommen und fällt in Ungnade.

Wie Prinz Eugen vom französischen Hof abgewiesen, beschließt er, auf eigene Rechnung „Piratenfürst" im Mittelmeer zu werden. Er besteht unglaubliche Abenteuer, würdig der Feder des einfallsreichsten Romanciers. Danach begibt er sich nach Wien, um dort sein Glück zu versuchen. Kaiser Leopold I. erlaubt ihm, einige Schiffe anzuheuern, um über die Donau mit der Türkei und dem Schwarzen Meer Handel zu treiben. Aber die Geschäfte laufen nicht gut, und Fleury beschließt nach drei Jahren, Wien zu verlassen, um sich in neue Abenteuer zu stürzen. Er treibt an der griechischen Küste Seeräuberei, wird König auf einer Insel im Ägäischen Meer und rafft ein kleines Vermögen zusammen, das ihm seine Feinde rasch wieder abnehmen.

Ruiniert kehrt er nach Wien zurück und erhält neuerlich die Erlaubnis, Schiffe auszurüsten, die Kriegsmaterial nach Ofen und noch weiter transportieren sollen. Er verlangt gleichzeitig, man möge ihm den einigermaßen lächerlichen Titel eines „Generals zu Wasser" verleihen. Getragen vom kaiserlichen Wohlwollen, schlägt er den Bau einer Kriegsflotte vor, welche „vor den Mauern Konstantinopels Verwirrung stiften soll". Die Generalität widersetzt sich dem Plan, und erst als die Türken ihre Donauflotte bedeutend verstärkt haben, begreift man in Wien die Notwendigkeit, eine schlagkräftige Flotte zu schaffen. Im Januar 1692 endlich empfängt Fleury eine bedeutende Summe, die ihm den Bau von Schiffen, den Kauf von Kanonen sowie die Anwerbung von Matrosen und Offizieren gestattet. Einer davon war van Assemburg, der seinerseits Saint-Saphorin gewann.

*

Im September 1692 tritt Fleury das Kommando der Flotte an, die nicht unbedeutend ist. Sie umfaßt zwölf Schiffe mit 253 Geschützen und 860 Mann, die größtenteils in Holland und in Hamburg angeworben worden waren. Dazu kommen noch zwölf Brandschiffe, die von einem pyrotechnischen Franziskaner, dem Pater Gabriel konstruiert worden und zur Vernichtung der Brücken des Feindes sowie zur Verwirrung seiner Flotte bestimmt waren. Saint-Saphorin – man fragt sich im übrigen, woher er seine Navigationskenntnisse genommen haben mag – wird zum Kapitän des Flaggschiffes, der Sankt Salvator ernannt, die über 56 Kanonen und eine Besatzung von 130 Mann verfügt.

*

Die erste „Flußkampagne" zeitigt nur magere Ergebnisse. Bei Essek paradiert die Flotte auf der Donau, unter den eifersüchtigen Blicken der Generale am Ufer. Da die Türken in die Defensive gehen, muß sich Fleury mit Piratenjagd begnügen. Mitte November kehrt er krank und erschöpft nach Wien zurück. Verbittert durch die unablässigen Intrigen gegen ihn, stirbt er daselbst im Februar 1693 mit 63 Jahren.

*

Saint-Saphorin dagegen bleibt auf der Donau. Er bringt das Flaggschiff zum Überwintern nach Yssip. Es ist eine mühsame Fahrt, weil die Pferde, die das Schiff schleppen sollen, in den Ufersümpfen einsinken. Endlich erreicht es, von Männern gezogen, den Hafen.

Indessen gehen die Kabalen der in Wien allmächtigen Jesuiten gut voran. Sie hetzen gegen die kaiserliche Flußmarine, deren Mannschaft sich fast ausschließlich aus brandenburgischen, dänischen und holländischen Protestanten zusammensetzt. Und warum umgibt sich Seine Katholische Majestät mit ketzerischen Offizieren? „Der Vizeadmiral ist Kalvinist", weiß ein Zeitgenosse, „Kapitän Saint-Saphorin ist nicht allein Kalvinist, sondern führt sogar das kalvinistische Banner in seinem Wappen, weil dieses einst von einem Ahnen der Prozession in Genf vorangetragen worden war, als sich die Stadt gegen ihren Fürsten und die Autorität der römischen Kirche auflehnte."

*

Assemburg wird zum Nachfolger von Fleury ernannt. Er ist aber ein langsamer, fauler Mann, „der das Bier nicht wert ist, das er trinkt", wie ein Beobachter urteilt. Saint-Saphorin, der das begriffen hat, entfaltet hingegen ungeheure Betriebsamkeit, um sich unentbehrlich zu machen. Im Laufe des Sommerfeldzuges von 1693 zeigt sich die Flotte – die im übrigen Befehl hat, „vorsichtig zu bleiben" – wenig erfolgreich; als die Kaiserlichen die Aufhebung der Belagerung von Belgrad beschließen, muß sie sich mit der Deckung des Rückzuges begnügen. Im kommenden Jahr hingegen leistet sie vor Peterwardein den Türken, die die Brücken angreifen, um die Versorgungslinien zu unterbrechen, tapferen Widerstand und rettet damit die Festung. Zum ersten Mal gibt es auch ernste Verluste: 200 Matrosen fallen, die Schiffe haben mehr als 350 Artillerieeinschläge abbekommen.

In den *Considérations sur la flotte de Sa Majesté Impériale sur le Danube,* verfaßt im Jahre 1697, bemüht sich Saint-Saphorin um den Nachweis, daß nur die mächtige Artillerie mit ihrem mörderischen Feuer die Überlegenheit der schweren, langsamen Schiffe Österreichs über die beweglichen türkischen Galeeren bewirkt.

Monate verfließen, und die Beziehungen zu Assemburg – der sich seit seinem „Sieg" von Peterwardein für eine außerordentliche Persönlichkeit hält – verschlechtern sich zusehends. Saint-Saphorin hat es satt, die Rolle eines Matrosenanwerbers, Buchhalters und einfachen Kapitäns zu spielen und verlangt die Ernennung zum Vizeadmiral. Nach anfänglichem Zögern gibt der Holländer unter der Bedingung nach, daß der Waadtländer die Flotte verläßt, sobald er eine andere Beschäftigung gefunden hat. Er wußte nicht, daß das noch lange dauern würde.

*

Feldzug von 1696, Ende Juli. Saint-Saphorin liegt mit einem Teil der Flotte in der Theiss-Mündung, während Assemburg mit acht Schiffen bei Slankanem in Stellung geht. Anfang August beginnen die Türken, die über eine beachtliche Flotte verfügen, die Schiffe des Waadtländers zu bedrängen, die sie von einer Insel aus unter lebhaftes Geschützfeuer nehmen. Trotz wiederholter Hilferufe stellt sich Assemburg taub. Saint-Saphorin beschließt darauf, seine Einheit flußaufwärts nach Titel zu verlegen, um der Umklammerung der Osmanen zu entgehen. Das Manöver scheitert indes kläglich. Einer der Kapitäne, vollkommen betrunken, legt sein Schiff just in dem Augenblick quer, als Saint-Saphorin sich umentschlossen hat, flußabwärts zu fahren. Die Verwirrung ist vollkommen. Das Schiff des Vizeadmirals rammt ein anderes, während die Türken den Beschuß verstärken. Da der Waadtländer sieht, daß die Matrosen nur noch an Flucht denken, befiehlt er, die Schiffe in Brand zu stecken, damit sie nicht in die Hände des Feindes fallen. Die Bilanz des Tages ist traurig: drei Schiffe mit 94 Kanonen verloren, ebenso 24 Feldschlangen sowie alle Vorräte. Fünfzig Matrosen und Soldaten sind gefallen.

*

Zwischen Assemburg und Saint-Saphorin ist der offene Krieg ausgebrochenn. Sie werfen sich gegenseitig Feigheit und die Schuld an der Katastrophe auf der Theiss vor. Der Wiener Hof aber und einflußreiche Persönlichkeiten zögern nicht, für Saint-Saphorin Partei zu ergreifen, der sehr geschickt manövriert (geschickter als auf den Wassern der Donau), um seine Unschuld zu beweisen, und dem es sogar gelingt, Unregelmäßigkeiten in der Finanzgebarung des Admirals aufzudecken. Aber erst im Juli 1703 sollte der flüchtige Assemburg in Abwesenheit zur *poenae laquei* verurteilt werden: Abschneiden der Nase und der Ohren, Zerbrechen seines Säbels durch den Henker und Verbannung, als Dieb, aus den kaiserlichen Ländern.

*

Der Frühling des Jahres 1697 ist Saint-Saphorin hold. Zuerst ernennt ihn der Kriegsrat zum Kommandanten der Flotte mit der Vollmacht, Offiziere zu ernennen und zu entlassen, 300 Matrosen anzuheuern und zehn Kriegsschiffe nach eigenen Plänen bauen zu lassen. Dann trifft er mit Prinz Eugen zusammen. Die beiden Männer sympathisieren sofort miteinander, und der berühmte Savoyer erkennt bald, daß Saint-Saphorin, der ihm zwei politische Denkschriften überreicht hat, zu Besserem als zum Amateur-Admiral geschaffen ist. Er meint, daß dieser junge, intelligente Mann ein hervorragender Emissär des Kaisers in den protestantischen Kantonen seiner heimatlichen Schweiz werden könne. Zu diesem Zeitpunkt wahrscheinlich stellt er ihm seine Berufung in den diplomatischen Dienst in Aussicht.

*

Neuerlicher Feldzug gegen die Türken. Diesmal aber führt Prinz Eugen das Oberkommando. Saint-Saphorin befehligt die Schiffe an der Theiss-Mündung. Die Flotte zeigt sich endlich wirksam und der Oberkommandierende bringt seine Genugtuung über die Dispositionen des Vizeadmirals zum Ausdruck. Zurückgekehrt nach Wien, richtet sich dieser in einer Nobelherberge ein und beschließt, das Leben zu genießen. Dem Wein sehr zugetan und ein erfahrener Feinschmecker, trinkt er eindrucksvolle Mengen Tokayer, Bier und Absinth und verzehrt die raffiniertesten Speisen. Saint-Saphorin betätigt sich jedoch nicht nur als Schlemmer, sondern beginnt zu jener Zeit auch, prachtvolle Bücher zu sammeln, die mit den Jahren eine eindrucksvolle Bibliothek bilden. Er ist ein unersättlicher Leser und verschlingt mathematische und physikalische Werke, Abhandlungen über den Gartenbau, historische und theologische Bücher. Niemals hat er seine Herkunft verleugnet, und so gehören denn die Werke Kalvins zu seiner Lieblingslektüre. Unbewußt verkörpert er so einen neuen Menschentyp: den kalvinistischen Genießer!

*

Wie schon Prinz Eugen, so konsultiert nun der kaiserliche Berater Fürst Salm den ehemaligen Vizeadmiral in den delikatesten Fragen der europäischen Diplomatie, insbesondere was Frankreich und die helvetischen Kantone angeht. Im August 1701 schreibt ihm Graf von Trauttmannsdorff: „Ich habe dem Minister dargestellt, wie sehr ich Ihrer Person bedarf (...) und in keinem Falle auf Sie verzichten kann." Die große diplomatische Karriere Saint-Saphorins beginnt. 1701 entsendet ihn der Kaiser, der ihn in der Zwischenzeit zum Generalmajor ernannt hat, in die Schweiz, um zwei Regimenter anzuwerben. Fünf Jahre später wird er kaiserlicher Geschäftsträger in Bern. Nun kennt das Haus Habsburg keinen eifrigeren Diener und die Bourbonen keinen verbisseneren Gegner. Er entfaltet alle seine bedeutenden diplomatischen Talente, um den letzteren zu schaden und den Ruhm seines Herrn, des Kaisers, zu vermehren. Bald beauftragen ihn auch der König von Preußen, der Herzog von Savoyen und der Herzog von Württemberg mit der Wahrnehmung ihrer Interessen. Er erlebt selbst die Freude, Wien als ... englischer Resident wiederzusehen, welche Funktion er neun Jahre lang ausübt.
Ludwig XIV. sprach ihm – ungewollt – die größte Anerkennung aus, als er Saint-Saphorin als den gefährlichsten Feind Frankreichs in der Schweiz bezeichnete.

LEOPOLD JOSEF MARIA VON DAUN

Wien, 24. September 1705 – Wien, 5. Februar 1766

Mars und Bellona hatten an seiner Wiege Pate gestanden. Sein einem alten süddeutschen Geschlecht entstammender Vater war Wirich Lorenz, Graf von Daun, Fürst von Thiano, Ritter des Goldenen Vließes, Vizekönig von Neapel, königlich-ungarischer Wirklicher Geheimer Rat, Generalfeldmarschall, General-Haus-und-Landzeugmeister, Obrist über ein Regiment zu Fuß, Kommandant zu Wien, Statthalter per interim der österreichischen Niederlande und Statthalter in Oberitalien. Er hatte gegen die Türken gekämpft und in Italien unter dem Prinzen Eugen, Turin glanzvoll gegen die Franzosen verteidigt und sich in Sizilien ausgezeichnet, wo der damals dreizehnjährige Leopold unter seinem Kommando gegen die Spanier focht.

*

Mit 27 Jahren befehligt Leopold von Daun das väterliche Regiment und nimmt 1737 am Türkenkrieg teil, als Generalfeldwachtmeister, dem untersten Generalsgrad. Doch Prinz Eugen ist nicht mehr, und das kaiserliche Heer hat schwere Schlappen zu erleiden. Daun, der sich als hartnäckig und geschickt in der Verteidigung erweist, erwirbt sich bald einen Namen als Spezialist des Widerstands, auf dem Balkan, am Rhein oder in Sachsen. Er ist mutig und stets bereit, in vorderster Linie ins Feuer zu gehen. Während seiner ersten Schlacht (Krotzka, 1739) wird er zweimal verwundet und in seiner letzten, bei Torgau (1760), so schwer, daß er gezwungen ist, das Schlachtfeld zu verlassen. Mehrmals entrinnt er dem Tod nur mit knapper Not, bei Kolin, Leuthen, Hochkirch und Hohenfriedberg.

*

Als Maria Theresia 1740 den Thron besteigt, wird er Inhaber des Regiments FML Wenzel Graf Wallis. Er tut sich im Ersten Schlesischen Krieg hervor, was ihm bald die Anerkennung seiner jungen Gebieterin einbringt. Damit beginnt ein unaufhaltsamer Aufstieg, aber auch eine besondere Beziehung zwischen der Herrscherin und ihrem General. Er gehört zum Kreis ihrer Vertrauten, und als seine Frau ihm eine Tochter schenkt, beeilt er sich, sie Maria Theresia zu nennen. Die Kaiserin schätzt sein militärisches Können, seine Rechtschaffenheit, Sittlichkeit und unerschütterliche Treue zu ihrem Hause, die Klugheit seiner Ratschläge, seine Menschlichkeit, am meisten vielleicht aber seine tiefe, einfache Frömmigkeit, die der ihrigen gleicht. Kein Heerführer jener Zeit hat seine Gebieterin mehr geachtet und geliebt als Daun, und sie wußte es ihm zu vergelten.

Nach Beendigung des Erbfolgekriegs beschließt Maria Theresia die Rcorganisation der Armee, die sich ihrer Aufgabe nicht gewachsen gezeigt hatte. Sie, die sich in militärischen Fragen sehr gut auskennt und nur bedauert, nicht selbst auf dem Schlachtfeld kommandieren zu können, nimmt umfangreiche Reformen in Angriff. Sie beurteilt ihr Heer mit schonungsloser Klarsicht: „Die ihren Feinden so fürchterlich ehedessen gewesenen kaiserlichen Truppen, die für die ersten in Europa gehalten wurden, hatten bei Freund und Feind den größten Teil ihres Ansehens verloren, so mit dem Grafen Guido von Starhemberg, und sonderlich mit dem Prinzen Eugenio abgestorben zu sein schien: komplett waren sie nicht einmal zur Hälfte. Niedergeschlagen waren selbe, und vornehmlich die Infanterie, und mangelten durchaus an allem (...).

Nicht das Mindeste ist eingeführet in Regel. Ein jeder machte ein anderes Manöver im Marsch, in Exercition und in allem; einer schoß geschwind, der andere langsam, die nämlichen Wort und Befehle wurden bei einen so, bei den anderen wiederum anders ausgedeutet.“

*

Ein neues Dienstreglement soll daher für Infanterie und Kavallerie eingeführt werden. Daun wird der Vorsitz der Kommission übertragen, weil er sowohl ein Praktiker ist als auch in seinem eigenen Regiment Reformen durchgeführt hat, die die Monarchin als exemplarisch ansieht. Ihm soll es gelingen, die kaiserliche Armee dem früheren (und bald späteren) preußischen Feind ebenbürtig zu machen, der nach dem Urteil Dauns „bestens in Waffen geübt ist, geschickt in Wendungen, vorzüglich schnell im Feuern und ausgerüstet mit einer zahlreichen Artillerie“.

Die Offiziere müssen endlich begreifen, daß der Krieg kein „zunftmäßiges Handwerk“ ist, sondern eine Wissenschaft, die umfassende Kenntnisse erfordert, welche sie zu erwerben haben. Alle Regimenter, gleich welcher Nationalität, müssen einheitlich exerzieren und manövrieren und überdies ihre Truppenstärke genau bestimmen. Die Offiziere sollen sich zu ihren Leuten „wie Väter“ verhalten, sie loben, wenn sie sich tüchtig gezeigt haben, und körperliche Züchtigungen möglichst vermeiden, die nur zur Desertion ermutigen. Doch ist es auch nötig, die Moral der Armee zu heben: Plünderungen sind zu unterbinden, die Verwundeten des Gegners zu pflegen und die Gefangenen menschlich zu behandeln. Die Religion soll in dieser sittlichen Reform des Heeres eine wichtige Rolle spielen.

Alle taktischen Dispositionen, die Manöver, die verschiedenen Formen des Feuers sind in diesem Reglement mit einer Genauigkeit vorgesehen, die oft in Pedanterie ausartet. Da auf das geringste Detail eingegangen wird, nimmt es schließlich unförmige Ausmaße an: der erste Teil umfaßt 302 Seiten, der zweite 175. Was die Bemühungen um Vereinheitlichung angeht, hatte es bestimmt positive Auswirkungen, doch aufgrund seines Umfangs darf bezweifelt werden, daß es zum Vademekum der Offiziere wurde, deren Bildung sehr zu wünschen übrig ließ. Daun, dem dies durchaus bewußt ist, bewegt daher Maria Theresia dazu, in Wiener Neustadt eine Militärakademie zu gründen (1751), die Kadetten vom vierzehnten Lebensjahr an kostenlos ausbildet.

*

Als der König von Preußen 1756 neuerlich die Feindseligkeiten gegen Österreich eröffnet, erklärt Daun der Kaiserin voll Zuversicht: „Gewiß ist es (...), daß Euer Majestät Truppen niemals als wie derermals in einer solch guten Ordnung exerziert, anschaulich, mithin in vorteilhaftem guten Stand gewesen, noch jemals die Regimenter als wie heutzutag komplett sich befunden haben."

Trotzdem kommt er mit seinem Korps zu spät, um das Schicksal der Schlacht bei Prag zu wenden, bei derem Abschluß Friedrich II. ausruft: „Die Österreicher sind zerstreut wie Stroh im Wind." Ihrer 45 000 sind in der Stadt eingeschlossen, und Daun sucht eine Schlacht, um sie schnellstmöglich zu entsetzen. Das Treffen findet in Kolin statt, am 18. Juni 1757. Friedrich, dessen Truppen in zwei Kolonnen vorrücken, will den rechten Flügel der Österreicher angreifen. Aber der Anmarsch ist lang, die Hitze erdrückend, und die Preußen sind zu einer längeren Ruhepause gezwungen, bevor sie zum Angriff übergehen können. Doch sie werden auf der ganzen Linie mit schweren Verlusten zurückgeschlagen, und gegen 17 Uhr zeigt sich Mars den Österreichern gewogen. Ihre Kavallerie unternimmt einen massiven Angriff auf den rechten Flügel des Feindes, der weichen muß, während im Zentrum die Infanterie zurückgeht. Um es wie Heinrich von Kleist auszudrücken, der Bär siegte über den Fechter. Daun befiehlt, den Gegner nicht zu verfolgen. Die Preußen lassen 22 Fahnen und 45 Geschütze auf dem Schlachtfeld. Von nun an gilt der Generalissimus als Retter der Monarchie.

*

Überströmend vor Freude, beschließt Maria-Theresia die Stiftung eines Ordens ihres Namens zur Belohnung von Mut und militärischer Initiative. Sie schreibt an Daun: „Ihr seid als der erste Großkreuz aufgenommen."

*

46

Doch der Tarpejische Felsen ist vom Kapitol nicht weit entfernt. Der Gegenschlag Friedrichs erfolgt bci Leuthen (5. Dezember 1757), wo die Österreicher eine totale Niederlage mit beträchtlichen Verlusten einstecken. Paradoxerweise trägt diese verlorene Schlacht aber nur zum Ruhme Dauns bei, denn nicht er war es, der sie gewollt hatte, sondern Prinz Karl von Lothringen – Maria Theresias Schwager –, der sich bei geringen militärischen Talenten mit Daun in den Oberbefehl teilte. Letzterer, der sich in einer starken Stellung wußte, wollte kein Risiko eingehen, beugte sich aber schließlich dem erlauchten Drängen. Als Friedrich die Österreicher vorrücken sah, jubelte er: „Der Fuchs ist endlich aus seinem Loch gegangen!"

*

Schon früh haftet Daun der Ruf an, ein „deutscher Fabius Maximus Cunctator" zu sein. Ursprünglich hat diese Bezeichnung nichts Negatives, sie bedeutet nur, daß der Sieger von Kolin angesichts eines genialen Gegners abzuwarten weiß, bis sich ihm eine günstige Gelegenheit bietet. Doch je länger der Krieg dauert – sieben Jahre im ganzen –, desto mehr erhält sie einen abschätzigen Beigeschmack, daß Daun nämlich nur gezwungenermaßen eine Schlacht schlage. Friedrichs Lästerzunge ist daran nicht unbeteiligt. Er nennt den Feldmarschall „die dicke Excellenz von Kolin" oder „die große Perücke", während er für die Wiener „der große Zauderer" wird. Der Pöbel belustigt sich damit, Schlafmützen in die Kutsche seiner Frau zu werfen. Man vergleicht die Armee mit einem Reiterstandbild, dessen Pferd den Huf hebt, aber unbeweglich bleibt. Karikaturen sind im Umlauf, auf denen der Feldmarschall mit einem Schwert dargestellt ist, das die Inschrift trägt: „Du sollst nicht töten!"

*

Diese Kritik ist beleidigend und ungerecht. Wenn Daun häufig mit übertriebener Vorsicht gehandelt hat und sich daher manch gute Gelegenheit zu einem Sieg entgehen ließ, so vor allem deshalb, weil er der Überzeugung war, die Preußen zermürben zu müssen. Und diese Vorgangsweise machte sich letzten Endes bezahlt. Vergessen wir nicht, daß er es war, der von allen Feldherrn, die Friedrich dem Großen gegenüberstanden, diesen am häufigsten besiegte: bei Kolin, Breslau (1757), Hochkirch (1758). Und wieder war er es, der bei Maxen (1759) einen der erstaunlichsten Siege des Siebenjährigen Krieges davontrug, als er das Korps des preußischen Generals Finck auf freiem Felde zwang, die Waffen zu strecken. Friedrich reagierte wutentbrannt: „Es ist bis dato ein ganz unerhörtes Exempel, daß ein preußisches Corps das Gewehr vor seinem Feinde niederlegt, von dergleichen Vorfall man vorhin gar keine Idee gehabt!" Und das ist, indirekt, die Reverenz des Fechters vor dem Bären.

FRANZ VON DER TRENCK

Reggio di Calabria, 1. Januar 1711 – Spielberg bei Brünn, 4. Oktober 1749

Sein Schicksal ist der Feder eines elisabethanischen Dichters würdig, denn der Exzeß paart sich mit Gewalt und Bravour, was seine Zeitgenossen wie spätere moralisierende Generationen empörte. Das sehr biedermeierliche Conversations-Lexikon von Brockhaus aus dem Jahre 1830 beschreibt Trenck als „ein moralisches Ungeheuer seiner Zeit".
Sein Vater, ein preußischer Adliger, trat in österreichische Dienste, die Mutter war mit dem letzten Großmeister der kurländischen Schwertritter verwandt.
Von Kindesbeinen an stand sein Leben im Zeichen der Gefahr. Er fällt in eine Glutpfanne, verletzt sich mit der väterlichen Pistole, ertrinkt beinahe, stürzt mehrmals vom Pferd. Da er seinem Vater in dessen Garnisonen auf den Reisen folgt, kommt er in der Welt herum: nach Messina, Palermo, Neapel und Venezien.
Nachdem sein Vater das Kommando der Festung Brod angetreten hat, wird er in Ödenburg zur Schule geschickt, später ins kroatische Pasega zu den Jesuiten. Er lernt leicht und schnell, denn er ist von hoher Intelligenz. Er spricht sieben Sprachen.

*

Mit achtzehn Jahren tritt er als Fähnrich in die Armee ein. Er verwickelt sich in unzählige Auseinandersetzungen und Duelle. 1731 schenkt ihm sein Vater Ländereien in Slawonien, wohin er sich zurückzieht und heiratet. Seine Kinder sollten nicht überleben. Als seine Frau sechs Jahre später stirbt, versucht er, wieder österreichische Dienste zu nehmen, wird jedoch seines schlechten Rufes wegen abgelehnt.
Er tritt daher als Rittmeister in die russische Armee ein. Er ist mutig, ja tollkühn, aber sein ungestümer Charakter verleitet ihn immer wieder zu Ausschreitungen. Weil er seinen Oberst geohrfeigt hat, verurteilt ihn ein Militärgericht zum Tode. Er wird jedoch begnadigt, eine Zeitlang eingekerkert und schließlich ausgewiesen.

*

Als Friedrich II. im Dezember 1740 in Schlesien einfällt, wendet sich Maria Theresia in ihrer Verzweiflung an jeden, der ihr beistehen könnte. Sie nimmt daher dankbar das Angebot Trencks an, ein Pandurenkorps auszuheben. Sie ernennt ihn zum Major (1741) und gewährt ihm das Recht, seine Offiziere selbst zu bestimmen.

*

Diese Panduren – deren Namen vielleicht eine Verballhornung des Wortes Banderia (Fahne, Banner) ist – waren ursprünglich in Ungarn die berittenen Kontingente des Adels, die sich um ihr eigenes Banner scharten. Später dienten sie in Kroatien und Slawonien als Leibdiener der Edelleute, die sie auch in Gebieten andauernden Straßenraubs als Haussoldaten einsetzten. Ihre Bewaffnung bestand aus zwei Pistolen und dem Hadjar, dem langen Dolch der Türken, ihre Kleidung aus roten Umhängen mit weiten Kapuzen, weshalb sie ihre Gegner als „Rotmäntler" oder „Rote Kapuziner" bezeichneten. Ihr Kriegsschrei war ein gellendes „Allah!", „Allah!", als Fahnen verwendeten sie Roßschweife nach osmanischer Art.

*

Am 22. Mai 1741 präsentiert Trenck in Wien, außerhalb der Favoritenlinien, der Herrscherin und ihrem Gemahl 1022 seiner Soldaten, aufgeteilt in zwanzig Freikompanien zu fünfzig Mann mit jeweils vier türkischen Trommeln, die neben ihrer gewöhnlichen Ausrüstung noch mit einem Gewehr bewaffnet sind. Trenck hat es wenig Mühe gekostet, in Slawonien anzuwerben, denn sie sind begierig auf den Krieg, von dem sie sich reiche Beute versprechen. Doch für die meisten von ihnen, die nichts als gemeine Banditen waren, hat er sich von der Königin eine Generalamnestie erbitten müssen. Um diesen Leuten, die weder Tod noch Teufel fürchten, eine gewisse Disziplin beizubringen, bedurfte es der ganzen Brutalität eines Trenck, der sich außerdem mit Offizieren umgeben hatte, die für ihre Kaltblütigkeit und Härte bekannt waren. Zu ihnen zählte der spätere Feldmarschall Loudon.

*

Mit seinen wilden Kriegern wird Trenck zum Meister des Überraschungsangriffs und des Hinterhalts. Er schlägt dort zu, wo man es am wenigsten erwartet. Urplötzlich überfällt er Transporte, lagernde Truppen, kleine Einheiten, ja sogar Schlösser, Schanzen oder schlecht verteidigte Festungen. Seine Raubgier ist unersättlich, wie ein Falke stürzt er sich auf seine Beute. Unerbittlich mit seiner Mannschaft, ist er oft grausam gegen die Bevölkerung, die er in Furcht und Zittern versetzt. Bald wird er zum Schrecken der Bayern, Franzosen und Preußen. Doch militärisch gesehen erweist sich der „kleine Krieg" als erfolgreich. Er zwingt den Feind, ständig auf der Hut zu sein, seine Posten zu verstärken, seinen Nachschub zu eskortieren, kurz, seine Kräfte zu verzetteln.

*

Maria Theresia befördert ihn zum Oberstleutnant und beauftragt ihn, in Slawonien neue Einheiten zu werben. In kürzester Zeit sammelt er 2 000 Fußsoldaten und 130 Husaren um sich. Für jeden Mann zahlt ihm die Hofkammer 80 fl., während er die Kosten für die Ausrüstung zu tragen hat.

Im Feldzug von 1745 zeichnet er sich neuerlich aus, seine Panduren verbreiten Grauen und Verwüstung unter den Preußen. Doch die Schlacht bei Soor am 30. September 1745 sollte ihm zum Verhängnis werden. In dem Glauben, die Österreicher hätten bereits den Sieg errungen (in Wirklichkeit unterlagen sie wenig später), plündert er das verlassene Lager Friedrichs II. und bemächtigt sich im Zelt des Königs des silbernen Tafelgeschirrs.

*

Mit seiner oft brutalen Vorgangsweise hat sich Trenck viele Feinde gemacht, deren Zahl mit den Neidern wächst. Sie streuen alle möglichen Gerüchte über ihn aus, in denen sich Wahres und Unwahres vermischen. Vor allem behaupten sie, er habe in Soor den Preußenkönig gefangengenommen, ihn aber gegen ein Lösegeld wieder freigelassen.

*

Der Pandurenobrist wird vor eine Untersuchungskommission gestellt, deren Vorsitz zu seinem Unglück ein General führt, der ihn haßt. Man beschuldigt ihn, die Regimentsgelder veruntreut, Kirchen und Klöster geplündert und Geistliche mißhandelt zu haben. Der jähzornige Trenck ist ein schlechter Verteidiger seiner Sache, und er wird zum Tode verurteilt. Doch die Kaiserin, der die Unrechtmäßigkeiten des Verfahrens nicht entgangen sind, ordnet die Wiederaufnahme des Prozesses mit anderen Richtern an. Nun wird der Beschuldigte, der sich nach wie vor nicht beherrschen kann, zu lebenslanger Haft verurteilt. Sein Gefängnis ist die Festung Spielberg, wo ihm die Gunst der Kaiserin, für die er so oft sein Leben gewagt hat, relativ milde Bedingungen verschafft. Er darf sogar seine Güter testamentarisch vererben, als er sich nach einem Jahr dem Tode nahe fühlt.

*

Für seinen Grabstein hat er selbst die Inschrift entworfen, die folgendermaßen endet: „Ach könnt' der Aschen mein / Das Recht noch widerfahren / Daß es wie Sokrates / Die Unschuld darf verwahren. / So werde meine Kayserinn / Nach meinem Tod ersehen / Das Unrecht, so mir ist / Von meinem Freund geschehen." Wer dieser Freund war, darüber schweigt die Geschichte.

*

Im Jahre 1748 erschien *Leben und Thaten des weltberühmten Herrn Francisci Freyherrn von der Trenck,* das sofort verbrannt wurde. Das Werk sollte jedoch, in erweiterter Form, viele Auflagen erleben. Wenn auch bestritten worden ist, daß Trenck selbst der Verfasser war, trug diese „Autobiographie" doch dazu bei, die legendäre Aura des merkwürdigen Helden zu vergrößern.

GIDEON ERNST LOUDON

Tootzen/Livland, 17. Februar 1717 – Neu-Titschein/Mähren, 14. Juli 1790

Im Frühjahr 1744 kommt ein Livländer nach Wien, der ziemlich schlecht deutsch und noch viel schlechter französisch spricht, aber fest entschlossen ist, hier Karriere zu machen. Und da er Soldat ist, sucht er sein Heil bei der Armee. Es ist lebenswichtig für ihn, eine Anstellung zu finden, hat er doch bereits eine Reihe Absagen einstecken müssen, so daß er sich in der Lage eines „militärischen Arbeitslosen" befindet. Zehn Jahre lang hat er in einem obskuren russischen Regiment gedient, es aber nur zum Oberleutnant gebracht. 1742 hatte er in St. Petersburg versucht, eine Beförderung zu erreichen, aber vergeblich. So zog er es vor, fremde Dienste zu suchen und fuhr nach Stockholm, doch angesichts der heruntergekommenen schwedischen Armee, die nur noch von der Erinnerung an ihre ruhmreiche Vergangenheit lebte, ließ er diesen Plan fallen. Ende 1743 kam er nach Berlin, denn er setzte all seine Hoffnungen auf das Heer des jungen Friedrichs II., der soeben glanzvoll den Ersten Schlesischen Krieg gewonnen hatte. Nach mehrmonatigem Warten gewährte ihm der König endlich eine Audienz, in der er aber offenbar keinen günstigen Eindruck erwecken konnte, denn der Souverän soll erklärt haben: „La physionomie de cet homme ne me revient pas!" (Die Physiognomie dieses Mannes paßt mir nicht!) Erst beim nächsten Anlauf, in Wien, ist ihm das Schicksal hold. Er wird als Hauptmann bei den Panduren aufgenommen, eine zwar bescheidene Stellung, die jedoch die erste Stufe einer Laufbahn war, die sich als brillant erweisen sollte.

*

Er war der Sprößling eines alten Geschlechts, das aus Bremen stammte und sich im 12. Jahrhundert in Livland niedergelassen hatte. Als Gideon Ernst Loudon geboren wurde, war Livland gerade de facto unter russische Verwaltung geraten, so daß er Untertan des Zaren war. Von seiner Kindheit ist nichts bekannt, doch da sein Vater, der in der schwedischen Armee gedient hatte, nicht sehr begütert war, darf man annehmen, daß er in bescheidenen Verhältnissen aufwuchs. Mit 16 Jahren tritt er als Kadett in ein russisches Infanterieregiment ein, das an der Ostgrenze Livlands stationiert war. Er macht den Feldzug gegen Polen unter Münnich mit, dann gehört er dem mit Österreich verbündeten russischen Kontingent an, das die Franzosen im Rheinland bekämpft. Dort hat er Gelegenheit, einen hervorragenden Feldherrn zu sehen, den Prinzen Eugen. Dann schlägt er sich mit seinem Regiment gegen die Türken und den Khan der Krimtartaren, was ihm erlaubt, sich mit dem „kleinen Krieg" vertraut zu machen, wie man damals sagt, einem Krieg der Hinterhalte, der Handstreiche, der Überraschungsangriffe, der Beweglichkeit und Initiative erfordert. Da er dabei offenbar Tapferkeit beweist, wird er zum Oberleutnant befördert.

*

Nachdem die Truppen Friedrichs II. 1741 in Schlesien eingefallen waren und damit die Donaumonarchie in ihrer Existenz bedrohten, hatte Maria Theresia dem Obristwachtmeister Trenck, der in der russischen Armee gedient hatte, die Genehmigung erteilt, in Slawonien ein Pandurenkorps zu werben, das sich teilweise aus buchstäblichen Galgenvögeln und Draufgängern zusammensetzte. Es war eine Horde von Plünderern und Frauenschändern, die sich aufs Sengen und Brennen und Saufen verstand, aber auch ausgezeichnet auf die Führung des „kleinen Krieges", indem sie den Gegner aus dem Hinterhalt überraschte, ihn nie zur Ruhe kommen ließ, seine Nachschubkonvois und Lager überfiel und Furcht und Schrecken verbreitete, wo immer sie auftauchte.

Mit diesen Leuten kämpft Loudon im Elsaß gegen die Franzosen und wird zum ersten und einzigen Mal in seiner ereignisreichen Laufbahn verwundet.

*

Im Feldzug in Schlesien 1745 führt Loudon ein selbständiges Pandurenkorps an. Doch nach der österreichischen Niederlage bei Soor beschließt er, sich von Trenck zu trennen. Dem Lutheraner stark pietistischer Tendenz fiel es anscheinend immer schwerer, sich mit den brutalen Methoden seines Chefs abzufinden.

Sein Aufstieg bleibt weiterhin langsam und mühselig, der Erfolg will sich nicht einstellen. Lange Jahre verbringt er als Hauptmann eines Grenzerregiments in Bunić, einem elenden Nest an der kroatischen Militärgrenze zwischen Rijeka und Split. Sein Leben dort ist nüchtern und hart – was seinem Charakter durchaus zusagt – inmitten seiner Soldaten, die er mit eiserner Hand führt, er zeichnet sich sogar durch besondere Schärfe aus bei der Niederschlagung einer Meuterei.

Er heiratet eine Katholikin – er konvertiert zu dieser Zeit – und hat mit ihr zwei Söhne, die jedoch bei der Geburt sterben. Da ihm die Mängel seiner Ausbildung bewußt sind und er darunter leidet, arbeitet er unablässig, um diese Lücken zu schließen. Er studiert Militärschriftsteller, Kriegsgeschichte und Schlachtenbeschreibungen, vertieft sich in Karten und Atlanten. Er ist von seinem Thema so besessen, daß er sogar einen Eichenwald in Form einer Armee in Schlachtordnung – mit Zentrum, Flügeln, Vorhut usw. – in den öden Karst pflanzt, der heute noch teilweise besteht.

*

Loudon ist fast vierzig und Oberstleutnant, als sich Fortuna anschickt, den Dingen einen anderen Verlauf zu geben. An der Spitze eines Likaner-Bataillons nimmt er 1756 am Feldzug in Böhmen teil. Nachdem die Österreicher die Preußen bei Kolin geschlagen haben, am 18. Juni 1757, erhält er den Auftrag, mit 2 500 Grenzern, unterstützt von ein paar hundert Husaren, den sich zurückziehenden Feind zu verfolgen. Bestens vertraut mit dieser Art Kriegsführung, macht er seine Sache ausgezeichnet. Endlich geruht nun die Kaiserin, von ihm Notiz zu nehmen und gewährt ihm, als Zeichen der Dankbarkeit, eine jährliche

Pension. In militärischen Kreisen beginnt man ebenfalls, auf seine Fähigkeiten aufmerksam zu werden. Er wird zum Generalmajor befördert und mit dem Ritterkreuz des Maria-Theresien-Ordens ausgezeichnet.

*

Feldzug von 1758. Friedrich II. belagert Olmütz. Von den bewaldeten Höhen aus beobachtet ihn Loudon mit seinen Reitern. Der Oberbefehlshaber Daun erfährt von seinen Spionen, daß ein preußischer Riesenkonvoi von viertausend Wagen aus Neiße nach Olmütz unterwegs ist, der Lebensmittel, Munition, Pulver und eine beträchtliche Geldsumme für den Sold der Truppen bringen soll. Die Bedeckung beträgt zehntausend Mann. Voller Ungeduld unternimmt Loudon einen Überfall, ohne auf die vorgesehene Verstärkung zu warten. Da dieser jedoch schlecht koordiniert ist, wird er zurückgeschlagen. Nachdem er seinen Angriffsplan geändert hat, greift Loudon neuerlich an. Vierzehntausend Österreicher stehen vierzehntausend Preußen gegenüber. Es ist kein eigentlicher Überfall mehr und noch nicht ganz eine Schlacht. Die Preußen werden so hart bedrängt, daß sie gezwungen sind, mit ihren zahllosen Gefährten eine Wagenburg zu bilden. Loudon läßt Geschütze heranbringen, die die Wagen aus nächster Nähe beschießen. Die Pulverwagen fliegen in die Luft, das Durcheinander ist unbeschreiblich. Die Kriegskasse fällt in die Hände der Österreicher. Seiner Logistik beraubt, sieht sich Friedrich II. gezwungen, die Belagerung aufzuheben. Loudon wird zum Feldmarschall-Leutnant befördert und erhält das Großkreuz des Maria-Theresien-Ordens.

*

In der Schlacht bei Kunersdorf (12. August 1759) erbringt Loudon, der ein Korps von 20 000 Mann befehligt, welches den russischen Verbündeten unterstützen soll, einen glanzvollen Beweis seines taktischen Könnens. Nachdem er seine Armee über die Oder gebracht hat, unternimmt Friedrich ein geschicktes Umgehungsmanöver, um die Russen einzuschließen. Loudon erkennt sofort, daß er dem bevorstehenden Angriff nur durch massiven Artillerieeinsatz begegnen kann. Er läßt 54 Geschütze auf zwei benachbarte Hügel bringen und eröffnet ein mörderisches Feuer auf die vorrückenden Preußen. Die Wirkung ist verheerend! Die „beste Infanterie der Welt" ist zum Rückzug und zur Defensive gezwungen. Diesen Augenblick nutzt Loudon, der den „coup d'œil" des großen Heerführers besitzt, um dem Gegner mit vierzehn Schwadronen seiner besten Kavallerie in die Flanke zu fallen. Das Geschick der Preußen ist damit besiegelt.
Der General wird nun mit Ehrungen überschüttet. Maria Theresia erhebt ihn in den erbländischen Freiherrenstand, schenkt ihm ein Gut in Böhmen, verleiht ihm ein Regiment und macht ihn zum Feldzeugmeister. Er ist 42 Jahre.

*

Während des Feldzugs von 1760 befehligt er an der schlesischen Grenze ein autonomes Korps. Sein Gegner ist der preußische General Fouqué, der sich im befestigten Lager

Landshut verschanzt hat. Bevor Loudon angreift, führt er eine Reihe geschickter Täuschungsmanöver durch, um dem Feind seine wahren Absichten zu verbergen. Trotz entschlossenen Widerstands ist Fouqué zur Kapitulation gezwungen. Einen Monat später nimmt Loudon die Festung Glatz ein, wo er reiche Vorräte erbeutet. Vor allem aber ist damit für die Österreicher der Weg nach Schlesien frei.

Die Nachricht von diesen Siegen löst in Wien einen Begeisterungstaumel aus, wo Loudon zum Held des Tages wird. Volksdichter preisen ihn in unbeholfenen Reimen, und Fürst Kaunitz, der nie besondere Sympathie für ihn gezeigt hatte, nennt ihn sogar den „Josua Maria Theresiens".

*

Nicht wenige Persönlichkeiten der höchsten Kreise halten den Zeitpunkt für gekommen, den vorsichtigen Daun durch Loudon als Oberbefehlshaber zu ersetzen. Sie hoffen daher inständig, er möge im nächsten Feldzug – 1761 – an der Spitze seiner sechzigtausend Mann einen eklatanten Sieg erringen, der all jene endgültig zum Schweigen bringen würde, die ihm feindselig gesinnt sind und sich seiner Beförderung zum Feldmarschall widersetzen.

In Schlesien stützt sich Friedrich II. auf eine Reihe von Festungen, die seine Verbindungswege sichern, den Nachschub liefern und die Grenze decken. Loudon beschließt daher, mit der Einnahme der Festung Schweidnitz eines der Glieder dieser Kette aufzubrechen. Er ist allerdings nicht der Mann, sich mit einer langen, methodischen Belagerung abzumühen. Er wird „nach Husarenart" vorgehen und bereitet ein „Kommandounternehmen" vor, wie man heute sagen würde. Während der Nacht greifen mehrere, mit Leitern versehene Kolonnen an verschiedenen Stellen an, dringen in die Festung ein und kehren die Kanonen gegen die Verteidiger um, die sich nur noch ergeben können. Um sechs Uhr früh ist die Angelegenheit erledigt. Die Besatzung wird gefangen genommen, beträchtliches Kriegsmaterial erbeutet. Mit seiner ausgeklügelten Kombination von Schnelligkeit, Überraschungseffekt und Schutz der Dunkelheit ist es Loudon gelungen, in wenigen Stunden eine Festung zu erobern, die ein konventioneller General wochenlang hätte belagern müssen.

In Wien wird die Nachricht von dem Handstreich mit Jubel aufgenommen, die Poeten machen sich abermals ans Werk. Die Anhänger des Generals triumphieren, während seine Gegner verächtlich von einem „Kroatenstreich" sprechen. Obwohl Loudon mit Schweidnitz einen soliden Stützpunkt für den nächsten Feldzug in Schlesien gewonnen hat, ist die Kaiserin enttäuscht: „Mit allen Truppen, die sie ihm in diesem Feldzug gegeben haben, konnte er nichts bewirken außer dem glücklichen Handstreich auf Schweidnitz. Aber das war eine Angelegenheit von nur wenigen Grenadierbataillonen."

Mit dem Oberbefehl ist es wieder nichts.

*

Nach Beendigung des Siebenjährigen Krieges verwandelt sich der General in einen neuen Cincinnatus. Er erwirbt Land in Böhmen, um sein Gut zu vergrößern. Er war der Scholle stets sehr verbunden gewesen und denkt nun ernsthaft daran, sich der Landwirtschaft zu widmen. Gleichzeitig spielt er aber auch mit dem Gedanken, russische, spanische oder sächsische Dienste zu nehmen.

Während einer Kur in Karlsbad – seine Gesundheit wird immer schlechter – schließt er Freundschaft mit dem Fabeldichter und Romanschriftsteller Christian Fürchtegott Gellert, der zu jener Zeit auf dem Gipfel seines Ruhmes steht. Die beiden Männer sind sich charakterlich sehr ähnlich, ernst, pflichtbewußt, zum Pietismus neigend. Loudon wundert sich bald über einen Widerspruch, den er bei dem Dichter zu entdecken glaubt, der immer „eine traurige Miene" zeigt: „Sagen Sie mir nur, Herr Professor, wie es möglich ist, daß Sie so viele Bücher schreiben können und so viel Munteres und Scherzhaftes? Ich kann's gar nicht begreifen, wenn ich Sie so ansehe. – Das will ich Ihnen wohl sagen, antwortete ich; aber sagen Sie mir erst, Herr General, wie es möglich ist, daß Sie die Schlacht bei ... bei Kunersdorf haben gewinnen und Schweidnitz in einer Nacht haben einnehmen können? Ich kann's gar nicht begreifen, wenn ich Sie so ansehe. – Damals habe ich ihn das erste Mal lachen sehen, sonst lächelte er nur."

Ein andermal beklagt sich Loudon – und das beweist seine legendäre Bescheidenheit – bei Gellert, daß er nicht studieren konnte und bittet ihn, ihm eine Leseliste aufzustellen. „Aber in der Tat", kommentiert der Dichter, „ersetzte sein natürlich scharfer Verstand und seine große Aufmerksamkeit auch bei ihm den Mangel der Wissenschaften."

Gellert verdanken wir vor allem die einzige authentische Beschreibung des Feldzeugmeisters, was sie um so wertvoller macht: „Er ist nicht groß von Person, aber wohl gewachsen; hager, aber weniger als ich; hat nachsinnende, tief im Kopf eingeschlossene, lichtgraue Augen, oder wohl auch bräunliche, fast wie ich. Er wurde nur nach und nach vertraulich gegen mich, und vielleicht war meine traurige Miene Schuld daran. O, sagte er einmal zu mir, als er mich in der Allee fand, ich käme oft gern zu Ihnen; aber ich fürchte mich, ich weiß nicht, ob Sie mich haben wollen."

*

Im September 1770 trifft Kaiser Joseph II., der von nun an die Macht mit seiner Mutter teilt, im mährischen Neustadt mit dem König von Preußen zusammen, um Gespräche über die große europäische Politik zu führen sowie über die bevorstehende polnische Teilung zwischen Österreich, Preußen und Rußland. Bei den Manövern vor Friedrich II. befehligt Loudon die Truppen. Beim anschließenden Diner will sich der General bescheiden ans untere Ende der Tafel setzen, doch als der König dies bemerkt, ruft er ihn zu sich mit der Bemerkung: „Ich sehe Sie viel lieber neben mir als mir gegenüber." Offenbar hatte er vergessen, daß er ein Vierteljahrhundert früher die Physionomie Loudons abscheulich gefunden hatte!

*

Nach dem Ableben von Feldmarschall Daun im Jahre 1766 wird Feldmarschall Moritz Graf Lacy, Freund, Vertrauter und Berater Josephs II., zum Präsidenten des Hofkriegsrats. Als unermüdlicher Arbeiter, unverbesserlicher Bürokrat, rastloser Vielschreiber, ängstlicher und mittelmäßiger Taktiker von engstirniger und eifersüchtiger Gesinnung steht er Loudon höchst mißtrauisch gegenüber und tut alles, um ihn aus seiner Stellung als Generalinspektor der Infanterie zu entfernen, was ihm auch gelingt.

In seiner für Versailles bestimmten „Übersicht über die wichtigsten Persönlichkeiten des Wiener Hofes" liefert ein französischer Diplomat ein ausgezeichnetes Bild der Beziehungen zwischen den beiden Männern: „Marschall Lacy kann Loudon nicht ausstehen, und das mit Recht, denn der militärische Ruf der beiden steht im umgekehrten Verhältnis zu ihrem Rang. Loudon hat sein Glück in zwei Feldzügen gemacht. Er ist äußerst bescheiden, zurückhaltend und schweigsam. Er wird erst lebendig, wenn der Kampf beginnt. Er ist also ein Held, als Mensch ist er nicht von Bedeutung. Man zweifelt hier, daß er jemals das Kommando über eine Armee erhalten wird."

*

1778 kommt es zu einer neuerlichen Auseinandersetzung zwischen Österreich und Preußen im Bayerischen Erbfolgekrieg, vulgo „Kartoffelkrieg" genannt. Obwohl er sich etwas auf seine militärischen Kenntnisse einbildet, ruft Joseph II., der sich gegen den Willen seiner Mutter auf dieses Abenteuer eingelassen hat, Loudon zu Hilfe. Und bei dieser Gelegenheit wird letzterer endlich zum Feldmarschall befördert. Doch es kommt nur zu einigen Demonstrationen, Österreicher wie Preußen manövrieren viel, gekämpft wird nicht. In diesem Krieg, der „zu klein" für ihn ist, unternimmt Loudon nichts, um sich auszuzeichnen. Und die Poeten haben diesmal keine Gelegenheit, ihren Weihrauch zu streuen.

*

Am 9. November 1778 schreibt Friedrich II. an seinen Bruder, Prinz Heinrich: „Wenn die Österreicher den Marschall Loudon verlieren, werden sie keinen Offizier mehr mit den erforderlichen Eigenschaften besitzen, um eine Armee zu kommandieren." Eine Ohrfeige für Lacy!

*

Loudon beschließt, sein Gut in Böhmen zu verkaufen, um die Herrschaft Hadersdorf im Westen Wiens zu erwerben, die er sorgfältig renoviert und verschönert. Von 1778 an scheint er von einem merkwürdigen Immobilienfieber ergriffen. In Wien kauft er das „Retzerhaus" an der Hernalser Hauptstraße, dann verkauft er es wieder, um ein anderes auf der Mölkerbastei zu erwerben, das er mit einem weiteren in der Alserstraße vertauscht, welches er wiederum verkauft, um sich diesmal in einer Wohnung in der Wollzeile einzurichten. Mehr und mehr zog er sich aber nach Schloß Hadersdorf zurück.

1788 greift der über Siebzigjährige neuerlich zum Degen, diesmal im Kampf gegen die Türken. Den Feldzugsplan hat Lacy konzipiert, das heißt, er ist schlecht. Und die Katastrophe läßt nicht lange auf sich warten. In der Nacht vom 21. zum 22. September 1788 überraschen die Türken die kaiserlichen Truppen, die aus Semlin gekommen waren. Das Chaos ist vollkommen, die Armee löst sich auf. Unter allgemeinem Gespött der Bevölkerung kehren Joseph II. und Lacy nach Wien zurück. Loudon dagegen hat bereits Ende August mit seinem Korps die glänzenden Siege bei Dabitza, Novi und Bersir erfochten.

Im August des Folgejahres wird Loudon, dessen Gesundheitszustand sich ständig verschlechtert, zum Oberbefehlshaber ernannt und unternimmt die Belagerung Belgrads. Der alte Feldmarschall vollbringt wahre Wunder, sowohl was die Organisation der Logistik angeht als auch hinsichtlich der Maßnahmen zur Einschließung der Stadt. Nach dreiwöchiger Beschießung ergibt sich der völlig entmutigte Gouverneur mit seinen Truppen. Wieder haben die Volksdichter Hochkonjunktur und rühmen den General als dem Prinzen Eugen ebenbürtig, der Belgrad 1717 eingenommen hatte, im Geburtsjahr Loudons. Es hagelt Ehrungen, zum Beispiel erhält er den Ordensstern des Maria-Theresien-Ordens, den nur der Großmeister zu tragen berechtigt ist.

Zwei Tage vor seinem Tod läßt Joseph II. Loudon rufen: „Reichen Sie mir noch einmal Ihre alte Hand, ich werde nicht mehr das Vergnügen haben, sie zu drücken." Kaum in Wien angekommen, ernennt ihn der Bruder und Nachfolger des Kaisers, Leopold von Toskana, zum Oberbefehlshaber: „Ich übertrage an Sie die Obsorge meiner ganzen Armee und erkenne mit gerührtem Dank die wichtigen Dienste, welche Sie meinem Bruder erwiesen haben. Ich gestehe es Ihnen, daß ich in dem Fach der Taktik ganz unbekannt bin und freue mich, eine solche Stütze an Ihnen zu haben, die mir in diesem für den Staat wichtigen Punkt Unterricht geben kann."

Nun ist Loudon also Generalissimus, eine hohe Ehre, eine späte Würdigung, eine erdrückende Verantwortung! Von den 257 Feldmarschällen, die Österreich vom 16. bis 18. Jahrhundert zählte, brachten es nur zwanzig zu diesem Rang. Und vier Monate später – oh Ironie des Schicksals! – sollte Loudon diese Welt verlassen, in Neu-Titschein in Mähren, wo er eine Armee befehligte, die einem möglichen Angriff der Preußen zuvorkommen sollte. Wenige Stunden vor seinem Tod stattete ihm der Fürst von Ligne einen letzten Besuch ab: „Er wollte mit mir französisch sprechen und sagte: ‚Je suis terrible' Das wollte er aber gar nicht sagen. Er wollte mir mitteilen, daß er ‚souffrait terriblement'. Man kann sich nicht vorstellen, was ich empfand. Ich wollte mich über die Hand des alten Soldaten werfen, um sie zu küssen, bevor er starb. Mir blieb der Atem weg. Man mußte mich aus seinem Zimmer tragen."

*

Im ersten Drittel des 19. Jahrhunderts errichtet ihm ein preußischer Historiker folgendes Denkmal, das in seiner Kürze doch das Wesentliche erfaßt: „Sein Fleiß, sich fortwährend zu unterrichten, ließ bis ins hohe Alter nicht nach, und die Raschheit und Kühnheit seiner Entwürfe schien eher bei ihm mit den Jahren zu steigen als zu sinken. In seinem Leben war Loudon in jeder Beziehung mäßig, und seine Bescheidenheit so groß, daß einst der Herzog von Ahremberg der Kaiserin, die bei einem Hoffeste nach Loudon fragte, erwiderte: ‚Le voilà comme toujours derrière la porte, tout honteux d'avoir tant de mérite.'"

FRANZ MORITZ LACY

St. Petersburg, 16. Oktober 1725 – Wien, 24. November 1801

„Ja, wenn ich etwas geworden bin, verdanke ich das Ihnen, denn Sie haben mich ausgebildet, Sie haben mich aufgeklärt, Sie haben mich die Menschen kennen gelehrt, darüber hinaus verdankt Ihnen die ganze Armee ihre Organisation und ihr Ansehen. Die Sicherheit Ihrer Ratschläge in jeder Lage, Ihre persönliche Zuneigung zu mir, die bei keiner Gelegenheit, sei sie groß oder klein, nachgelassen hat, all das bewirkt, mein lieber Marschall, daß ich Ihnen nicht genug danken kann (...). Ich umarme Sie zärtlich. Das einzige, was ich in dieser Welt zu verlassen bedaure, ist die kleine Zahl der Freunde, unter denen Sie gewiß die erste Stelle einnehmen."

Der, den Kaiser Joseph II. am Tag vor seinem Tod mit dieser Freundschafts- und Hochachtungsbezeugung auszeichnete, kann aus der österreichischen Heeresgeschichte – trotz zahlreicher abschlägiger Urteile über sein Wirken – nicht weggedacht werden: Feldmarschall Graf Lacy. Begann er seine militärische Laufbahn in den Schlesischen Kriegen unter der jungen Maria Theresia, wurde er zu ihrem und ihres Sohnes unentbehrlichem Ratgeber als Reformer des Heeres und Präsident des Hofkriegsrats, vertraute selbst der in militärischen Fragen heikle Leopold II. seinem organisatorischen Geschick, so konnte er seine Erfahrungen noch in die Dienste Franz II. stellen, wenn auch als „Museumsstück" in dieser neuen, von der Französischen Revolution umgestürzten Welt.

*

Heerführer, Organisator, Politiker: die Urteile der Zeitgenossen über sein Talent und Wirken sind geteilt (um so mehr als sein Feldherrntum in Österreich neben dem eines Loudon verblassen mußte, von Friedrich II. ganz zu schweigen) und reichen von scharfer, unmotivierter Verdammung bis zu ebenso ungerechtfertigter Beweihräucherung.

*

Lacy entstammte einer ursprünglich normannisch-irischen Familie; sein Vater war russischer Feldmarschall und Gouverneur von Livland. Nach seiner Ausbildung in der Ritterakademie in Liegnitz und der Ingenieurschule in Wien tritt er 1743 als Fähnrich in die österreichische Armee ein. Der Österreichische Erbfolgekrieg führt ihn auf die Hauptkriegsschauplätze jener Jahre – Bayern, Rhein, Italien, Niederlande –, und die Kenntnisse, die er sich dabei aneignet, legen den Grundstein zu seiner späteren glanzvollen Karriere.

*

Der Siebenjährige Krieg bietet ihm die Möglichkeit, sein theoretisches Wissen, in dem er den anderen Generalen weit überlegen ist, wie seine praktischen Erfahrungen unter Beweis zu stellen. Er erwirbt sich denn auch schon in den ersten Kämpfen das Vertrauen des FM Daun in dem Maße, daß ihn dieser als Generalquartiermeister an die Spitze des nach französischem Vorbild neugebildeten Generalstabs beruft.

Dauns Kriegsführung wird von nun an für Lacys strategisches und taktisches Denken bestimmend. Die Vorsicht bis zum äußersten zu treiben, sich auf keinerlei Wagnis einzulassen, nur dann zu handeln, wenn der Erfolg nahezu verbürgt erscheint, so könnte man die Prinzipien dieser beiden „Cunctatoren" im negativen Sinne des Wortes umreißen. Ein solches Vorgehen mußte rasche Entschlüsse, schnelles Manövrieren zur Unmöglichkeit werden lassen, wie sich nach der Schlacht bei Hochkirch (1758) zeigte, die bezeichnenderweise

lange und gründlich vorbereitet worden war: Übergroße Vorsicht verhindert die Verfolgung des Feindes, der sich nach Schlesien absetzen kann. Eine gewonnene Schlacht wird somit nicht zum Sieg, genauso wenig wie Daun und Lacy es verstehen, aus der Kapitulation des Finckschen Korps bei Maxen 1759 Nutzen zu ziehen.

Ein weiteres Beispiel für die Lacysche Auffassung der Kriegsführung liefert sein Feldzugsplan für das Jahr 1760, demzufolge sich die Österreicher in Sachsen anfangs defensiv verhalten und nur dann versuchen sollten, die Preußen aus diesem Land zu verdrängen, wenn sie durch den Einmarsch der Russen unterstützt würden. Die Niederlage bei Torgau wie die Untätigkeit der kaiserlichen Armee in Sachsen muß wohl teilweise Lacy zur Last gelegt werden.

*

Das eigentlich fruchtbringende, seinem Organisationstalent entsprechende Wirkungsfeld eröffnet sich Lacy erst nach Friedensschluß, in den Jahren der Reorganisation und des Ausbaus des Heeres. Hat er in den Kriegsjahren Gelegenheit gehabt, dessen Mängel sozusagen „von innen" her kennenzulernen, so gibt ihm die Ernennung zum Hofkriegsratspräsidenten nach Dauns Tod 1766 (er sollte dieses Amt bis 1774 innehaben) die Möglichkeit und die Mittel zu einem umfassenden Reformwerk. Und schon nach wenigen Monaten sieht Maria Theresia in ihm „den einzigen Mann in der Monarchie", der dazu genügend Genie, Fleiß, Eifer und Anhänglichkeit besitzt, wie auch der Erbfeind Friedrich glaubt, „der Kaiser werde es nie bereuen, Lacy die Leitung des österreichischen Militärwesens übertragen zu haben".

Lacys Reformen zielen im wesentlichen auf eine weitere Vereinheitlichung der Militärverwaltung ab, an deren Spitze der Hofkriegsrat steht. Alle Dienststellen sollen nach demselben Schema arbeiten, denn die große geographische Ausdehnung der Monarchie erfordert größtmögliche Vereinfachung und Beschleunigung des Geschäftsgangs. Der Rekrutierung kann Lacy durch Einführung des Werbbezirks- und Konskriptionssystems (gegen gewaltige Widerstände) eine breite nationale Grundlage sichern. Durch die verbesserte Organisation erzielt er auch beachtliche Ersparnisse, obwohl die Armee besser bekleidet, verpflegt, bewaffnet und ausgerüstet ist als zuvor. Der Unzulänglichkeit der militärischen Ausbildung sucht er durch neue Reglements für die taktischen Übungen und die Gründung von Exerzierlagern entgegenzuwirken.

Die neuen Reglements spiegeln jedoch Lacys Sucht nach maschineller Präzision, nach Mechanisierung des Heereskörpers, denn er „schrieb die Schlachtenerfolge Friedrichs II. dem formellen Teil seiner Taktik, nicht dem Geiste zu, welchen er der toten Form einhauchte (...) Man übersah, daß der Geist unter allen Verhältnissen höher als die Form zu achten ist." (Auffenberg-Komarow). So lassen die Anordnungen über Schlachten bereits die Lähmung der Operationen bis zur vollen Untätigkeit vorausahnen: „Sobald der kommandierende General erkennt, daß eine Verteidigungsschlacht bevorsteht, hat er Kriegsrat zu halten (...). Der Schluß wird umständlich zu Papier gebracht und demnach die völlige Disposition zur Schlacht verfasset, auch selbe, wenn es möglich, einen Tag vor dem vermutheten feindlichen Angriff der Generalität herausgegeben." Und eine Angriffsschlacht darf nur nach umständlichem Rekognoszieren, ausführlichem Kriegsrat und Abfassung einer General-Disposition geschlagen werden, „in welcher alle möglichen Fälle vorgesehen sind".

Der scharfsinnige preußische Militärschriftsteller von Berenhorst bemerkt hierzu: „Seine Anweisungen, eine Schlacht zu liefern oder anzunehmen, sind dermaßen mit Rücksichten auf jede Möglicht überhäuft, so voller Behutsamkeit und Denken an Alles, Regeln und Ausnahmen wieder von den Regeln (...), daß man sie mit gutem Recht das nicht machbare Ding nennen kann."

*

Dieses starre Denken findet sich aber nicht nur bei Lacy, vielleicht war es ein Charakteristikum seiner Zeit, die – in mechanistischen Systemen befangen – eine entschlossene Kriegsführung schließlich zur Unmöglichkeit werden und den letzten österreichisch-preußischen Krieg, der im Namen dieser Prinzipien geführt wurde, zum „Zwetschkenrummel" oder „Kartoffelkrieg" entarten ließ (1778/1779). Nachdem sich Lacy seinen Grundsätzen getreu und Friedrich II. wohl aus Altersgründen für einen vorsichtigen „Positionismus" entschlossen haben, verlegen sich die Gegner auf Manöver in grotesken

„Parallelmärschen", indem sie ihre Truppen parallel auf dem rechten und linken Ufer der Elbe verschieben, es aber nur zu unbedeutenden Gefechten kommen lassen. Der Konflikt stellt das vollkommene Modell eines Kabinettskrieges dar, und in seinem Verlauf finden sich – wie bei einer Generalprobe – all jene Fehlentscheidungen, die die Generale der Koalition gegen die französischen Revolutionsheere treffen sollten. Sie, die bei den veralteten Grundsätzen des Bayerischen Erbfolgekriegs stehengeblieben waren, mußten von den jungen Armeen der Republik geschlagen werden.

*

Dieselben unzweckmäßigen Dispositionen, das irrige Kordonssystem lassen 1788 den letzten Feldzug Lacys und Josephs II., diesmal gegen die keineswegs verkalkten Türken, zu einem Debakel werden. Radetzky, der als junger Offizier daran teilnahm, urteilt: „Die Armee ward, was sie nimmermehr sein soll, eine durch Disziplin zusammengehaltene Maschine, in der die Bewegung, der Geist fehlte. Es konnte kein durchschlagender Erfolg erzielt werden, weil das leidige Kordonssystem diesen von vornherein unmöglich machte. Lacy war immer nur darauf bedacht, wenig Leute vor dem Feind zu verlieren, und verlor desto mehr durch Krankheiten (...). Die untätige Defensive ward beinahe immer zur Richtschnur genommen, obgleich unzählige Beispiele uns bewiesen, daß wir in den Detailgefechten stets siegten, wenn wir dem Feind mit der blanken Waffe zu Leib gingen, in der Defensive aber immer den kürzeren zogen, weil uns Flanke und Rücken abgenommen wurden. Nach und nach trat dann Mutlosigkeit ein."

*

Die vollkommene Umwälzung der Kriegsführung während der Revolutionskriege konnte der greise Feldmarschall, die „Verkörperung der Traditionen des Siebenjährigen Krieges" (Arneth) nicht mehr mitvollziehen, und so hatte Thugut vielleicht nicht unrecht, dem Kaiser dringend davon abzuraten, Lacy den Oberbefehl zu übertragen: denn die Heere der französischen Revolution, rekrutiert durch Carnots *levée en masse,* waren nicht mit einer ausgefeilten Manöverstrategie zu besiegen, da sie mit einer unglaublichen Unbekümmertheit um alle taktischen Heilslehren angriffen und keinerlei Rücksicht auf die Truppen nahmen.

Auch der politische Hintergrund der Kriegsführung hatte sich geändert. Handelte es sich während des 18. Jahrhunderts um Kabinettskriege, die nach allgemein anerkannten Spielregeln um mehr oder weniger ausgedehnte Gebietserwerbungen geführt wurden, so ging es in Frankreich um die Existenz der revolutionären Nation. Von einem „Spiel" konnte keine Rede mehr sein, wenn das Überleben der jungen Republik durch die Monarchien gefährdet war.

*

Nach Kaunitz' Tod wird Lacy als letzte Ehrung die Ordenskanzlerschaft des Militär-Maria-Theresien-Ordens übertragen. Kaum ein Jahr nach dem Jahrhundert, dessen Vertreter er wie wenige in Politik und Kriegsführung war, stirbt Feldmarschall Graf Lacy.

*

„Um acht Uhr schon bei der Arbeit sitzen, heißt sich zu Grunde richten wollen, mein lieber Lacy", schreibt die besorgte Monarchin ihrem übereifrigen Diener. Ihr Sohn sollte einem jungen Komponisten gegenüber den denkwürdigen Ausspruch tun: „Gewaltig viele Noten, mein lieber Mozart!" Gewaltig viel Fleiß legte der Feldmarschall an den Tag – unglücklicherweise fehlte es ihm an Genie.

CHARLES JOSEPH DE LIGNE

Brüssel, 23. Mai 1735 – Wien, 13. Dezember 1814

Für ihn ist das Leben eine Bühne, auf der er seine vielfältigen Talente zur Schau stellt. Er verkörpert eine Epoche, die zu Ende geht, er spürt das und amüsiert sich darüber. Nichts verwundert ihn, denn alles ist ihm Spiel. Als Darsteller und Zuschauer der Komödie des Lebens lächelt er zu allen Scherzen, die sie ihm bietet. Er trägt tausend Masken und Verkleidungen, aber stets mit Überzeugung. Wir sehen ihn als Fürsten, Soldaten, Deisten, Frömmler, Schöngeist, Freigeist, feurigen oder lächerlichen Liebhaber, als reich, arm, vergöttert, beiseite geschoben, und die Liste ließe sich fast endlos verlängern. Er blickt scharf und distanziert auf die Großen dieser Welt, denen er ebenbürtig ist. Er spottet über die großen und kleinen Fehler der Menschen, angefangen bei seinen eigenen, die er seine „Dummheiten" nennt. Die Jagd, das Theater, der Alkoven, der Krieg, die Konversation – diese brillante, verlorengegangene Kunst des 18. Jahrhunderts – bilden die Substanz seines Lebens.

Er ist leichtfertig und nonchalant, aber er hat Sinn für Politik. Er ist flatterhaft, aber niemals verlogen. Er ist Libertin, aber er besitzt Ehrgefühl. Er neigt zum Genußleben, aber seine Seele ist stoisch. Er ist aufbrausend, aber keineswegs nachtragend. Großzügigkeit geht bei ihm mit einem manchmal schäbigen Geiz einher. Seine Scherze und seine Frechheit ärgern bisweilen Kaiserinnen und Könige, doch sie verzeihen ihm, weil er es versteht, sie zum Lachen zu bringen. Wie er uns heute noch zum Lachen bringt, obwohl wir Lichtjahre von ihm entfernt sind. Ja, hätte Charles Joseph de Ligne nicht existiert, wie öde wäre die zweite Hälfte des 18. Jahrhunderts gewesen!

*

Drei große Leidenschaften beherrschten sein Leben: der Krieg, die Frauen und die Literatur.

Beginnen wir bei den Frauen. Von seiner Kindheit an sind sie um ihn, wollüstig und sinnlich. „Es scheint mir wirklich (...), daß ich in meine Amme verliebt war und daß meine Kinderfrau in mich verliebt war. Mademoiselle Ducoron, das war ihr Name, ließ mich immer bei ihr schlafen, trug mich auf ihrer beleibten Person spazieren, spielte auf vielerlei Art mit mir und ließ mich splitternackt tanzen." Da waren auch die Schäkereien und Tändeleien mit den Bauernmädchen und Mägden, die schlüpfrigen Begegnungen auf den Maskenbällen: „Ich wurde umarmt, getätschelt, bedrängt, gestreichelt, erregt." Noch ist er keine zwölf Jahre alt, da verliebt er sich reihenweise in Schauspielerinnen, Tänzerinnen, kleine Contessen. Einer seiner Erzieher, ein Jesuit, gibt ihm anstößige Bücher zu lesen. Mit fünfzehn macht er auf der Rückreise von Wien mit seinem Vater, dem Fürsten, in

München halt: „Die Natur lehrte mich das übrige mit einer Dienstmagd im *Schwarzen Bären,* in einem Winkel des Hauses, den ich lieber nicht nenne."

Von nun an sind seine Abenteuer nicht mehr zu zählen. Er zeigt sich vielseitig und demokratisch auf diesem Gebiet. Alle machen ihn glücklich, ob es sich um eine Dienerin oder eine Herzogin handelt, um eine Bäuerin oder eine Dame von Welt. Und sie alle behandelt er wie Prinzessinnen. Er scheint eine unwiderstehliche Anziehungskraft auf das schöne Geschlecht ausgeübt zu haben. In Venedig holt ihn sogar die siebzigjährige Witwe eines Dogen in ihr Bett – was ihn amüsiert.

Noch 1811, mit 76 Jahren, spricht die Natur: „Ich habe am Himmelfahrtstag die Messe versäumt, und heute hat mich der Teufel versucht. Es war so schön, so ruhig um vier Uhr morgens. Ich ging im Hemd in meinem kleinen Garten spazieren. Ich wollte sagen: eine Schäferin, es war aber meine Köchin, die ich nie bemerkt hatte, sehr lieb, was ein großes Verdienst ist, sehr hübsch und sehr sauber (denn sie war aufgestanden, um sich am Brunnen zu waschen), die mir höchst begehrenswert erschien. Der Respekt, die Dankbarkeit für meine Erklärung bewirkten wahrscheinlich mehr als meine Reize. Sie sündigte, und ich war glücklich. Ich ging wieder zu Bett, als ob nichts geschehen wäre."

*

Nach der Liebe zu den Frauen kommt die Liebe zur Literatur. Wieviel Tinte ist nicht aus seiner Feder geflossen! Seine zu Lebzeiten veröffentlichten *Mélanges militaires, littéraires et sentimentaires* umfassen 34 Bände, dazu kommen noch die posthumen Werke. Er hat sich in allem versucht: Tragödien, Komödien, Librettos, ein historischer und ein Liebesroman, pikante Erzählungen, das Bekenntnis eines Libertins, Abhandlungen über die Kriegskunst, eine Beschreibung seines Schlosses Beloeil und dessen Parks, eine Vielzahl unvergleichlicher Briefe. All das ist frech, wohl formuliert, geistreich und wimmelt von Paradoxen und originellen Ideen.

*

Ligne erzählt, er sei in seiner Kindheit „verrückt nach Heldentum" gewesen. Er liest Cäsar und Quintus Curtius, Polybius und Folard, die Taten Karls XII. und Condés „rauben ihm den Schlaf". Er träumt nur davon auszureißen, unter falschem Namen Kriegsdienste zu nehmen und erst mit dem Lorbeer des Ruhms zurückzukehren. Als Kind hat er von fern die Kanonade bei Fontenoy gehört, er erinnert sich daran wie an himmlische Musik. Eines Tages, er ist vielleicht sieben Jahre, erklärt er, er werde der neue Prinz Eugen sein. Er hört von den Siegen von Regimentern, die seinen berühmten Namen tragen. Schon als Dreikäsehoch will er sich duellieren, wegen Kleinigkeiten zieht er seinen kleinen Degen und fordert die Erwachsenen heraus, die sich über ihn lustig machen.

Seine Erziehung ist unmethodisch, „sprunghaft" sagte einer seiner Biographen. Die meist sittenlosen Erzieher, Geistliche wie Militärs, folgen aufeinander, ohne daß er etwas lernt. Um ihn abzuhärten, schickt ihn sein Vater in den Park und macht ihn glauben, daß er voller Diebe sei. Stundenlang liegt er auf der Lauer, seinen kleinen Degen in der Hand.

Endlich schlägt die ersehnte Stunde, Ligne wird zum Fähnrich im väterlichen Regiment ernannt. Nach vier Jahren wird er zum Hauptmann befördert. Er macht den Feldzug von 1757 mit und zeichnet sich bei Breslau, Leuthen, Hochkirch und in den letzten Kampagnen des Siebenjährigen Krieges aus. Jetzt ist er Oberst, von äußerster Tapferkeit, von unverschämter Kühnheit. Gefahren kennt er nicht, denn der Krieg ist nichts als ein Spiel für ihn, ein etwas aufregenderer Sport als die Jagd. Er exponiert sich, aber er exponiert auch seine Soldaten. Maria Theresia zeigt sich darüber besorgt: „Sie haben mir im Feldzug von 1757 eine Kompanie umkommen lassen, im jetzigen wird es ein Regiment sein. Schonen Sie sich für meinen Dienst, für Ihre Person und die meine."

Dennoch vergöttern ihn seine Soldaten, denn er ist stets mitten unter ihnen und versteht es, zu ihnen zu sprechen.

*

Joseph II. macht ihn zum Generalmajor. Er liebt diesen Souverän, der es ihm reichlich lohnt. Er begleitet ihn zu dessen Zusammenkunft mit Friedrich II. im mährischen Neustadt, von der er eine meisterhafte Schilderung gibt.

Ligne ist immer ein „doppelter" Mensch gewesen, jedoch weder zweideutig noch doppelzüngig. Zwei Feldherren betrachtet er als seine Meister, Loudon und Lacy, was einen Widerspruch in sich darstellt.

*

1782 wird er mit einer Mission zur russischen Kaiserin Katharina II. betraut. Sie ist fasziniert von ihm, wie zuvor Marie Antoinette in Versailles. Später begleitet er die Zarin auf die Krim, wo sie ihm ein Gut schenkt. Auch ernennt sie ihn zum Feldmarschall.

Bei der Belagerung der Türken in Oczakow (1788) beweist er größte Bravour. In seinen Briefen an die Mächtigen dieser Erde berichtet er humorvoll von seinen Abenteuern. Wenn man sie liest, gewinnt man den Eindruck, daß dieser Krieg einzig dazu geführt wurde, daß er sie schreiben konnte. „Ich beeilte mich, an den Scharmützeln teilzunehmen, denn ich hatte noch nie Spahis gesehen. Unsere Tscherkessen erlegten manchmal welche mit Pfeilen; das war sehr amüsant."

Mit Loudon nimmt er an der Belagerung und Einnahme von Belgrad teil: „Ich sah mit großem militärischem Vergnügen und großem philosophischem Schmerz zwölftausend Granaten einschlagen, die ich auf diese armen Ungläubigen hatte abfeuern lassen."

*

Nach dem Tode Josephs II. und danach Loudons und Lacys verändert sich sein Leben. „Ich bin mit Joseph II. gestorben", ruft er aus. Düstere Wolken ziehen an seinem Himmel auf. Sein Sohn Charles, den er abgöttisch liebt, fällt 1792 in einem Gefecht in der Champagne. Obwohl er sich bemüht, seine lächelnde Miene zu wahren, ist er untröstlich. Die Revolution bringt ihn um sein Vermögen, was ihn aber nicht allzu sehr berührt. Sein großer Kummer ist, daß er von nun an von militärischen Angelegenheiten ferngehalten wird. Er empört sich über die Fehler der Österreicher in den Kämpfen gegen die Revolutionstruppen und gegen Bonaparte. Bei Hof ist er der einzige, der seine Bewunderung für den Korsen nicht verbirgt.

*

Nachdem er nicht mehr kommandieren darf, legt er der Öffentlichkeit seine „militärischen Vorurteile" vor, wie er sagt, seine Philosophie der Kriegskunst. Unermüdlich prangert er die Sterilität der Schulmeinungen an, die auf dem Manöverfeld erworbenen Ticks. Aus der Kriegsführung muß man die Vorurteile verbannen, wie sie aus Religion und Moral verbannt worden sind. Starre Prinzipien sind von Unheil, man muß sich von den Umständen leiten lassen und einen gesunden Empirismus praktizieren. „Wir brauchen", schreibt er, „die Schule der Regellosigkeit wie die Schule der Ordnungslosigkeit. Die beste Schlachtordnung ist, keine zu haben!" Man muß sich nach dem Terrain richten und geschmeidig manövrieren. In jedem Fall soll dem gesunden Menschenverstand gehorcht werden.

Wie seine anderen Werke, sind auch die militärischen Schriften des Fürsten voller Paradoxe, Richtiges vermischt sich elegant mit Irrigem. Er zeigt sich als Anhänger der Lineartaktik (obwohl er die Schlachtordnungen verwirft!) dem Alten verhaftet, entwickelt aber gleichzeitig neue Ideen über die Bedeutung des Geländes, der Geschwindigkeit, der Tirailleurs. Und auch hier erweist er sich, wie in seiner gesamten Existenz, „aufsässig und großartig, als das geistige Bindeglied zwischen dem 18. und dem 19. Jahrhundert" (E. Chapuisat).

KARL MACK VON LEIBERICH

Nennslingen (Franken), 24. August 1752 – St. Pölten, 22. Oktober 1828

Man erinnert sich an die fesselnde Szene in Tolstois Krieg und Frieden (die der Regisseur Bondartschuk in der Filmversion des Werkes so bewunderungswürdig wiedergegeben hat):

„Die Tür ging plötzlich auf, und ein österreichischer General trat ein, ein Mann von hohem Wuchs im Waffenrock, ein schwarzes Tuch um den Kopf geschlungen, den Maria-Theresien-Orden auf der Brust; offenbar war er gerade angekommen (...).

‚Ist General-Feldmarschall Kutusow zu sprechen?' fragte der Fremde mit starkem deutschen Akzent. Er sah sich um und ging geradewegs auf die Tür des Arbeitszimmers zu.

‚Der General-Feldmarschall ist beschäftigt', sagte der Adjutant und versperrte dem Unbekannten den Weg. ‚Wen darf ich melden?'

Der unbekannte General warf dem kleinen Offizier einen verächtlichen Blick zu; war es möglich, daß man ihn hier nicht kannte?

‚General-Feldmarschall Kutusow ist beschäftigt', wiederholte der Adjutant ruhig.

Mit gerunzelter Stirn und zitternden Lippen zog der Österreicher ein Notizbuch hervor, schrieb etwas mit Bleistift hinein, riß die Seite heraus, gab sie dem Adjutanten, ging mit schnellen Schritten aufs Fenster zu, ließ sich auf einen Stuhl fallen und blickte die Anwesenden an, wie um zu fragen: ‚Warum seht ihr mich denn so an?' Nach einer Weile reckte er den Hals, als ob er etwas sagen wollte. Aber er besann sich und gab nur einen eigenartigen Laut von sich, als wollte er etwas summen, das ihm im Halse stecken blieb. Die Tür zum Kabinett ging auf und Kutusow erschien auf der Schwelle. Der General mit dem verbundenen Kopf näherte sich Kutusow mit raschen Schritten und gekrümmtem Rücken, als weiche er einer Gefahr aus.

‚Hier steht der unglückliche Mack', sagte er mit gebrochener Stimme.“

*

Lange Zeit verkörperte Mack für die Franzosen den Inbegriff des schmachvoll Kapitulierenden, des unfähigen Generals, des strategischen Windbeutels. Man verwendete seinen Namen als Synonym für alle glücklosen Generale, wie zum Beispiel für Bazaine, der nach seiner Kapitulation vor den Preußen 1870 zum „Mack von Metz“ wurde. Die Bezeichnung fand sich aber auch anderswo in mehr oder weniger humorvoller Verwendung. So wurden schlechte Köche mit dem Titel „Mack der Gastronomie“ geschmückt, und ein Kritiker sagte von einem jämmerlichen Geiger, er sei „für die Musik, was Mack für die Strategie war“.

*

1777 wird der damalige Oberleutnant Mack – ein Mann ohne Vermögen und ohne Protektion, aus dem Nichts kommend – dem Feldmarschall Lacy zugeteilt. Als sein Begleiter rekognosziert er die böhmische Grenze und arbeitet im fatalen Bayerischen Erbfolgekrieg die Pläne seines Chefs aus. Man konnte damals in keine schlechtere Schule gehen. Lacy, ein systematischer und ängstlicher General, will nichts riskieren. Er beobachtet den Gegner, er zerdehnt seine Truppen in endlosen Kordons und führt einen Krieg des Abwartens und Hinhaltens. Wenn zahlreiche Soldaten sterben, so liegt das nicht an feindlichen Kugeln, sondern an Krankheiten. Kurz, ein Ermattungskrieg, der Schlechteste von allen.

*

Ab 1781 fällt Mack, der dem geheimen Kabinett des Generalstabs zugeteilt ist, durch seine Arbeitswut auf. Er bringt Nächte in der Schreibstube zu, treibt die Dinge voran, projektiert und organisiert. Während des Krieges gegen die Türken ist er Lacys Adjutant. Aber der schlecht geführte Feldzug endet unglücklich. Immerhin zeichnet sich Mack in einem Gefecht aus, das er gut vorbereitet und organisiert hat, weshalb Loudon auf ihn aufmerksam wird und ihn an sich zieht. Seine minutiösen Anordnungen, welche die Zeitgenossen mit Bewunderung erfüllen, tragen zur Beschleunigung der Einnahme von Belgrad bei. Loudon schlägt ihn für das Kreuz des Maria-Theresien-Ordens vor, das er auch erhält.

*

Am Rhein, während des Feldzuges von 1793 gegen die französischen Revolutionstruppen, ist er bereits Oberst und erzielt einige schöne Erfolge, doch nach einer Verwundung muß er sich beurlauben lassen. Anfang 1794 nach einer offiziellen Mission in London zum Generalmajor befördert, kämpft er in den siegreichen Gefechten bei Landrecy, Tournai und Charleroi, aber quälende Kopfschmerzen zwingen ihn neuerlich zur Untätigkeit. Als er den Dienst bei der Rheinarmee wieder aufnehmen kann, betraut man ihn mit verschiedenen mehr technischen als militärischen Aufgaben, die er zur allgemeinen Zufriedenheit erledigt. Er wird Feldmarschalleutnant.

*

Im Sommer 1797 wird ihm das Kommando über die neapolitanische Armee angeboten. Vom Kaiser gedrängt, nimmt er an. Am Anfang sind seine Offensiven gegen die Franzosen von Erfolg gekrönt, aber bald beginnt die disziplinlose Armee, sich aufzulösen. Er muß Rom, das er eben erobert hatte, aufgeben und sich bis Neapel zurückziehen. König Ferdinand und sein Hof fliehen auf britischen Schiffen nach Sizilien.
Mack, der beschlossen hat, Widerstand zu leisten, zieht sich in ein befestigtes Lager auf dem rechten Ufer des Volturno zurück. Seine Truppen aber sind nicht zuverlässig, Verrat und Desertion herrschen allenthalben. Als sich der Pöbel in Neapel erhebt, verweigert die

Truppe den Gehorsam. Mack gelingt es gerade noch zu fliehen, doch die Lazzaroni verfolgen ihn, so daß er zu seiner Schmach gezwungen ist, Zuflucht beim Gegner, dem französischem General Championnet zu suchen, um seine Haut zu retten. Dieser, geistreich und von ritterlicher Art, lehnt den Degen Macks, der diesem vom englischen König geschenkt worden war, mit den Worten ab: „Die Gesetze meiner Republik verbieten mir den Gebrauch englischer Waren." Er gibt dem österreichischen General, den er nicht als seinen Gefangenen betrachtet, einen Passierschein, damit er in Begleitung seiner Offiziere in sein Vaterland zurückkehren kann.

Nec corpus cunctos feliciter effugit ictus,
Sed minor est acri laudis amore dolor.
Ovid.

Aber Mack, der neuerlich erkrankt ist, reist derartig langsam, daß er in Bologna den Abgesandten des Direktoriums in die Hände fällt, die den von Championnet ausgestellten Begleitbrief für null und nichtig erklären und ihn nach Paris bringen. Nachdem er sein Wort gegeben hat, nicht zu fliehen, wird er in einer Art Halbfreiheit belassen. Eines schönen Tages aber entweicht er und gelangt nach Österreich. Einige Zeitgenossen warfen ihm vor, sein Ehrenwort gebrochen zu haben, während andere einwandten, daß er über einen Geleitbrief verfügte und seine Verhaftung einen Bruch des Völkerrechtes darstellte, so daß er an sein Wort nicht gebunden war.

*

Bis zum Frühling 1805 erhält Mack, der weiterhin seinen Sold bekommt, keinen Auftrag, und es wäre für den Ruhm der österreichischen Waffen auch besser gewesen, wenn es dabei geblieben wäre. Aber nun wird er nach Wien gerufen, wo er aufs neue eine fieberhafte Tätigkeit als Generalquartiermeister des Erzherzogs Carl entfaltet. Ende August 1805 übernimmt er den Befehl über die kaiserliche Armee in Deutschland.

*

Der von der Koalition erarbeitete Plan, um das junge französische Reich auszulöschen, ist grandios, zumindest auf dem Papier. Die strategische Situation scheint so günstig wie

71

noch nie. Napoleon bedroht weit im Westen mit seiner Großen Armee England entlang der Küsten des Ärmelkanals. Der Augenblick zum Handeln ist also gekommen. Im Norden, in Stralsund und in Schwedisch-Pommern rüstet das schwedische Heer. Der Zar zieht zwei Armeen zusammen, eine in Polen, um Druck auf Preußen auszuüben und es in den Krieg zu verwickeln, die andere in Galizien, um Österreich zu Hilfe zu kommen. Im Mittelmeer liegen die Russen auf Korfu, die Engländer auf Malta, und das Königreich Neapel bietet seine Unterstützung an. Was Österreich angeht, so verfügt es über 100 000 Mann in Norditalien, 22 000 in Tirol und 60 000 an der Grenze zu Bayern, das seine Treue zu Frankreich bekräftigt.

Napoleon erfaßt sogleich das Ausmaß der Bedrohung und schmiedet einen Plan, um ihr zu begegnen. Besser als jeder andere weiß er von der Gefahr, seine Kräfte zu zersplittern, um überall präsent zu sein. 50 000 Mann sollen an der Etsch in Norditalien die Österreicher binden, während 20 000 weitere in Süditalien die Aufgabe haben, die Russen, Briten und Neapolitaner zu beobachten. Mit konzentrierten Kräften, nämlich den 200 000 Mann, die gegen England aufmarschiert waren, wird er sich auf die Österreicher werfen, die soeben in Bayern eingedrungen sind. Er weiß, daß ihre rechte Flanke nicht gedeckt ist. Durch ein blitzartiges Manöver wird er sie umgehen, umzingeln und vernichten, bevor das noch hunderte Kilometer weit entfernte russische Heer Zeit hat, einzugreifen. Dann wird die Grande Armee nach Wien eilen und den Frieden diktieren.

Es ist also der unglückliche General Mack, der in diesem Plan als Opfer ausersehen ist. Aber er weiß nichts davon.

*

Die österreichische Armee sammelt sich an der Iller zwischen Ulm und Memmingen. Aber die Generalität mit Mack an der Spitze begeht einen fatalen Fehler. Sie nimmt an, daß sie reichlich über ein kostbares Gut, nämlich die Zeit verfügt, was ihr erlauben würde, in Ruhe Verstärkungen und die Ankunft der russischen Kontingente zu erwarten. Das aber heißt Napoleon schlecht kennen. Der Herr der Zeit ist er. Er weiß um ihren Wert – seit seiner Jugend ist er ein Gehetzter – und handelt demgemäß. In weniger als vier Wochen verlegt er 200 000 Soldaten vom Ärmelkanal an die Ufer des Rheins. Ende September überquert die Grande Armée den Fluß und besetzt am 3. Oktober die Linie Ansbach-Stuttgart-Freudenstadt, parallel zur Donau. Inzwischen hat Mack Ulm erreicht und beschlossen, diese Festung zum Zentrum seiner Operationen zu machen. Ende September erreicht seine Vorhut, die viel zu weit nach Westen vorgeschoben worden ist, die Täler des Neckars und der Kinzing. Mack hält sich für siegreich und fühlt sich als Meister der Offensive. Er ist blind, taub und ahnungslos. Er träumt vom Sieg, während die französischen Marschkolonnen auf Neuburg, Donauwörth, Münster und Günzburg – zwischen 125 und 25 Kilometer flußabwärts von Ulm entfernt – vorrücken. Mack ist umzingelt! Am 9. Oktober überquert der ungestüme Ney die Donau bei Günzburg und wendet sich gegen Ulm. Die Schlinge wird zugezogen. Ein österreichisches Korps versucht, nach Norden zu entkommen, wird aber von den Franzosen zurückgeworfen.

*

In Ulm überlegt Mack, der nur über lückenhafte oder falsche Nachrichten verfügt, nach Tirol, Württemberg oder Böhmen auszuweichen. Nach endlosen Beratungen mit seinen Generalen (währenddessen handelt Napoleon und konsultiert niemanden) beschließt er schließlich, an Ort und Stelle zu bleiben und auf Verstärkungen zu warten, auf das Korps des Generals Kienmayer etwa, das in der Gegend von Ingolstadt steht. Er weiß nur nicht, daß dieser vom Gros der Armee abgeschnitten und im Begriff ist, nach München abzuziehen.

*

Mack hat noch immer nichts begriffen. Als man ihm meldet, daß das Korps von Ney eben die Donau überschritten habe und sich Ulm von Osten her nähere, um ihn einzuschließen, jubelt er: „Sehen Sie, der Feind hat kehrtgemacht, er ist auf der Flucht!"

*

Napoleon will ein schnelles Ende machen. Er beschließt, Ulm vollkommen abzuschneiden und, wenn notwendig, die Entscheidungsschlacht vor seinen Mauern zu schlagen. Da die Stadt im Süden durch die Donau geschützt ist, muß der Angriff aus Norden erfolgen. Am 14. Oktober läßt Ney seine Truppen den Fluß überqueren, diesmal von Süden nach Norden; bald kontrollieren die Franzosen alle Höhen im Osten und Norden der Stadt. Immerhin konnten 20 000 Österreicher entkommen, teils nach Nordosten, teils nach Süden, aber 30 000 sitzen in Ulm fest.

*

Am 14. Oktober gibt Napoleon Befehl, Ulm zu beschießen; dann schickt er General de Ségur als Parlamentär in die Stadt, um dem österreichischen Kommandanten einen Waffenstillstand von fünf Tagen anzubieten. Der Franzose trifft ihn in einer Herberge und hat den Eindruck, einen sehr großen, sehr alten und sehr nervösen Mann vor sich zu haben. Die beiden verhandeln die ganze Nacht lang. Mack weigert sich, den Tatsachen ins Auge zu sehen. Er ist überzeugt, daß die Russen bereits in Dachau stehen und der Entsatz daher unmittelbar bevorsteht; deshalb besteht er auf einem verlängerten Waffenstillstand. Am Abend trifft Ségur abermals mit Mack zusammen, der ihm ein Blatt Papier überreicht, auf dem zu lesen steht: „Acht Tage oder den Tod! gezeichnet: Mack". Ségur kann sich das Lächeln nicht verbeißen.

*

Am 17. Oktober 1805 schickt Napoleon aus der Abtei Elchingen folgende Zeilen an Talleyrand, seinen Außenminister: „Mein Plan ist ausgeführt worden wie vorgesehen. Ich habe den Feind vollkommen getäuscht, und von seinen 100 000 Mann sind mehr als die

Hälfte gefangen, gefallen, verwundet oder desertiert. Die Entmutigung des Feindes ist extrem, und es ist nicht einmal sicher, daß er entkommt."

*

Am 20. Oktober entscheidet sich Mack endlich für die Kapitulation, nachdem er den Kaiser in Elchingen getroffen und ein langes Gespräch mit ihm geführt hat. Die Inszenierung ist perfekt. Die französische Armee stellt sich auf den Hängen des Michelsberges auf. Die Garde umgibt Napoleon, neben dem ein großes Feuer brennt. Die Österreicher kommen heran und legen ihre Waffen nieder; die Gewehre bilden bald hohe Haufen. Mack übergibt seinen Degen Napoleon mit dem Ausruf: „Hier steht der unglückliche Mack!" Tolstoi überlieferte diesen Satz, aber änderte den Schauplatz. Der Vorbeimarsch dauert drei Stunden, 27 000 Soldaten defilieren vor den Siegern, 3 000 Verwundete verbleiben in der Stadt. Napoleon winkt die gefangenen Generale, mit ihrem Chef siebzehn an der Zahl, zu sich heran. Er beklagt sich, vom österreichischen Kaiser unrechtmäßig angegriffen worden zu sein. Mack erwidert, sein Herr habe diesen Krieg nicht gewollt, er sei von den Russen dazu gedrängt worden. „In diesem Fall", entgegnet der Kaiser, „sind Sie keine Großmacht mehr."

*

Mack, der ins österreichische Lager zurückgekehrt ist, wird als Staatsgefangener nach Wien gebracht. Ein Militärgericht verurteilt ihn zum Tode, doch der Kaiser mildert das Verdikt zu zwei Jahren Festungshaft. Nach Verbüßung der Strafe zieht sich der Besiegte nach St. Pölten zurück, wo er in schwierigen Verhältnissen lebt, da ihm alle Einkünfte entzogen sind. 1813 gewährt ihm der Kaiser neuerlich seine Pension und gibt ihm sechs Jahre später den Rang eines Feldmarschalleutnants zurück.

*

Ohne Zweifel ist Mack eine der tragischen Figuren der österreichischen Militärgeschichte. Bis 1805 war seine Karriere ehrenhaft, manchmal glänzend, mit Höhen und Tiefen und einer wenig glorreichen Episode in Neapel, die er aber nur zum Teil zu verantworten hat. Im Feldzug in Deutschland 1805 beging er – wie übrigens die Gesamtheit der österreichischen Generalität – den Fehler, sich einer Kriegsführung zu verschreiben, deren Strategie und Taktik vom Gegner über den Haufen geworfen wurden. Mack war von dem Systematiker Lacy erzogen worden und hatte seine Lektion gut gelernt. Er legte vor allem Wert darauf, in aller Ruhe schöne Organisationen und Dispositionen vorzubereiten. Für ihn war die Zeit ein Faktor, der nicht oder nur wenig zählte. Aber für einen General, der es mit Napoleon zu tun hatte, mußte gerade die Zeit das höchste Gut sein, das man nicht vergeuden durfte. In der ersten Phase des Feldzuges meinte Mack, die Zeit sei auf seiner Seite und die Russen, die es nicht eilig hatten, würden sich eines Tages mit ihm verbinden. Dies war der erste Irrtum; der zweite bestand in der fehlerhaften Konzentration seiner Kräfte, die auf einer vollkommenen Fehleinschätzung der Absichten des Gegners beruhte. Und gerade, als er offensiv nach Westen vorging, wurde er im Norden umgangen. Während der ganzen Kampagne ist er von seiner Überlegenheit überzeugt und zeigte sich unempfänglich für die Nachrichten, die ihm zugingen, obwohl er wissen mußte, wozu der Kaiser der Franzosen im Felde fähig war. Aber er schien die Lehren des Feldzuges von 1797 vergessen zu haben, in dem der junge General Bonaparte bis in die Steiermark vorstieß, oder jene von 1800, als in Italien derselbe Bonaparte über die österreichischen Waffen triumphierte.

Ein Zeitgenosse bemerkt hinsichtlich Macks: „Mehr Theoretiker als praktischer Strateg, war er ein vortrefflicher Generalquartiermeister, der von dem commandierenden General bisweilen zurückgehalten werden mußte. Sein Unglück fing dann an, als er selbst General en chef wurde." Das ist zwar richtig, erklärt aber nicht alles, weil Mack noch mit zwei Fatalitäten zu tun hatte: einerseits, zwei oder drei Kriege zurück gewesen zu sein, und andererseits, eines der größten militärischen Genies aller Zeiten zum Gegner gehabt zu haben, das noch dazu mit seiner Grande Armée über ein unvergleichliches Kriegswerkzeug verfügte.

GEORG VON VEGA

Zagorica (Krain), 23. April 1754 – Bei Nußdorf, 17. September 1802

Am 27. September 1802 durchstreifen einige Männer die Ufer der Donau. Nach einigen Stunden des Suchens und Stocherns entdecken sie etwas: auf der Wasseroberfläche bei einem Pfahl schwimmt ein fast unkenntlicher, aufgeblähter Leichnam. Sie ziehen ihn ans Land und stellen fest, daß es der Gesuchte ist, nämlich der Oberstleutnant Georg Freiherr von Vega, Ritter des Maria-Theresien-Ordens.

Nach einer genaueren Untersuchung des Leichnams wird ein Selbstmord ausgeschlossen. Der Offizier wurde eindeutig ermordet, wie ein starker Bluterguß im Nacken und Spuren von Schlägen auf dem Körper beweisen. Dann scheint er in die Donau geworfen worden zu sein.

Alsbald zirkulieren die verrücktesten Gerüchte über die Gründe dieses Mordes in der kaiserlichen Hauptstadt. Unter anderem wird behauptet, der Mann, ein Genie in seinem Fach, sei von Neidern beseitigt worden. Erst nach neun Jahren sollten die Umstände der Tat durch Zufall aufgeklärt werden.

*

Der Mann, der „der erste Artillerist der Monarchie" werden sollte und zu den begabtesten Mathematikern seiner Zeit zählte, wurde in einem kleinen Dorf des Herzogtums Krain in einer armen Bauernfamilie geboren. Bald fiel er durch seine lebhafte Intelligenz auf und wurde auf das Gymnasium in Laibach geschickt, wo er seine Lehrer durch rasche Fortschritte in der Mathematik in Erstaunen setzte. Einer von ihnen – dem er Jahre später eines seiner Werke widmete –, Joseph von Mattei, Bischof von Bunzlau, erteilte ihm ausgezeichneten Unterricht und führte ihn in die höheren Sphären des Universums der Zahlen ein. Er unterstützte ihn auch materiell, was ihm der junge Mann gewiß zu danken wußte, lebte er doch am Rande des Elends.

Mit 21 Jahren erhält er den Posten eines k.k. Navigationsingenieurs, aber die Armee zieht ihn mehr an, so daß er schließlich in ein Feldartillerieregiment eintritt. Bald wird er dort als Mathematiklehrer eingesetzt. In dieser Zeit, zwischen 1782 und 1784, veröffentlicht er die beiden ersten Bände seiner *Vorlesungen über Mathematik* sowie seine *Logarithmisch-trigonometrischen Tafeln.* In den Arbeiten seiner Vorgänger hatte er zahlreiche Fehler gefunden, die er darin korrigierte. Zu diesem Zweck bediente er sich einer originellen Methode, indem er Offiziere, aber auch einfache Kanoniere aufforderte, ihm alle Unstimmigkeiten mitzuteilen, die sie entdeckten, ja er versprach dafür sogar ein Goldstück. Als 1786 das „Bombardierkorps" gegründet wird, beauftragt man den zum Hauptmann Beförderten mit dem Mathematikunterricht. 1787 legt er ein bedeutendes ballistisches

Werk vor, die *Praktischen Anweisungen zum Bom-*
benwerfen mittels dazu eingerichteter Hilfs-
tafeln.

*

Als 1789 der Feldzug gegen die Türken
beginnt, hätte Vega leicht in Wien
zurückbleiben können, aber er erbittet
ausdrücklich die Erlaubnis, sich den
von Feldmarschall Loudon befehligten
Truppen anschließen zu dürfen. Er will
die ballistischen Berechnungen, die er
theoretisch angestellt hat, in der Praxis
überprüfen. Und dieser schüchterne Ma-
thematiker zeigt sich im Feuer außergewöhnlich tapfer; bei der Beschießung von
Belgrad zeichnet er sich aus.
Zum Major des Bombardierkorps der Rheinarmee befördert, zeigt sich Vega angesichts der französischen Revolutionstruppen neuerlich von großer Ent-
schlossenheit. Vor Lauterburg reitet er allein vor die Zugbrücke der Stadt und fordert die
Garnison zur Übergabe auf, die auch erfolgt.
Im November 1793 stellt sich den Österreichern unter Feldmarschall von Lauer die
schwierige Aufgabe, das Fort Louis auf einer Insel in der Mitte des Rheins – von den Re-
publikanern in Fort Vauban umgetauft – zu belagern. Zunächst bedient man sich des herkömmlichen Verfahrens, hebt Gräben aus, stellt Parallelen her und richtet Batterien ein.
Doch obwohl etwa sechzig österreichische Geschütze jeder Art und jeden Kalibers eine
große Zahl von Bomben, Kugeln und Granaten verfeuern, leisten die Franzosen erbitterten Widerstand und zerstören sogar einen Teil der kaiserlichen Artillerie. Angesichts des
herannahenden Winters gilt es, die Sache so rasch wie möglich zu Ende zu bringen. Die
Unzufriedenen beginnen, Vega der Unfähigkeit zu bezichtigen. Dieser erklärt darauf,
wenn man ihm die gesamte Artillerie zum Gebrauche nach seinen Vorstellungen über-
ließe, würde er den Platz in 24 Stunden nehmen. Nachdem er die Batterien umgestellt hat,
eröffnen diese das Feuer um elf Uhr abends. Zwölf Stunden lang schießen sie ohne Un-
terbrechung und richten verheerende Schäden in der Festung an. Der offizielle französische Bericht zeigt bei aller Trockenheit sehr deutlich die Wirkung dieses Bombardements:
„Die Baulichkeiten des Forts wurden von Brandbomben getroffen, die die Belagerer Tag
und Nacht abfeuerten. Wiederholt standen die Kasernen in Flammen (...). Die Einwohner,
deren Häuser zerstört worden waren, fanden wenigstens in den Souterrains eine letzte Zuflucht. Mehr als zwölfhundert Personen waren dort zusammengepfercht, die meisten dieser Unglücklichen hatten keine Lebensmittel mehr. Auch der Garnison selbst fehlte es

daran. Die Munitionsvorräte waren erschöpft. Die Festungsbatterien, zerstört oder beschädigt durch das feindliche Feuer, konnten nur mehr in langen Abständen antworten. Von den Belagerern geschlagene enorme Breschen in den Mauern ließen jeden Augenblick einen Sturmangriff befürchten." Am Nachmittag des folgenden Tages kapitulieren die Franzosen.

Unbeeindruckt vom Lärm der Kanonen setzt Vega in jedem freien Augenblick die Arbeit an seinem *Thesaurus logarithmorum* fort.

*

Indem er alle auf dem Schlachtfeld gewonnenen Erfahrungen verarbeitet, gelingt es Vega, die Reichweite der Kanonen zu verbessern. Er läßt zwei Bombenmörser einschmelzen und sie nach seinen Angaben neu gießen. Die Versuche, die er in Mannheim anstellt, erbringen ausgezeichnete Ergebnisse, die Reichweite der Geschütze ist durchschnittlich um ein Drittel erhöht worden. Bei verschiedenen Belagerungen leisten sie vortreffliche Dienste, worauf man sie bald in Serie erzeugt. 1796 wird Vega Ritter des Maria-Theresien-Ordens.

*

1797 entläßt der Friede von Campo Formio Vega zu seinen geliebten mathematischen Studien. Er überarbeitet die bereits veröffentlichten Werke und beendet seine Mathematischen Vorlesungen ebenso wie das Manuskript *Das natürliche Maß- Gewichts- und Münzsystem*. Inzwischen ist er in den Freiherrenstand erhoben und – kurz vor seinem Tod – zum Oberstleutnant befördert worden. Zahlreiche gelehrte Gesellschaften würdigen seine großen Verdienste und das hohe Niveau seiner theoretischen Arbeiten.

*

1811 lag ein Artillerist bei einem Müller nächst Nußdorf im Quartier. Eines Tages wollte er eine geometrische Arbeit anfertigen und fragte seinen Quartiergeber, wo er einen Zirkel auftreiben könne. Dieser antwortete, daß er einen besitze. Da der Soldat die Qualität des Instrumentes pries, schenkte es ihm der Müller. Der Artillerist zeigte den Zirkel einem seiner Offiziere, der bei genauer Prüfung den Namen Vega in winzigen Buchstaben eingraviert fand und den Fall unverzüglich meldete. Der Müller wurde festgenommen, verhört, verwickelte sich in Widersprüche und gestand schließlich. Im Protokoll steht zu lesen: „Ich besaß ein Pferd, das Oberst Vega mir abkaufen wollte, da er schon ein ganz gleiches besaß. Er drängte mich mehrmals und erhöhte jedesmal sein Angebot. Ich lehnte jedoch immer ab, da ich mit meinem Pferd zufrieden war und ich es behalten wollte. Am 17. September 1802 bedrängte mich der Oberst aufs neue, er bot mir eine beachtliche Summe an und zog seine Börse, die ich voller Dukaten sah. Dieses Gold erweckte meine Begierde. Ich gab vor, dem Handel zuzustimmen. Auf dem Weg zum Stall mußten wir über eine kleine Brücke. Ich ließ wie aus Höflichkeit dem Obersten den Vortritt. Von hinten schlug ich ihn mit einem Holzstück auf den Kopf, und zwar mit solcher Gewalt, daß er auf seine Hände fiel. Nachdem ich ihn getötet hatte, nahm ich sein Geld, seine Uhr und sein Etui mit mathematischen Instrumenten, worauf ich den Leichnam in die Donau warf." Der Müller wurde zum Tode verurteilt und hingerichtet.

WILHELM FRIEDRICH MEYERN

Frauenthal (Franken), 26. Juni 1759 – Frankfurt/Main, 13. Mai 1829

Der Mann, der oft behauptet hat, ein Meister auf fast allen Gebieten des menschlichen Wissens zu sein, fasziniert seine Zeitgenossen: „Die Kriegskunst versteht er in allen Zweigen. Was den Staat angeht, Gesellschaft, Landwirtschaft, Handel, Finanzen, hat er mit tiefem Sinn durchdacht. Meist in katholischer Umgebung, ist er strenger Protestant. Die Geschichte rauscht vorüber im Sturm, und die Nachwelt erfährt nicht, welches Licht im Verborgenen diese Zeit durchleuchtete", schreibt Varnhagen von Ense 1811.
Der berühmte Arzt und Philosoph Feuchtersleben, der Modeautor von *Zur Diätetik der Seele,* verkündet etwa dreißig Jahre später: „Es gibt drei Werke: die Bibel, Homer und Dya-Na-Sore."
Fürst Pückler-Muskau sieht ihn folgendermaßen: „Am Totenbett des Fürsten Schwarzenberg stand, zu dem mit voller Geistesgegenwart sterbenden Heiligen tröstende Worte sprechend, ein höchst merkwürdiger Mann, Wilhelm von Mayer, der Verfasser von Dya-Na-Sore, vielleicht der seltsamste und zugleich der edelste Sonderling unserer Zeit."

*

Sein Äußeres, sein Lebensstil können in der Tat erstaunen. Ein wahrer Kraftmensch mit einer Seemannsbrust und markanten Zügen, die noch nach seinem vierzigsten Jahr an „den kühnsten Jüngling" gemahnen, lebt er asketisch, begnügt sich mit einer Schale Reis und einem Glas Wasser am Tag und schläft auf Stroh. Die Einrichtung seines Zimmers besteht aus einem Tisch und einem Stuhl. Er verachtet das Geld und verschenkt alles, was er verdient. Nie läßt er sich in seiner Uniform und mit seinen Orden blicken. Obwohl er ab 1805 nichts mehr veröffentlicht, hört er nicht auf zu schreiben, insgesamt 16 000 Blätter, die er in einer Truhe verschließt.

*

Lange blieben seine Herkunft und seine Vergangenheit im Dunkel, und bald war er von Legenden umwoben, die zu dementieren er sich nicht die Mühe nahm. Es bedurfte geduldiger Forschungsarbeiten, um die Spreu vom Weizen zu trennen und diese außergewöhnliche Existenz wenigstens teilweise nachzuzeichnen.

*

Er entstammt einer relativ wohlhabenden Familie, wird zunächst von Hauslehrern unterrichtet und studiert dann an der Universität Altdorf die Rechte. Daneben liest er die französischen Aufklärer, beschäftigt sich mit Mathematik und Geschichte und lernt Sprachen.

Anscheinend ist er auch in eine Vereinigung freimaurerischer Tendenz aufgenommen worden, den „Bund der schwarzen Brüder". Nach einer geistigen Krise beschließt er, in österreichische Dienste zu treten.

Von diesem Zeitpunkt an gibt es zuverlässige Angaben, dank der im Wiener Kriegsarchiv aufgefundenen Akten. Am 23. Dezember 1783 wird er als Unterkanonier mit dem Vermerk „ohne Profession" in die Armee aufgenommen. Am 4. August ist er Kanonier beim 2. Feldartillerie-Regiment, am 1. Oktober 1785 wird er zum Feuerwerker befördert und am 31. Juli 1786 als „unobligat mit Abschied entlassen". Später sprach er von dieser Zeit als von den schönsten Jahren seines Lebens.

Nun geht er auf Reisen, nach Prag, wo er in einer Freimaurerloge verkehrt, nach England und Schottland. Später besucht er Griechenland, die Türkei und Italien. Die in Sizilien herrschende Armut bringt ihn auf die Idee, dort eine Kolonie von 30 000 deutschen Bauern zu gründen, die das Land fruchtbar machen sollen. Doch es gelingt ihm nicht, dieses ehrgeizige Projekt zu verwirklichen.

*

Gleich nach seinem Abschied von der Armee verfaßt er seinen großen Staatsroman *Dya-Na-Sore, oder die Wanderer.* Der erste Band erscheint anonym im Jahre 1787, die beiden anderen folgen 1789 und 1791. Das Werk erlebt mehrere Auflagen, die bisher letzte 1979. Der Verfasser, der bald ausgeforscht ist, erlangt eine gewisse Berühmtheit. Da militärische Fragen in dem Buch eine wichtige Rolle spielen, gilt er schließlich als Experte auf diesem Gebiet. Als Bonaparte 1796 nach seinen Siegen in Italien in Österreich einfällt, entwickelt er mit der Unterstützung von Wenzel Graf Paar und Altgraf Franz Hugo Salm einen grandiosen Plan zur Aushebung eines Korps von 11 000 Freiwilligen, die mit privaten Mitteln ausgerüstet werden sollen.

Als Österreich 1808 eine Landwehr aufstellt, bietet er neuerlich seine Dienste und seinen Rat an. Zum Unterleutnant im 3. Landwehrbataillon ernannt, wird er bald zum Hauptmann befördert, welchen Rang er zeitlebens beibehält. Von 1813 bis 1815 dient er im Generalstab Schwarzenbergs und wird nach der Schlacht bei Leipzig für seine Tapferkeit ausgezeichnet.

Ab Anfang 1814 ist er in Frankfurt am Main in der General-Kommission tätig, wo er Oberstleutnant Rühle von Lilienstern (der unter anderem eine brillante *Apologie des Krieges* verfaßt) bei der Organisation der Linien- und Landwehrtruppen zur Seite steht. Bald gesellen sich zu den beiden der Dichter Max von Schenkendorf und Friedrich Ludwig Jahn, der spätere „Turnvater". „Erinnert man sich hiebei", schreibt ein preußischer Offizier, „wie nahe Rühle selbst aller Kunst und Wissenschaft stand, so ist es in der That frappant, die Kommission für die deutsche Landesbewaffnung in solcher engen Verbindung mit der Scienz und Poesie zu finden, und es gehört auch dies Verhältnis zu den bemerkenswerthen Zügen jener eigenthümlichen Zeit."

1815 erhält Meyern den Auftrag, aus Paris die Kunstgegenstände zurückzuholen, die Napoleon in Italien geraubt hatte; dann wird er in diplomatischer Mission nach Spanien geschickt. Er beschließt sein Leben als Mitglied der österreichischen Militärkommission bei der Bundesversammlung, einer Sinekure, die ihm erlaubt, sich ganz seinen geliebten Musen zu widmen.

*

Worum handelt es sich bei diesem *Dya-Na-Sore,* diesem „sublimen" Roman in den Augen vieler Zeitgenossen? Auf 1400 Seiten (2 400 in der zweiten Auflage!) entwickelt Meyern in einer konfusen, mit freimaurerischen Anspielungen vollgestopften Utopie, die in einem nebulösen Indien und Tibet spielt, seine Staatsanschauung und seine Philosophie der Macht. Tugend, Vernunft, Patriotismus, Pflichtgefühl des einzelnen müssen in den Dienst des Staates gestellt werden. Der Staat ist alles, er verlangt eine eherne Moral von harten Männern. Der starke Mann ist Meyerns Ideal, die Frau spielt in seiner Gesellschaft nur eine untergeordnete Rolle: „Das beste Weib ist (...) ein schwankend unerträglich Ding, das sich spreizet und ächzet, und durch seine kleinen Schrecknisse mehr Ermüdung als Teilnahme erregt. Es ist nur ein großes Schauspiel in der Welt: und das ist der Mann!"

Der Offizier ist das höhere Wesen par excellence, er verkörpert Tugend und Tatkraft, während der Krieg die „Quelle edelster Handlungen" darstellt. Als „Ursprung aller Tugenden" kann er nur göttlicher Natur sein.

Das vollkommen Neue am Konzept Meyerns ist seine Erkenntnis – noch vor der „levée en masse" der französischen Revolution –, daß der Staat zu seiner Verteidigung alle verfügbaren Kräfte mobilisieren muß, also die Gesamtheit der männlichen Bevölkerung, womit er die Heeresverfassung der Zukunft andeutet.

*

Unsere Zeitgenossen sind weit davon entfernt, die Begeisterung jener von Meyern für *Dya-Na-Sore* zu teilen. Für Arno Schmidt, der nach dem Zweiten Weltkrieg mit einem Essai zur Wiederentdeckung des Buches beitrug, ist es die „Blondeste aller Bestien", ein „SS-Handbuch", es verherrlicht „das Niedrigste, was es überhaupt geben kann: das Kriegerische". Und ein Günter de Bruyn entrüstet sich in einem Kommentar, der einer gewissen Komik nicht entbehrt, daß die von Meyern vorgeschlagene Volksbewaffnung nicht der

Zerstörung der Monarchie, sondern deren Erhaltung diene. Derselbe Autor deutet übrigens zwischen den Zeilen an, daß Meyern homosexuell gewesen sei und die einzige Frau, die eine Begegnung mit ihm erwähnte, Henriette Herz, ihn „kalt und unfreundlich" gefunden habe. Hier irrt der Gelehrte, denn Meyern hatte in der Gemahlin Anna des Fürsten Karl von Schwarzenberg eine glühende Bewunderin und treue Beschützerin gefunden.

*

Meyern, ein Vorläufer des Faschismus? Oder einfach ein Mann des Handelns, ein Stoiker, der den Trost des Jenseits verachtet? „Bild und Glaube sind für Schwache! Denke des Himmels nie! Handle, als ob der Tod dein Ende wäre! Widerspruch wäre Beleidigung, Belehrung Pein. Worte sind unnütz: Schweigen allein geziemt."

JOHANN JOSEF WENZEL RADETZKY DE RADETZ

Třebnic (Böhmen), 2. November 1766 – Mailand, 5. Januar 1858

Ein kleiner Lombardenbengel will seine Suppe nicht essen. Der Vater droht: „Iß, sonst rufe ich den bösen Radetzky." In Piemont will ein Mädchen nicht zu Bett. Die Mutter warnt: „Ins Bett, sonst kommt der alte Radetzky und holt dich!" Dieser Name erregt im Italien des 19. Jahrhunderts Furcht, wenn nicht sogar Haß. Er beschwört eine Art Krampus, einen aus dem Norden gekommenen Dämon, entsandt von Beelzebub, um die Idylle des Risorgimento zu stören.

In diesem fernen Norden hört man andere Töne:

> „Glück auf mein Feldherr, führe den Streich!
> Nicht bloß um des Ruhmes Schimmer,
> In deinem Lager ist Österreich,
> Wir andern sind einzelne Trümmer."

Und die Musik bleibt nicht hinter der Poesie zurück. Der k.k. Hofballmusikdirektor Johann Strauß Vater spielt den »Radetzkymarsch, zu Ehren des großen Feldherrn für das Pianoforte komponiert und der k.k. Armee gewidmet« am 15. August 1848 erstmals bei einem Volksfest in Wien.

*

Südlich der Alpen verhaßt, im Norden ein vergötterter General, war Radetzky ein Mann des späten Ruhmes, dessen Taten das reaktionäre Europa begeisterten und das liberale entrüsteten.

Er stammte aus einer alten böhmischen Familie. Unter seinen Ahnen waren Ungarn, Polen, ja selbst Italiener und Franzosen, auch viele Soldaten – so sein Vater, der wie seine Mutter früh starb. Als ihn sein Großvater in die Theresianische Akademie bringen will, widersprechen die Ärzte: „Der junge Herr Graf ist viel zu schwach, um die Beschwerden des Militärdienstes auch nur einige Jahre ertragen zu können."

Nachdem er sich auf allen Schlachtfeldern der Monarchie geschlagen hat, stirbt er mit 82 Jahren. Man mißtraue dem Urteil der Ärzte!

*

Dank seiner Hartnäckigkeit wird er schließlich doch in die Armee aufgenommen und ist glücklich: „Ich wählte den Stand des Soldaten und habe es nimmer bereut. In ihm fand ich meine Heimat."

1788 nimmt er am Feldzug gegen die Türken teil. Er ist Ordonnanzoffizier des Feldmarschalls Lacy, eine ausgezeichnete Schule, denn er lernt, wie man es nicht machen soll. Etwas später wird er Loudon beigegeben: eine ausgezeichnete Schule, denn er lernt, wie man es machen soll.

*

Nachdem er gegen die Truppen der Revolution gekämpft hat – eine weitere nützliche Schule – wird er nach Italien entsandt und entdeckt 1796 die Lombardei, die ihm so teuer werden sollte. Er ist Rittmeister und dem Hauptquartier zugeteilt. Spitzzüngig und von kritischem Geist, spottet er über die unfähigen „alten Perücken", die dem jungen, triumphierenden Bonaparte nichts entgegensetzen können.

Als Feldmarschall Wurmser Oberkommandierender wird, bemerkt Radetzky ironisch: „Ein ganz abgelebter Greis, gehörlos, alt und ohne Willen." Und so geschieht das Unvermeidliche. Bonaparte rückt bis Villach und Klagenfurt vor, Österreich unterzeichnet den Frieden von Campo Formio.

*

1799 bilden Österreich, Rußland, England, Portugal, Neapel und die Türkei eine neue Koalition, denn die Lage scheint günstig. Bonaparte ist in Ägypten, in Frankreich herrscht Anarchie. Russen und Österreicher erobern rasch Norditalien zurück. Turin wird belagert, und im folgenden Frühjahr steht die k.k. Armee vor Nizza. Doch da überquert der von seinem orientalischen Abenteuer zurückgekehrte Bonaparte über den Großen St. Bernhard die Alpen und fällt den Kaiserlichen in den Rücken, um sie bei Marengo am 14. Juni 1800 zu vernichten. Zu dieser Zeit spricht alle Welt von den notwendigen militärischen Reformen. Radetzky macht sich indessen keine Illusionen: ein paar Veränderungen im Detail werden die Armee nicht schlagkräftig machen. Umfassende und tiefgreifende Reformen sind erforderlich. Die Ereignisse geben ihm recht. Am 2. Dezember 1805 wird die österreichisch-russische Armee bei Austerlitz in Mähren von Bonaparte – der nun Napoleon I., Kaiser der Franzosen, ist – besiegt.

*

85

Als er 1809 zum Generalquartiermeister oder Generalstabchef, wie man heute sagen würde, ernannt wird, zögert er, dieses Amt zu übernehmen, für das er sich nicht geschaffen glaubt. Er ist ein Reiter, ein Mann des Terrains und kein Theoretiker. Er fürchtet die Kanzleiarbeit.

Aber es gibt noch einen anderen Grund: Er ist total verschuldet, weil er das Geld zum Fenster hinauswirft, ebenso wie seine Frau, die ein Spatzengehirn besitzt. Dann ist er auch noch ein ausgemachter Schürzenjäger. Er glaubt daher, für diesen Posten nicht über die erforderlichen moralischen Qualitäten zu verfügen. Aber der Kaiser überredet ihn: „Daß Sie nicht mit Absicht Dummheiten leisten werden, dafür bürgt mir Ihr Charakter, und machen Sie gewöhnliche Dummheiten, so bin ich die schon gewöhnt!"

*

Seine Stellung ist nicht beneidenswert. Er hat die auf 150 000 Mann verkleinerte Armee zu reorganisieren. Es fehlt an Geld, ständig muß er improvisieren und gegen die Trägheit der Bürokratie kämpfen. Da der Kaiser gezwungen ist, seine Bündnisverpflichtungen gegenüber Frankreich zu erfüllen, beauftragt er Radetzky, ein Hilfskorps von 30 000 Mann für Napoleon aufzustellen. Nach dem Rußlandfeldzug wechselt Österreich das Lager und erklärt am 12. August 1813 den Krieg an Frankreich.

Radetzky arbeitet die Operationspläne der österreichischen, russischen und preußischen Verbündeten aus. Napoleon ist ein gewaltiger Gegner, dem es mit Vorsicht und Klugheit zu begegnen gilt. Die drei Armeen – die böhmische, die schlesische und die Nordarmee – sollen ihn abwechselnd angreifen, sich zurückziehen, wenn er in die Offensive geht und ihm so lange Nadelstiche versetzen, bis er in eine ungünstige Position gebracht ist. Dann soll der entscheidende Schlag geführt werden. Diese Taktik erlebt ihren Triumph in der Völkerschlacht bei Leipzig, in der es Napoleon gerade noch gelingt, mit einem Teil der Truppen der Umzingelung zu entkommen.

*

Der Frieden ist düster für Radetzky. Seine acht legitimen Kinder (von seinen illegitimen ganz zu schweigen) bereiten ihm nur Sorgen, seine Frau macht Schulden über Schulden. Geldsorgen werden ihn im übrigen bis an sein Lebensende begleiten. In Ofen, wo er eine Division kommandiert, hat er das bittere Gefühl, auf einem Abstellgleis zu sein. Die Zeit der Untätigkeit verbringt er mit Studien und Lektüre. Als Fünfzigjähriger will er seine nicht gerade kleinen Bildungslücken schließen.

Mit 62 Jahren wird er zum General der Kavallerie ernannt sowie zum Kommandanten von Olmütz. Drei Jahre später ist er Oberkommandierender in Mailand, der Hauptstadt des Königreichs Lombardei-Venetien, eines habsburgischen Kronlandes. Er verfügt über eine Armee von 100 000 Mann, die er zu einem Musterheer formt. Seine Vitalität und Unternehmungslust werden allgemein bewundert. Er verbessert die Ausrüstung der Truppen, er befaßt sich mit ihrem materiellen Wohlbefinden und versucht, seinen Offizieren den Schlendrian auszutreiben. Um die Armee an Kriegsbedingungen zu gewöhnen, organisiert er große Übungslager. „Soll der Krieg eine Reihe von Taten darstellen, so muß der Friede schon eine beständige Übung sein. Übungen mit Gegenseitigkeit sind das einzige, was reelle Belehrung heranbringt", schreibt er damals.

*

1846 feiert er seinen 80. Geburtstag. Mit Stolz stellt er fest, daß „der Armee in Italien niemand das Zeugnis verwehren wird, daß sie sich moralisch-physisch in dem Zustand befindet, gegen das geübteste Heer in Europa mit Vorteil in den Kampf zu treten".

Verehrt und respektiert von den Offizieren, angebetet von seinen Männern, ist er von nun an der „Vater Radetzky".

Eine Legende ist im Entstehen. Alle, die ihn kennen, loben seine Frische, seine Gesundheit, sein untrügliches Gedächnis, seine Heiterkeit und Einfachheit. Er schläft gut, ißt für vier, und sein Geschlechtsleben entspricht dem eines Vierzigjährigen. Seine Maitresse, eine schöne Mailänder Büglerin, schenkt ihm vier Kinder. Er lebt auf großem Fuß, und seine Schulden wachsen unablässig.

*

Der politische Himmel verdüstert sich. Die Geheimgesellschaft der Carbonari unterstützt das Risorgimento und die nationale Bewegung in Italien. Mazzini verkündigt die baldige Schaffung einer Republik, der Priester Gioberti preist Liberalismus und nationalen Katholizismus. Die Intellektuellen blicken mehr und mehr nach Piemont, in dessen König Carlo Alberto sie den Vorkämpfer der italienischen Sache, den potentiellen Einiger der Halbinsel erblicken. Bedrückt beobachtet Radetzky diese gefährliche Gärung: „Der Radikalismus als ein fait accompli wird seine Samen in Deutschland und Italien ausstreuen, bis er zum allgemeinen Ausbruch gelangt."

*

1848 triumphiert in Paris, Berlin und Wien die Revolution. Die italienischen Patrioten sehen ihre Stunde gekommen. Am 15. Juni diktiert Radetzky einen Armeebefehl: „Soldaten! An eurer Treue und Tapferkeit wird das Getriebe des Fanatismus und treuloser Neuerungssucht zersplittern, wie am Fels das zerbrochene Glas. Noch ruht der Degen fest in meiner Hand, den ich 65 Jahre lang mit Ehre auf so manchem Schlachtfeld geführt. Ich werde ihn gebrauchen, um die Ruhe eines jüngst noch glücklichen Landes zu schützen, das nun eine wahnsinnige Partei in unabsehbares Elend zu stürzen droht."

Drei Tage später bricht in Mailand der Aufruhr aus. Überall weht die Trikolore, Waffen werden verteilt, Barrikaden sprießen wie die Pilze aus dem Boden. Zur Kontrolle einer Stadt von 150 000 Einwohnern verfügt Radetzky nur über 8 000 Mann. Die Österreicher schlagen sich unter strömendem Regen und können einige Positionen zurückerobern. Die Situation wird aber unhaltbar, worauf der Generalissimus befiehlt, die lombardische Hauptstadt zu räumen.

Mit 50 000 Mann zieht er sich nach Verona zurück, 20 000 sind desertiert. Er ist auf sich gestellt in einem fanatisierten Italien, aus Wien kommen weder Hilfe noch Instruktionen: „Was ich jahrelang vorausgesagt, ist auch haarklein eingetroffen. Ich stehe mit meiner braven Armee allein." Alles scheint verloren, als der König von Piemont mit seinen Truppen in die Lombardei einfällt. Am 6. Mai 1848 ist Radetzky unter den Mauern Veronas. Er setzt alle Hoffnungen auf ein Hilfskorps, das vom Isonzo her anrücken soll. Da beschließt Kaiser Ferdinand, einen Waffenstillstand zu schließen. Radetzky rast, da er sich schlagen will. Unter dem Druck der „Kriegspartei" ändert der Kaiser seine Meinung und läßt dem alten General freie Hand.

Am 25. Juli vernichtet Radetzky bei glühender Hitze die piemontesische Armee bei Custoza. König Carlo Alberto schlägt vergeblich einen Waffenstillstand vor; der Generalissimus hat seine Beute gepackt, wie ein Raubtier läßt er sie nicht mehr los. Carlo Alberto zieht sich nach Mailand zurück, wo ihn der wankelmütige Pöbel, der ihn als Verräter ansieht, zu lynchen versucht.
Am 6. August 1848 um 10 Uhr vormittags nimmt Radetzky die lombardische Hauptstadt ein. Er bezieht den Palast des Vizekönigs, dessen Funktion er nunmehr innehat. Mit seinen 82 Jahren fühlt er sich müde, weiß aber, daß die Stunde der Ruhe noch nicht gekommen ist.

Am 8. März 1849 kündigen die Piemontesen den vor acht Monaten geschlossenen Waffenstillstand. Radetzky, der ein Stahlbad genossen zu haben scheint, ist siegesgewiß wie noch nie, seine Soldaten teilen seine Zuversicht. Unverzüglich durchquert er das Tessin und dringt in Piemont ein, um die Hauptstadt Turin zu besetzen. Vier Tage später schlägt er nach geschickten Manövern die Truppen Carlo Albertos bei Novara. Der König ersucht um einen weiteren Waffenstillstand und dankt ab. Der Feldzug hat fünf Tage gedauert.

Die kaiserlichen Truppen stellen überall die Ordnung wieder her, in Parma, Piacenza, Modena, in der Toskana und im Kirchenstaat. Seit 17 Monaten wird das von Insurgenten kontrollierte Venedig belagert. Radetzky beschließt, der Sache ein Ende zu machen. Er ordnet den Beschuß durch schwere Artillerie an, die Dogenstadt kapituliert, und am 30. August hält er seinen Einzug. Die kaiserliche Fahne weht auf jedem Campanile Norditaliens.

Von Verona aus regiert Radetzky als Generalgouverneur, in dessen Hand zivile und militärische Macht vereint sind, mit eiserner Faust die Lombardei und Venetien. Doch die

Wiener Bürokraten werfen ihm Knüppel zwischen die Beine. Ein Gefühl der Ohnmacht ergreift ihn schließlich. Ist die Revolution nicht eine hundertköpfige Hydra, gegen die man vergeblich ankämpft?

1856 bereist Kaiser Franz Joseph die Lombardei und Venetien. Das Aussehen Radetzkys erschreckt ihn. Er schreibt seiner Mutter: „Den Feldmarschall habe ich entsetzlich verändert und verhindert vorgefunden." Zwei Monate später enthebt er ihn seines Postens. Radetzky zieht sich nach Mailand zurück, wo er stirbt. Sein Leichnam wird nach Wien gebracht, das großartige Bestattungsfeierlichkeiten organisiert.

*

Er wird in Wetzdorf bei Stockerau auf dem Heldenberg beigesetzt, einem Park, den der reiche Armeelieferant Pargfrieder gestaltet hat. Man sieht hier die Büsten der Helden der kaiserlichen Armee, Kanonen und Kanonenkugeln, Soldatenfiguren versteckt im Gebüsch. All das ist geschmacklos und dennoch rührend. Ein Obelisk erhebt sich über der Krypta, in der Feldmarschall Wimpffen bestattet ist, der seine sterbliche Hülle Pargfrieder vermachte, unter der Bedingung, daß dieser seine Schulden bezahlte. Radetzky tat es ihm gleich und hinterließ seinen Körper testamentarisch dem Sammler heroischer Leichen, mit der Auflage, seine Gläubiger zu befriedigen. Sein Sarg wird dem Wimpffens gegenüber aufgestellt. Nach seinem Tod wird Pargfrieder, mit einem schönen Schlafrock bekleidet, in einem Fauteuil zwischen den beiden Feldmarschällen sitzen und so bis 1945 über die beiden wachen. Humoristen fanden einen schönen Sarkasmus dazu:

> „Hier ruhen drei Helden in ewiger Ruh!
> Zwei lieferten Schlachten, der dritte die Schuh!"

VINZENZ VON AUGUSTIN

Pest, 27. März 1780 – Baden, 6. März 1859

Im Jahre 1789 veröffentlicht ein gewisser James Munroe in London *A Narrative of the Military Operations on the Coromandel Coast against the Combined Forces of the French, Dutch and Hyder Ally Cawn from the Year 1780 to the Peace,* in dem er die von den Indern gegen die Engländer verwendeten Raketen beschreibt. Die Waffe war vom Sultan von Mysore, Hydar Ali, mit einem gewissen Erfolg gegen die Kavallerie und die Elefanten eingesetzt worden. Schließlich hatte er 1788 ein Korps von 1 200 Raketeuren aufgestellt. Sein Sohn, der berühmte Tippoo Sahib, erweiterte es auf 5 000 Mann, deren er sich ausgiebig bediente, als er 1792 und 1799 in Seringapatam von den Briten belagert wurde.

*

Tatsächlich handelte es sich dabei nur um die Wiederentdeckung einer Waffe, die seit den ältesten Zeiten in Gebrauch war, bei den Chinesen, den Mongolen, den Byzantinern, den Arabern, den Venezianern, den Paduanern oder den Franzosen, vom Mittelalter bis in die Renaissance, und welche die Alten unter anderem als *ignis volatilis in aere* bezeichneten.

*

Zwei indische Raketen wurden nach England gebracht und von Hauptmann William Congreve im Woolwicher Arsenal – dem „Mekka der britischen Artillerie" – untersucht. Dann baute er selbst solche Geschosse, die sich dem orientalischen Modell als weit überlegen zeigten. Bald übernahm sie die britische Marine, zweihundert wurden 1806 auf den Hafen von Boulogne abgefeuert, ein Jahr später massenweise auf Kopenhagen. Diese Raketen, ausschließlich Brandgeschosse, erwiesen sich als wirksam, und das britische Heer stellte nun seinerseits ein Raketeur-Korps auf mit 175 Mann, 160 Pferden und zwei Wagen für den Transport der Munition und der Wurfgestelle. Sie finden Verwendung in Spanien, gegen die Insel Aix an der Charente-Mündung und 1809 gegen den Hafen von Callao in Peru. Das einzige britische Korps, das 1813 an der Schlacht bei Leipzig beteiligt war, setzte sich aus Raketeuren zusammen, die einige Dienste leisteten.

*

Es war jedoch der dänische Hauptmann Schuhmacher, der eine in Kopenhagen intakt gebliebene Rakete hatte studieren können, der dem Bau dieser Waffe einen neuen Aufschwung verlieh. Er hatte nämlich die Idee, an der Spitze eine Hohlkugel oder eine Kartätschenbüchse anzubringen. Ab 1808 besaß Dänemark ein Raketeur-Korps.
Auch Österreich interessierte sich sehr früh für diesen neuen Waffentyp und sollte bald

eine führende Stellung in ihrer Konstruktion und Verwendung einnehmen. Seit 1808 wurden auf Betreiben der General-Artillerie-Direktion Versuche angestellt, doch sie wurden durch die Kriege von 1809 und 1812/13 unterbrochen und erst 1814, gleich nach dem Frieden von Paris, wieder aufgenommen.

*

Für die Perfektionierung und die Organisation dieser Waffe sollte ein Mann entscheidend werden: Vinzenz Augustin, den nichts für diese Rolle prädestinierte. Er ist von Haus aus kein Artillerist, denn er war 23 Jahre in der Infanterie, in der sein Vater 60 Jahre gedient hatte! Er zeichnet sich in den Revolutionskriegen aus und ist mit 19 Leutnant. Der großen Triangulierung zugeteilt, entwickelt er einen Basismeßapparat von hoher Präzision und verfaßt unter anderem ein *Lehrbuch der praktischen Geometrie.*

1809 ist er Hauptmann im Generalstab von Erzherzog Carl und macht sich bei Wagram verdient. Während der Befreiungskriege wird er zum Generalstab des Kronprinzen von Schweden entsandt und nimmt an der Belagerung der dänischen Festung Friedrichsort in der Kielerbucht teil. Hier befehligt er eine britische Raketen-Halbbatterie, mit der er den Platz beschießt.

Auf Empfehlung von Erzherzog Carl und Radetzky, dem Generalstabschef Schwarzenbergs, der bei Leipzig den Einsatz der britischen Raketen beobachten konnte, beschließt der Kaiser die Einführung der neuen Waffe in der k.k. Armee. Augustin wird nach Kopenhagen geschickt, wo er mit einer Sondergenehmigung des dänischen Königs im Artillerie-Laboratorium Raketen Congrevescher und Schuhmacherischer Bauart kennenlernt.

*

Zurück in Österreich, richtet er bei Wöllersdorf eine Raketenfabrik ein und stellt in kürzester Zeit zwei Batterien her, die ins elsässische Hüningen gebracht, aber nicht benutzt werden.

Von nun an widmet sich Augustin leidenschaftlich der Verbesserung „seiner" Waffe. Er stellt ein Feuerwerks-Korps auf, das eine besondere Uniform erhält, und entwickelt Raketen, die anderen europäischen Modellen bald überlegen sind. Da seine Raketeure ausschließlich damit beschäftigt sind, Geschosse herzustellen, bildet er eine mobile Abteilung zur Erprobung der Raketen und ihres Wurfgestells. 1819 entsteht so eine Feldkompanie mit 144 Mann.

*

Augustin erzeugt Raketen und Geschosse aller Gattungen: Granat-, Schuß- und Wurfraketen, Brandbomben, Leuchtballen, Kartätschenraketen, Bombenraketen, Sprengkugel- und Sprenghaubenraketen, Beleuchtungsraketen.

Der Vorteil dieser Raketen bestand vor allem in ihrem geringen Gewicht. Die schwersten wogen rund 7 Kilo, die Lafette kaum mehr als 10 Kilo, so daß sie leicht von einem einzigen Mann transportiert werden konnte. Das Ganze war daher viel leichter in schwieriges Gelände zu bringen als die schweren Artilleriegeschütze, auch die Handhabung war wesentlich einfacher. Überdies kostete die Herstellung dieser Waffe nicht viel, weshalb sie die Briten „Artillerie der Armen" nannten. Ihre Reichweite dagegen war gering, und ihre Präzision ließ zu wünschen übrig. Der psychologische Effekt allerdings durfte nicht unterschätzt werden, denn das Zischen der Rakete und die durch den Einschlag hervorgerufene Explosion verwirrten den Gegner.

*

Die österreichischen Raketenbatterien leisten 1821 bei der Operation eines k.k. Korps gegen Neapel in gebirgigem Gelände gute Dienste, und dieser Erfolg trägt zur Weiterentwicklung der Waffe bei. 1826 beschießt die k.k. Fregatte *Medea* mit Brandraketen eine marokkanische Küstenstadt, in der Piraten verschanzt sind, die ein österreichisches Handelsschiff gekapert haben.

Inzwischen arbeitet Augustin unermüdlich in seinem Laboratorium. 1845 existieren 16 sechspfündige Raketenbatterien, und die Feuerwerksanstalt in Wöllersdorf verfügt von nun an über eine „Laborier"- und eine „Zünderkompanie" sowie über zwei Feldkompanien, die die Versuche im Gelände durchführen.

*

Die Raketenartillerie erfährt während der Mobilisierung 1848 eine beträchtliche Erweiterung, zwölf Batterien, darunter eine Gebirgsbatterie, werden in Italien eingesetzt, zwölf weitere in Ungarn. Sie erweisen sich als besonders wirksam in Straßenkämpfen und gegen kriegsungewohnte Insurgenten.

Augustin wird 1849 zum Feldzeugmeister und General-Artillerie-Direktor ernannt. Dieser Aufstieg in den höchsten Rang belohnt nicht nur seine Bemühungen um den Raketenbau, sondern auch um die Herstellung weichen Stahls für Handfeuerwaffen, die Erfindung von Gewehrzündern und die Einführung modernen Artilleriematerials. Überdies hat er den Bau des Artillerie-Arsenals in Wien entworfen und geleitet.

Der Tod ereilt Augustin im rechten Augenblick, bewahrte er ihn doch davor, das Versagen seiner geliebten Raketen im Feldzug 1859 gegen Piemont und Frankreich mit ansehen zu müssen. Zwar werden zehn Batterien eingesetzt, doch das veraltete Material erweist sich als wenig wirksam gegen die Schußweite und Treffsicherheit der gezogenen Geschütze französischerseits.

Nach Kriegsende entschließt sich daher das Artillerie-Komitee für den Erwerb der Rotationsrakete des Amerikaners Hale, auch wenn diese letztlich dem System Augustins kaum überlegen ist. Während des „Bruderkriegs" von 1866 verwenden sie die Österreicher in den Gefechten bei Gitschin und Blumenau sowie in der Schlacht bei Königgrätz, aber nach Aussage der Preußen selbst stellten sie für diese keine große Bedrohung dar.

Damit ist das Geschick der Raketen besiegelt, wie übrigens in den anderen Ländern, wo sie eingesetzt worden waren, wie Frankreich, Griechenland, die Schweiz, USA, Italien, Großbritannien und sogar Mexiko und Ägypten. Man findet sie höchstens noch bei Kolonialexpeditionen, etwa jener der Engländer in Abessinien 1867–1868. Die österreichische Armee ihrerseits, die nicht ohne weiteres so umfangreiches Material preisgeben will, verfrachtet es teilweise in die Gebirgsgegenden des Balkans, wenn auch die Waffengattung offiziell im April 1867 abgeschafft wird. Zwei Batterien sind noch 1868 bei der Niederwerfung eines Volksaufstands in Dalmatien beteiligt.

*

Erst der Zweite Weltkrieg bringt diese völlig in Mißkredit geratenen Geschosse neuerlich und diesmal nachhaltig zu Ehren. Wenn Österreich in dieser zweiten Phase ihrer Entwicklung keine Rolle spielte, so darf man doch nicht vergessen, daß es dank dem findigen Augustin die Führung im „Frühling der Raketenwaffe" innehatte.

CARLO DE CATINELLI

Görz, 30. März 1780 – Görz, 27. Juli 1869

Sollte den Reisenden ein glücklicher Zufall in den Görzer Palazzo Atters führen, und sollte er die Gemäldegalerie besichtigen, die dort im ersten Stock untergebracht ist, so würde sein Blick im Saal 6 unweigerlich von einer wundervollen Federzeichnung angezogen werden, die die Hand eines Meisters verrät. Bei näherer Betrachtung würde er feststellen, daß er sich nicht getäuscht hatte, denn es handelt sich um ein 1816 in Rom entstandenes Werk von Jean-Dominique Ingres, einem der größten Porträtisten seiner Zeit. Es zeigt einen Mann Mitte der Dreißig, mit vollem Haar, lebhaftem und forschendem Blick, feingeschnittenem Mund, der so etwas wie Erstaunen zum Ausdruck bringt, aber gleichzeitig dem Leben und den Menschen nichts schuldig zu bleiben verspricht. „Wunderfitzig" erscheint er, würden die Deutschschweizer sagen. Das Schild weist ihn als einen gewissen Carlo de Catinelli aus.

*

Um wen handelt es sich? Catinelli wurde im Todesjahr Maria-Theresias als zweiter Sohn eines „geachteten Bürgers", wie er selbst sagt, geboren. Als Kind lernt er Deutsch bei einer deutschsprachigen Familie und Französisch bei einem emigrierten Priester aus Lyon. Nach dem Schulunterricht bei den Patres geht er nach Wien, um an der dortigen Universität Physik zu studieren.

*

Mehr der Zufall als eigenes Wollen bewirkt seinen Eintritt in die Armee. Im April 1797 haben die Truppen des unwiderstehlichen Bonaparte Leoben erreicht. In Wien herrschen Furcht und Schrecken, und Catinelli schließt sich ohne zu zögern einem Studentenkorps an, das soeben zur Verteidigung des Vaterlands gebildet worden ist. Nach dem Friedensschluß kehrt er ins Zivilleben zurück und setzt sein Studium an der Ingenieur-Akademie fort. Doch als der Krieg neuerlich ausbricht, beeilt er sich, sein Studium abzuschließen, um schnellstmöglich die Waffen zu ergreifen. Er wird im Grad eines Unterleutnants in die Infanterie aufgenommen.

*

In der Schlacht bei Marengo, wo seine Kompanie die Hälfte ihrer Männer verliert, erleidet er eine Verwundung, eine schwere Prellung. Doch er ist seinen Vorgesetzten aufgefallen, er wird zum Oberleutnant befördert und dem Generalquartiermeisterstab zugewie-

94

sen. Während der Mincio-Schlacht findet man ihn in den Gefechten um Madonna della Corona und Ala.

Nach dem Frieden von Lunéville wird er mit der topographischen Aufnahme Venetiens und Dalmatiens betraut, anschließend mit der militärischen Erfassung Oberösterreichs. Zu dieser Zeit weist er in einer Denkschrift die Notwendigkeit nach, Linz und Steyr durch einen Befestigungsgürtel zu schützen, die Schlüsselpositionen des Donautals darstellen, da sie die Verbindung zwischen Böhmen und der Steiermark kontrollieren. An dieser Idee sollte er immer festhalten, Jahre danach übernahm sie auch sein späterer Freund und Vertrauter, Erzherzog Maximilian von Österreich-Este.

*

Während des Krieges von 1805 wird Catinelli zum Hauptmann im Generalstab befördert und nach Italien geschickt. Nach einer schweren Verwundung in der Schlacht bei Caldiero läßt ihn Oberstleutnant Laval Graf Nugent bergen, medizinisch versorgen und nach Venedig bringen. Von nun an sind die beiden Männer in unverbrüchlicher Freundschaft verbunden. Aber das Heranrücken der Franzosen zwingt Catinelli zur Flucht in seine Heimatstadt Görz. Seine Verwundung ist so schwer, daß er den Dienst quittieren muß. Im Rang eines Majors ad honores wird er in den Ruhestand versetzt. Doch er erträgt die Untätigkeit nicht, so daß er um eine Anstellung im Wiener Kriegsarchiv ersucht, wo man ihn mit der Beschreibung des Feldzugs von 1800 und insbesondere der Schlacht bei Marengo beauftragt.

*

Erzherzog Maximilian von Este, der sich von seinen hervorragenden Fähigkeiten überzeugt hat, beruft ihn zu sich, damit er ihm beim Aufbau der Landwehr in Ober- und Niederösterreich behilflich sei. 1809, obwohl infolge seiner Verwundung noch immer teilweise gelähmt, besteht Catinelli darauf, den Feldzug an der Seite des Erzherzogs mitzumachen und nimmt an den Schlachten bei Abensberg und Regensburg teil.

Maximilian entsendet ihn zum Kaiser, um auf eine Beschleunigung der fortifikatorischen Arbeiten um Linz zu drängen. Doch Franz I. will nichts davon hören und teilt ihm mit,

95

„daß er die Befestigungsarbeiten von Linz eingestellt hätte und somit diese Stadt nicht verschanzt sei". Als Catinelli beharrlich bleibt, zieht der entnervte Monarch seinen Generaladjutanten Graf Bubna zu Rate: „Und am Ende dürfte der Major doch recht haben?" – „Ja, Euer Majestät, der Major hat leider nur zu sehr recht."

*

Als Görz im Frieden von Schönbrunn an Frankreich abgetreten wird, schwört Catinelli, niemals gegen Österreich zu kämpfen. In Begleitung von Nugent erreicht er nach einer gefahrvollen Reise Durazzo, wo er sich unter englischer Flagge nach Palermo einschifft. Umgehend tritt er, im selben Rang wie in der k.k. Armee, in die Dienste der Briten, die unter Lord William Bentinck Sizilien besetzen. Man überträgt ihm Befestigungsarbeiten, und schon bald ist er hoch geschätzt. 1812 geht er mit zwei italienischen Regimentern nach Spanien, wo er unter anderem an der Belagerung von Tarragona teilnimmt.

*

Nach einem mißglückten Landungsversuch 1814 an der ligurischen Küste, die Catinelli persönlich leitete, erhält er von Bentinck den Auftrag, die Absichten des Königs von Neapel, Joachim Murat, eines Schwagers Napoleons zu sondieren, der sich soeben auf die Seite Österreichs geschlagen hat. Danach organisiert er die Belagerung von Genua, das er anschließend, während der Hundert Tage, zu verteidigen hat. 1816 quittiert er den Dienst im Oberstenrang, kehrt nach Görz zurück und heiratet. Der Ehe entstammten zahlreiche Kinder, zwei Söhne dienten später in der österreichischen Armee.

*

In den „Erinnerungen", die er an seinem Lebensabend in deutscher Sprache verfaßte und die unveröffentlicht blieben, schreibt er: „Es wird sich gewiß selten jemand finden, der von seiner ersten Kindheit an so oft außerordentlichen Gefahren ausgesetzt gewesen wie ich." Und dies ist keineswegs übertrieben: Mit sechs Monaten fällt er kopfüber in eine Glühpfanne und holt sich schwere Verbrennungen, mit vier Jahren beißt ihn ein Hund in die Hand, mit acht fällt er von einem hohen Felsen; in der Schlacht bei Marengo ertrinkt er beinahe in einem Sumpf und erleidet dann eine Prellung durch den Einschlag einer Granate dicht neben ihm; im Treffen von La Gravière zielt ein französischer Soldat aus nächster Nähe auf ihn, doch sein Gewehr versagt; 1803 stürzt er vom Pferd und wenig später, in Tirol, von einer Felswand; in Tarragona sieht er sich Auge in Auge einem französischen Grenadier gegenüber, der aber so verdutzt ist, daß er abzudrücken vergißt; 1813 hält ihn ein Wachposten in Toskana für einen Franzosen und schießt, verfehlt ihn aber; in England kostet ihn 1817 ein Kutschenunfall beinahe das Leben. Und in seiner Aufzählung vergißt er zu erwähnen, daß er in der Schlacht bei Caldiero dem Tode nahe war!

*

Als Militär im Ruhestand, entfaltet Catinelli eine fieberhafte Tätigkeit auf den verschiedensten Gebieten. Im Auftrag des regierenden Herzogs von Modena baut er die dortige Militärakademie auf. Er veröffentlicht Abhandlungen über Hydraulik, Landwirtschaft und Archäologie, später auch über Eisenbahnfragen. Dann wird er Abgeordneter zum Wiener Reichstag und begibt sich in dieser Eigenschaft nach Innsbruck, um den Kaiser zur Rückkehr in seine Hauptstadt zu bewegen. Da es ihm jedoch zuwider ist, ein Vertreter der Ordnungslosigkeit zu sein, legt er sein Mandat nieder, denn er will nicht „zum Instrument einer an die Italiener und Ungarn verkauften Bande unwürdiger Menschen werden, und sich als Militär an der Spitze einer blutrünstigen Horde finden".

1852 belohnt ihn Franz Joseph für seine Treue zur Monarchie mit dem Orden der Eisernen Krone 3. Klasse, was gleichzeitig die Erhebung in den Ritterstand bedeutet.

*

Mit wachsender Besorgnis beobachtet Catinelli das Erstarken der unitaristischen, österreichfeindlichen Bewegung in Italien – des Risorgimento. In seinem 1858 veröffentlichten umfangreichen Werk *Sopra la questione italiana* nimmt er vehement gegen das Risorgimento Stellung. Die französische Ausgabe des Buches wurde wahrscheinlich von der österreichischen Regierung finanziert.

„Mein Name", schreibt er im Vorwort, „ist von italienischem Klang, doch ich bin von Geburt und Gefühl her Österreicher" – was dem Leser nicht verborgen bleiben kann. In Catinellis Augen ist die italienische Frage nur ein Teilaspekt einer umfassenderen Tendenz, die dahin geht, „die jetzige soziale, zivile und politische, moralische und religiöse Ordnung umzustürzen". Das Streben der Italiener nach Bildung eines Einheitsstaats ist unrecht, verfehlt und unbegründet zugleich, eine reine Fiktion, die der Realität nicht Rechnung trägt. Italien verfügt über keinerlei politisch-geographische Einheit, es setzt sich in der Tat aus sechs verschiedenen Regionen zusammen, die jahrhundertelang eigenständige Staatsgebilde darstellten.

Sollte es zu einem „Großitalien" kommen, so wäre dieses nicht lebensfähig, seine überdimensionalen Ausmaße würden es unregierbar machen. Die Idee des Risorgimento ist letztlich nichts als ein Zeitvertreib für Agitatoren. So gesehen stellt die österreichische Präsenz in Italien eine unabdingbare Notwendigkeit dar, als Garant für Ordnung und Sicherheit.

*

Der alte Fürst Metternich las das Werk und hielt mit seiner Begeisterung nicht zurück, als er dem Verfasser in Wien begegnete. „Nicht Sie haben dieses Buch geschrieben, sondern die Wahrheit selbst."

Doch die „Wahrheit" sollte nicht triumphieren. Die Niederlagen, die Österreich 1859 in Italien und 1866 gegenüber Preußen hinnehmen mußte – und die zur Einigung der Halbinsel führten –, bekümmerten Catinelli zutiefst und verdüsterten seine letzten Jahre.

ALFRED CANDID ZU WINDISCH-GRÄTZ

Brüssel, 11. Mai 1787 – Wien, 21. März 1862

Ein Soldatenfürst, Feldmarschall-Leutnant und kommandierender General in Böhmen wird im März 1848 in Wien Zeuge des besorgniserregenden Schauspiels, das eine Metropole mit den ersten Symptomen des revolutionären Fiebers liefert. In einer „gemüthlichen Anarchie", wie ein Zeitgenosse sagt, hetzen angeheiterte Tribune auf den Plätzen die Bevölkerung auf, kurzlebige Blätter mit grotesken Namen verkünden Freiheit und Gleichheit und feiern den gerechten Kampf der ungarischen und italienischen Patrioten gegen die habsburgische Unterdrückung, während eine bürgerliche Nationalgarde und eine akademische Legion, deren Uniformen aus den Requisiten eines Provinztheaters zu stammen scheinen, auf den Straßen paradieren.

Der Soldatenfürst ist weniger bestürzt über diesen Mummenschanz als über die Lethargie der Regierung. In den Ministerien und Ämtern findet er nur verzagte, offenbar überforderte Männer, ob es sich nun um Kolowrat, Ficquelmont oder die Erzherzoge Ludwig und Franz Karl handelt. In ihrer Verzweiflung beschwören sie ihn, mit allen Vollmachten ausgestattet einzugreifen, wozu er sich nach einigem Zögern bereit erklärt. Seiner – gewaltigen – Energie öffnet sich ein weites Betätigungsfeld: er läßt die Stadt von Truppen besetzen, scheucht die Minister und Bürokraten an die Arbeit, schickt Verstärkung für die Armee Radetzkys in Italien, ernennt Oberst Jellačić zum Ban von Kroatien, weil er weiß, daß er sich auf ihn verlassen kann, denn er ist vom selben Schlag wie er. Als wieder Ruhe eingekehrt und die verfassungsmäßige Regierung funktionsfähig ist, kehrt er zu seinem Kommando nach Böhmen zurück. Doch von nun an ist Reichsfürst Alfred Candid zu Windisch-Grätz für die Ideologen jeder Couleur der Schwarze Mann, den es zu beseitigen gilt.

*

In Prag, das vom Revolutionsfieber angesteckt worden ist, läßt er durch seine Truppen die Ordnung wiederherstellen. Er geht dabei umsichtig vor, und gegen seine kriegsgewohnten Soldaten haben die bewaffneten Schwätzer keine Chance. Die Gattin des Fürsten, welche die Kämpfe von einem Fenster aus beobachtet, wird von einer Kugel tödlich getroffen. Es ist der persönliche Tribut, den er der Revolution zahlen muß.

*

Am 16. Oktober 1848 wird er zum Feldmarschall befördert und zum Oberkommandierenden aller kaiserlichen Truppen ernannt, mit Ausnahme jener in Italien.

Eine Woche zuvor, am 6. Oktober, brach in Wien, wo es im Mai abermals zu Unruhen gekommen war, ein neuer Aufstand aus. Ein Grenadierbataillon, das die Stadt verlassen will, wird von Aufrührern daran gehindert. Der Pöbel errichtet Barrikaden, attakkiert die Soldaten, zerstört das Palais von Windischgrätz, ermordet den Kriegsminister Latour bestialisch und knüpft seinen zerfetzten Leichnam sehr demokratisch an einer Laterne auf. In den Arsenalen gestohlene Waffen werden an die Apostel der Freiheit verteilt. Der Kaiser flieht mit seiner Familie nach Olmütz, die Garnison zieht ab. Die Aufständischen haben nichts Eiligeres zu tun, als eine ganze Reihe von Ausschüssen zu bilden, wahre Redefabriken, die sich auf nichts einigen können, sich streiten, sich gegenseitig bekämpfen und überhaupt nichts zustande bringen. Ein talentloser Dichterling, der mit der Feder so ungeschickt umgeht wie mit dem Gewehr, wird zum Oberkommandanten der Rebellen ernannt.

*

Mit der Wiener Garnison, den von Jellačić herangeführten Truppen und Einheiten aus dem Inneren des Landes verfügt Windisch-Grätz über rund 70 000 Mann und 150 Geschütze. Am 20. Oktober verhängt er in einer Proklamation den Belagerungszustand über Wien und dessen Vorstädte. Als eine Abordnung der Nationalgarde und der Studentenlegion in sein Hauptquartier in Stammersdorf kommt, um eine friedliche Regelung auszuhandeln, lehnt er ab.

Der Feldmarschall, der nach den Prager Ereignissen eine Art Fachmann in der Niederwerfung städtischer Aufstände geworden und mit den Risiken des Straßenkampfes vertraut ist, weiß, daß er rasch und massiv vorgehen muß, um den Insurgenten keine Zeit zu lassen, sich zu organisieren, um so mehr als eine bedeutende Armee ungarischer Rebellen auf Wien zu marschiert, deren Vorhut sich bereits der Leitha nähert.

Am 23. Oktober überquert seine Infanterie die Donau in Klosterneuburg, die Artillerie in Nußdorf. Sein provisorisches Hauptquartier richtet er in Hetzendorf ein. Nachdem alle Verhandlungsversuche gescheitert sind, beschließt er, zum Angriff überzugehen. Zunächst sollen die Truppen die östlichen Vorstädte, die außerhalb der Stadtmauern liegen, zurückerobern, mit der Leopoldstadt angefangen. Am 28. Oktober befiehlt er die Ge-

99

neraloffensive. Auf keinen Fall will Windisch-Grätz seine Soldaten in mörderische Straßenkämpfe verwickeln, sondern die Kapitulation durch die Besetzung der großen Verkehrsadern und strategisch wichtigen Positionen erzwingen. Die Artillerie nimmt die Mariahilferlinie und die Lerchenfelderlinie unter Beschuß, um die Aufständischen über seine Angriffsabsichten zu täuschen. Um elf Uhr wirft der Ban von Kroatien seine Truppen auf die Vorstadt Landstraße und nimmt den Rennweg ein. Heftige Kämpfe toben überall, doch die von Raketenbatterien unterstützte Artillerie räumt die Widerstandsnester aus. In panischem Schrecken haben sich die Einwohner in die Keller geflüchtet. Ein Blick auf zeitgenössische Stiche genügt, um sich eine Vorstellung vom Ausmaß der Zerstörung zu machen.

*

Am Abend wird dem Fürsten gemeldet, daß alle Ziele erreicht worden seien. Am nächsten Tag rücken die Truppen zum Glacis vor, das die innere Stadt von den Vorstädten trennt. Eine Abordnung der Nationalgarde und des Gemeinderats begibt sich zu Windisch-Grätz, der die bedingungslose Kapitulation verlangt. Als am Morgen des 30. über deren Modalitäten verhandelt wird, greifen die Ungarn, die die Leitha und die Fischa überschritten haben, die Stellungen von Jellačić bei Schwechat an. Es kommt zu keinem eigentlichen Gefecht, sondern nur zu gegenseitigem Artilleriebeschuß. Am Abend gelingt es dem Ban von Kroatien, die Magyaren in die Flucht zu schlagen.

Inzwischen haben die Wiener Insurgenten, die fest mit der ungarischen Unterstützung rechnen, ihre Überfälle wieder aufgenommen. Windisch-Grätz ordnet unverzüglich die Beschießung ihrer Stellungen an. Eine Delegation des Gemeinderats ersucht ihn nun, schnellstens in die Stadt einzumarschieren, um Ausschreitungen der Extremisten zu verhindern. Er läßt seine Truppen daher die Vorstadt Wieden stürmen, wo sie auf erbitterten Widerstand stoßen, um den Weg zur Hofburg freizumachen. Das Burgtor wird erobert, wenig später das Kärntnertor, die Hofburg eingenommen. Während der Nacht werden alle wichtigen Positionen besetzt, und im Morgengrauen des 1. November weht die kaiserliche Fahne auf dem Stephansdom. Die Ordnung ist wiederhergestellt, und das für fast siebzig Jahre.

*

Auf die „gemüthliche Anarchie" folgt, was man eine „gemüthliche Unterdrückung" nennen könnte. Insgesamt werden fünf Aufrührer erschossen, darunter der pathetische Robert Blum, der aus dem Frankfurter Parlament herbeigeeilt war, um die Revolutionäre zu unterstützen. Man ist weit entfernt von Repressionen im Stil der Jakobiner, die beispielsweise 1793 in Lyon Tausende Unschuldiger bestialisch ermordeten, oder von den Unterdrückungsmaßnahmen des 19. Jahrhundert (ganz zu schweigen vom 20., das darin alle

100

vorigen weit übertreffen sollte) in der gutbürgerlichen Art eines Thiers, der 1871 beim Kampf gegen die Pariscr Kommune Hunderte mutmaßliche „Terroristen", darunter Frauen und Kinder, erschießen und über 37 000 verhaften ließ.

Zwischen den einstigen Exzessen der Jakobiner und den künftigen der Bourgeoisie entschloß sich der Paladin des Hauses Habsburg, dem Wesen der Monarchie getreu, zur Mäßigung.

HEINRICH HENTZI VON ARTHURM

Debreczen, 24. Oktober 1785 – Ofen, 21. Mai 1849

In der Familie verstand man sich auf Heldentum.

1744 übersenden 27 Bürger Berns ein „Mémoire" an die Regierung der oligarchischen Republik, in dem sie eine Reihe von Mißbräuchen und Ungerechtigkeiten anprangern. Die Antwort läßt nicht auf sich warten: die Unterzeichner werden zu zehn oder fünf Jahren Verbannung verurteilt. Unter ihnen befindet sich ein gewisser Samuel Henzi (so die richtige Schreibweise des Namens), Sohn eines armen Landpastors und nicht Sprößling einer Patrizierfamilie, wie dies die österreichische Geschichtsschreibung bis heute hartnäckig behauptet. Er hatte eine bescheidene Stellung als Kopist in der Verwaltung innegehabt, war jedoch bald durch seine umfassende Bildung aufgefallen und hatte literarisches Talent bewiesen. Er begeisterte sich für die republikanischen Ideen und, wie der Historiker Johannes von Müller schreibt, „niemand vielleicht ergründete wie er das Ausmaß der Verderbnis der Berner Regierung und verstand so gut wie er die republikanische Politik".

Nach seiner Begnadigung 1748 kann er in seine Heimat zurückkehren. Er ist jetzt 48 Jahre alt. Er bewirbt sich um die Stelle eines Bibliothekars, doch man zieht ihm einen 18jährigen Patrizier vor. Diese Ungerechtigkeit macht ihn endgültig zum Rebellen. Den Kopf voller Erzählungen über die Verschwörungen des Altertums, wird er selbst zum Verschwörer. Mit einigen Gesinnungsgenossen bereitet er den Sturz der Regierung vor, wird aber von einem Verräter denunziert. Er und seine Komplicen werden der Folter unterworfen und dann zum Tod durch Enthauptung verurteilt. Als der Schlag des Henkers auf seinen Hals mißlingt, hat er noch die Kraft, ihm blutüberströmt zuzurufen: „Du exekutierst wie deine Herren richten!" Der Ausspruch machte die Runde durch ganz Europa.

*

Die Witwe Henzis wird mit ihren beiden Söhnen aus dem Berner Territorium verbannt. Am Rhein angekommen, wendet sie sich an ihre Begleiter: „So teuer mir meine Kinder sind, würde ich sie in diesen Fluten ertränken, wenn ich glaubte, daß sie das Blut ihres Vaters nicht rächten." Einer der Söhne machte Karriere in Holland, während der andere, Ludwig, in österreichische Dienste trat, wo er bei den Erzherzog-Johann-Dragonern den Rang eines Obersten erreichte. Er ist der Vater jenes Heinrich, der uns hier interessiert.

*

Der Zufall einer Garnison will, daß er im ungarischen Debreczen das Licht der Welt erblickt. Er besucht die k.k. Ingenieur-Akademie und wird mit zwanzig Jahren zum Oberleutnant ernannt. Man überträgt ihm verschiedene Befestigungsarbeiten, und schon bald zeigt er große Fähigkeiten in seinem Fach. In Olmütz beweist er 1805 Initiative, als er mit seinen Männern einen Verpflegungskonvoi befreit, der in die Hände der Franzosen gefallen war.

In Prag, in Theresienstadt und später in Komorn bemüht er sich um die Verbesserung der Befestigungen. Unter FML Wimpffen nimmt er 1814 am Feldzug in Frankreich teil, schlägt sich in mehreren Gefechten und leitet die Vorarbeiten für die Belagerung Grenobles. Besonderes Geschick beweist er beim Bau von Brücken über die Saône. Nach Kriegsende wird er zum Hauptmann befördert und in verschiedene Garnisonen in Ungarn und Galizien versetzt. Im November 1834 – er ist Oberstleutnant – schickt man ihn nach Mantua, wo er Fort Pietole ausbaut und sich außerdem während der schweren Überschwemmung im Jahre 1839 verdient macht, indem er erfolgreich die Dämme konsolidiert, die zu brechen drohten. Anläßlich seiner vierzigjähri-

gen Dienstzeit wird er 1844 – wie dies die Tradition erheischt – als Edler von Arthurm in den Adelsstand erhoben.

Von 1842 bis 1845 befehligt er in Mailand das Sapeurs- beziehungsweise das Mineurskorps. 1848 wird er als Festungskommandant nach Peterwardein beordert. Beim Aufstand der Ungarn weigert er sich, ihnen den Platz zu übergeben. Er wird von den Insurgenten verhaftet und nach Ofen gebracht, wo ihn die kaiserlichen Truppen, die inzwischen eine Gegenoffensive begonnen haben, befreien.

Sofort macht er sich an die Instandsetzung der Festungswerke der Stadt, um einen Angriff der Rebellen abwehren zu können – und der sollte nicht auf sich warten lassen. Die Österreicher ziehen aus der Gegend um Pest ab und überlassen Ofen seinem Schicksal. Henzi bleibt als Kommandant der Festung zurück, zu deren Verteidigung er über vier Bataillone Infanterie, einige Kompanien Grenzer, eine Schwadron Kavallerie und 110 Artilleristen verfügt. Seine Vorräte erlauben ihm, zwei Monate die Stellung zu halten, doch er ist fest überzeugt, daß sie rasch von der k.k. Armee entsetzt würde.

*

Anfang Mai haben die Ungarn unter General Görgey mit rund 30 000 Mann die Festung umzingelt. Aber Henzi ist nicht der Mann, der passiv hinter seinen Verschanzungen abwarten würde. Am 11. Mai macht er einen Ausfall gegen Pest und befreit dort 400 österreichische Soldaten, die sich in Spitälern befanden und gefangen genommen worden waren. Unermüdlich, Tag und Nacht ist er tätig, um feindliche Angriffe zurückzuschlagen. Man sieht ihn überall, wie er Stellungen inspiziert, seinen Leuten Mut zuspricht, Verwundete besucht.

*

Die Magyaren schicken ihm einen Unterhändler, der ihn zur Übergabe der Festung drängt. Er solle sich als guter Patriot erweisen und aufhören, auf seine ungarischen Brüder zu schießen. Henzi erwidert, er sei Berner und Bürger der Schweiz, der ungarische Patriotismus gehe ihn wenig an und seine Treue gelte allein dem Kaiser und der Fahne, unter der er kämpft. Durch diese Antwort entwaffnet, zieht der Unterhändler ab.

*

Um der Belagerung ein Ende zu machen, greifen die Ungarn massiv an. Henzi hält ihnen stand und nutzt die Augenblicke des Abflauens, um die beschädigten Werke wiederherstellen zu lassen. In der Nacht vom 20. zum 21. Mai stürmt der Gegner von allen Seiten. Durch eine Bresche dringt eine Abteilung in die Festung ein. Mit seinen Grenzern und Soldaten des Infanterieregiments Nr. 12 gelingt es Henzi, sie aufzuhalten. Ein Hauptmann, der nur noch über einen einzigen Kanonier verfügt, gibt aus nächster Nähe ein mörderisches Feuer auf die Insurgenten ab, die er dezimiert. Überall toben Straßenkämpfe, das Gemetzel ist grauenhaft. Als Henzi bemerkt, daß sich der Feind in einem Haus sammelt, stellt er sich an die Spitze einer Kompanie Warasdiner: „Soldaten! Dort, jenes Haus müssen wir nehmen und die Rebellen von der Mauer zurückschlagen! Mir nach!" Genau in diesem Augenblick wird er von einer Kugel getroffen und bricht zusammen. Schwer verwundet, stirbt er nach einer furchtbaren Agonie.
Gegen 9 Uhr morgens sind die Magyaren Herren der Festung. Über zweihundert Soldaten und Offiziere sind gefallen, ein Teil der Gefangenen wird niedergemacht.

*

Henzi erhält posthum das Ritterkreuz des Maria-Theresien-Ordens. Am 11. Juni 1852 wird in Ofen ein Denkmal ihm und seinen Soldaten zu Ehren enthüllt, in Gegenwart von drei Erzherzögen und aller überlebenden Verteidiger von Ofen. Die Tafel auf dem Sockel besagt: „General Hentzi mit ihm Oberst Alnoch nebst 418 Tapfern starben hier den Opfertod für Kaiser und Vaterland 1849".

*

104

Das Blut Henzis, den seine Zeitgenossen den „Leonidas der Neuzeit" nannten, war nicht für seinen willkürlich hingerichteten Großvater geflossen, sondern für die Verteidigung jenes Kaiserhauses und jenes Landes, die seinem Vater Zuflucht gewährt hatten und das seine Heimat geworden war.

HANS BIRCH VON DAHLERUP

Hilleröd (Seeland), 25. August 1790 – bei Kopenhagen, 26. September 1872

Gegen halb fünf Uhr nachmittags, am 22. Februar 1849, erhält Kapitän Dahlerup, Kommodore erster Klasse der königlich dänischen Marine, einen Brief, der ihn umgehend nach Kopenhagen beordert. Wenige Stunden später meldet er sich im Ministerium, wo er zu seiner Überraschung erfährt – er ist 59 Jahre und glaubt sich am Ende seiner Karriere –, daß Österreich Dänemark um einen Oberbefehlshaber für seine Kriegsflotte gebeten hat und er vom König und vom Staatsrat einhellig dazu ausersehen worden ist.

*

Die Revolution des Jahres 1848, der Aufstand in Venedig und das Überlaufen eines Teils der Flotte zu den Rebellen machten eine Reorganisation der k.k. Marine dringend erforderlich, und diese Aufgabe konnte nur einem erfahrenen Seemann übertragen werden, der es verstand, mit eiserner Hand durchzugreifen. Einen solchen Mann gab es aber nicht in Österreich, man mußte ihn also aus dem Ausland holen. Die Wahl fiel auf Dahlerup, denn der charakterfeste Däne verfügte über sowohl theoretische als auch praktische Kenntnisse, die er im Verlauf einer turbulenten Karriere gesammelt hatte.

*

Er erblickt das Licht der Welt in der Kleinstadt Hilleröd, wo sein Vater die Stelle des Postmeisters innehat. Letzterer war vielgereist und von umfassender Bildung. Trotz schwieriger materieller Verhältnisse läßt er seine fünfzehn Kinder sorgfältig erziehen. Hans Birch, der vierte Sproß, zeichnet sich bald durch seine frühreife Intelligenz aus. Mit sechs Jahren kommt er aufs Gymnasium, und mit elf hat er die lateinischen und deutschen Klassiker im Original und das Neue Testament auf griechisch gelesen. Nun beschließt sein Vater, ihn als Marinekadetten nach Kopenhagen zu schicken.

*

Dahlerup durchläuft die verschiedenen Stufen der Marineakademie mühelos und erhält mit sechzehn Jahren das Offizierspatent. Zu jener Zeit steht die dänische Kriegsmarine in hohem Ansehen, seit sie im April 1801 dem berühmten Nelson erfolgreich die Stirn geboten hat. 1807, mitten im Frieden, verlangen nun die Briten von Dänemark die Auslieferung seiner Kriegsflotte, was verweigert wird. Daraufhin beschießt die englische Flotte drei Tage lang Kopenhagen und zerstört es teilweise. Die Dänen geben nach, verbünden sich aber mit Frankreich, worauf die Briten den Krieg erklären. Vor diesem Hintergrund beginnt eine abenteuerliche Laufbahn voller Gefahren für Dahlerup. Sein Schiff wird versenkt, sein Bruder fällt in einer Seeschlacht an seiner Seite, fast hätte ihn der Typhus hinweggerafft. Dreimal gerät er in englische Gefangenschaft, und er nützt den Zwangsaufenthalt im Inselreich, um sich mit dessen Sprache und Kultur vertraut zu machen. Mit achtzehn wird ihm sein erstes Kommando übertragen, über zwei Schiffe gleichzeitig. Doch nach Beendigung der napoleonischen Kriege ist Dänemark ausgeblutet und Dahlerup arbeitslos. Er lernt Italienisch und tritt in die Dienste eines reichen Dänen, der Kreuzfahrten organisiert. So entdeckt er Portugal und später Malaga, wo er perfekte Spanischkenntnisse erwirbt.

*

Bis 1819 ist Dahlerup Kapitän von Handelsschiffen, die mit Westindien verkehren, dann tritt er wieder in die Armee ein. Als Professor an der Marineakademie verfaßt er zwei bemerkenswerte Handbücher und liefert Beiträge an Fachzeitschriften, befaßt sich aber auch mit literarischen Arbeiten. Nach seiner Beförderung zum Hauptmann im Jahre 1829 heiratet er und entwickelt eine rastlose, fast fieberhafte Tätigkeit. Er ist Mitglied zahlreicher Kommissionen und leitet eine literarische Zeitschrift. Mit dem späteren König Christian VIII. knüpft er freundschaftliche Beziehungen an. 1838 befehligt er eine Fregatte mit dem Auftrag, den dänischen Bildhauer Thorwaldsen in seine Heimat zurückzuholen, der damals als neuer Phidias galt. Diese Mission bringt ihm nicht nur Ruhm ein, sondern er verdankt ihr auch den vertraulichen Umgang mit dem Künstler, den er für einen „Halbgott" erachtet.

Tatkräftig betreibt er die Modernisierung der Seestreitkräfte seines Landes, doch leider stirbt 1848 sein Gönner Christian VIII., dessen Nachfolger Friedrich VII. Dahlerup nicht gerade wohlgesinnt ist. Aber mit dem Angebot aus Österreich zeichnet ihm das Schicksal neue Wege vor.

*

Die Ankunft Dahlerups in der Donaumonarchie, am 13. März 1849, steht unter einem schlechten Stern. Die Zöllner wollen seine Bücher beschlagnahmen und erheben Steuern auf seinen Tabak. In Olmütz findet er bei minus 13 Grad keine Unterkunft, wird jedoch vom Kaiser empfangen und setzt dann seine Reise nach Wien fort, wo ihn Schwarzenberg und einige Minister begrüßen. Am 20. ist er bereits in Triest und inspiziert am 22. in Pola das Geschwader, das dort vor Anker liegt. Die ersten Eindrücke sind entmutigend: „Das Kommando, vom Chef abwärts und durch die Bank war schwach, ohne Schneidigkeit und Sicherheit, die Mannschaft in jeder Hinsicht roh und undressiert, doch kräftig und nicht ohne Anlagen, das Exerzier- und Klarschiffsystem mäßig und unpraktisch, das Geschütz schwach und schlecht, die Installation veraltet." Und als man ihm die verschiedenen Kommandanten vorstellt, kann er seine Bestürzung nur mit Mühe verbergen: „Locella war ein schlaffer, fauler Mensch; Baron Bouguignon, Befehlshaber der Brigg *Pola,* war der verschrobenste Narr und Windbeutel, dem ich je begegnet (...), der Chef der *Adria,* Kapitän Schmidt, redete auch mit einer Stimme wie ein betrunkener Bootsmann, und das Schlimmste nur eben, er war es wirklich, so oft ich ihn auch sah, am Morgen, Mittag und Abend (...) betrunken."

*

Als erstes leitet er die Blockade gegen Venedig, die durch die Niederlage der Sarden bei Novarra (20. März) und deren Abzug aus der Adria ermöglicht worden war. Dahlerup sperrt mit seinen Schiffen das Po-Delta ab, die Küste zwischen Chioggia und dem Lido, später auch den Hafen von Ancona, „nächst Venedig der einzige und wichtigste Stützpunkt der Aufrührer". Es kommt nur zu einigen Scharmützeln, doch Dahlerup hat vor allem gegen die Disziplinlosigkeit seiner Offiziere zu kämpfen, gegen die Schwerfälligkeit und Sturheit der Verwaltung und gegen französische und englische Schiffe, die die Blockade zu durchbrechen suchen. Nach Beendigung dieser Operation zieht er ohne Illusionen Bilanz: „Wirft man einen Blick auf die Mitwirkung der Marine, so wird man bemerken, daß kein eigentliches Gefecht stattfand, noch ein größeres Unternehmen, zu dem Mut und Tüchtigkeit notwendig gewesen wäre (...). So müßte ich wohl froh sein, einen Feind mir gegenüber zu haben wie diese Venezianer." Auch von den Leistungen des Heeres ist er nicht begeistert: „Aber da, wie überall, sah ich, daß die Österreicher, will sagen: die dortige Armee, das ernste Drauflosgehen nicht recht leiden konnte; knallen, viel Lärm machen, manövrieren, schrecken, dies zogen diese Leute vor; auf keine Weise wollten sie ihr Leben aussetzen und damit das Vergnügen, von ihren schrecklichen Taten reden und in den Kaffeehäusern, Eisenbahnen und auf den öffentlichen Plätzen schwadronieren zu können."
Aber andere, wenn auch weniger kriegerische Kämpfe stehen Dahlerup bevor. Ihm ist klar geworden, daß Venedig ein Unheil für die kaiserliche Flotte war und daß die Dogenstadt ihre Vorherrschaft als Kriegshafen verlieren müsse. „Ebenso wie die Marine eigentlich niemals eine österreichische gewesen, sondern eine venezianische, war ihre Hauptbedienung auch lokal, ihr Zweck die Verteidigung von Venedig." Er beginnt mit der Eindeutschung der Schiffsnamen: die Venere wird zu *Venus,* die *Sfinge* zu *Sphinx,* die *Lipssia* zu *Leipzig,* die *Hussara* zu *Husar.* Wenig später setzt er Deutsch als Kommandosprache

durch und erläßt eine deutschsprachige „Instruktion für den Dienst auf den k.k. Kriegs-schiffen". Sowohl zur „Germanisierung" der k.k. Marine als auch, um sie mit einem festen Rückgrat zu versehen, läßt er Kadetten, Offiziere und Ingenieure aus Deutschland und Skandinavien kommen. Da er die Bedeutung der Dampfkraft für die Seekriegsführung er-kannt hat, baut er ein Dampfmaschinistenkorps auf. Schließlich erneuert er das Arsenal in Venedig, macht aber auch Triest und Pola zu wichtigen und modernen Kriegshäfen.

*

Nachdem der Kriegsminister endlich eingesehen hat, daß Österreich eine schlagkräftige Marine braucht, initiiert Dahlerup ein relativ umfangreiches Schiffbauprogramm. Doch er stößt auf hartnäckigen Widerstand seitens des Heeres, dem die Emanzipation der Marine ein Dorn im Auge ist, und der Finanzverwaltung, die am falschen Ort zu sparen sucht. Auch als Ausländer, der sich überdies mit Ausländern umgibt, wird er abgelehnt. Man muß allerdings zugeben, daß er seinerseits keinerlei Entgegenkommen zeigt. Er ist äußerst kühl, reserviert, von unerbittlicher Strenge zu seinen Untergebenen und niemals bemüht, sich der Eigenart des Landes anzupassen.

*

Im August 1850 quittiert er den österreichischen Dienst, denn er fürchtet, daß er hier keine Zukunft mehr hat. Sein Gastspiel in der Donaumonarchie war kurz, nicht mehr als sieb-zehn Monate, doch es hinterließ tiefe Spuren. Ihm sind die soliden Grundlagen zu ver-danken, die spätere Reformen erlaubten, welche bald ihre Früchte tragen sollten. Nach der Seeschlacht bei Lissa (1866), in der die Flotte Sardiniens von der österreichischen ver-nichtend geschlagen wurde, beglückwünscht er bewegt den Inszenator dieses Sieges, der indirekt auch der seine ist: Admiral Tegetthoff.

FRIEDRICH ZU SCHWARZENBERG

Wien, 30. September 1800 – Wien, 6. März 1870

„Ich bin im Jahre 1800 leider in Wien geboren, diesem Schandneste, das sich den unsterblichen Ruhm untermenschlicher Stupidität und niederträchtiger Undankbarkeit durch die Revolution von 1848: deren naturgemäße Entwicklung das Kaiserhaus, dem Wien seinen Glanz und Wohlfahrt lediglich zu danken hat, vertrieben und Wien aus der Residenz und dem Centrum eines großen Kaiserstaates in die Provinz-Hauptstadt einer entfernten Grenz-Provinz einer noch gar nicht bestehenden deutschen Republik verwandelt hatte: in der Weltgeschichte erworben hat. Wien ist gleich Abdera mit der Schlechtigkeit Ninives." Der Verfasser dieser Zeilen ist durch die Einzigartigkeit seines Charakters, seine paradoxen Ansichten ebenso wie durch sein schriftstellerisches Talent und seine militärischen Abenteuer sicherlich eine der faszinierendsten und bezauberndsten Persönlichkeiten in dieser Galerie.

Er war der älteste Sohn von Karl Philipp Fürst zu Schwarzenberg, des künftigen Siegers in der Völkerschlacht bei Leipzig 1813 und geschickten Diplomaten, und der Anna, geborener Gräfin von Hohenfeld, Witwe des Fürsten Esterhazy. Da ihr Gemahl vollkommen von seinen hohen Aufgaben in Anspruch genommen wurde, kümmerte vornehmlich sie sich – „im Tempel seines Glückes die Priesterin" – um die Erziehung der Kinder. Voll Bewunderung für Rousseau, war sie mit Lavater befreundet und verfolgte mit großer Anteilnahme die geistigen Strömungen ihrer Zeit. Später ermunterte sie Stifter bei dessen ersten literarischen Schritten. Eine empfindsame Seele also, empfänglich für die fortschrittlichsten Ideen. Ottilie von Goethe sagte von ihr in ihrem Tagebuch: „Sie ist eine höchst geniale, wunderbare Frau." Zweifellos hat ihr Sohn Friedrich etwas von diesem Genius geerbt.

*

Die frühe Erziehung des Kindes ist ebenso militärisch wie literarisch ausgerichtet. Der Vater schätzt es, sich mit altgedienten Soldaten zu umgeben, die seine Sprößlinge betreuen. „Der Portier war ein ehemaliger Soldat der königlich-französischen Schweizergarde (...), ein zerschossener Ulane setzte den Knaben täglich aufs Pferd, und beide Veteranen waren sozusagen die ‚Kindswärterinnen' des Prinzen." Ein alter wallonischer Offizier lehrt ihn Französisch, das er noch vor dem Deutschen spricht. Er genießt einen gepflegten, klassischen Unterricht und interessiert sich bereits früh für Naturwissenschaften und die Rechte. Einen Teil der Zeit verbringt er auf den Gütern seiner Eltern in Worlik in Böhmen, einen anderen bei seiner Tante in Ungarn. Als der Vater als Botschafter nach Paris geht, nimmt er seinen Ältesten mit und stellt ihn sogar Napoleon vor. Als er 1812 zum Oberkommandierenden der österreichischen Truppen ernannt wird, die am Rußlandfeldzug teilnehmen, bittet der Zwölfjährige, ihn begleiten zu dürfen, was der Vater jedoch ablehnt: „Indessen, mein Sohn, fahre fort, deine kostbaren Jugendjahre zu deiner Bildung zu verwenden, übe dich in den Tugenden, die den Menschen im allgemeinen adeln, denn als Soldat bedarfst du ihrer vorzüglich, wenn du nicht den Vorwurf willst auf dir haften lassen, daß deine Geburt den Mangel an Verdienst zu bemänteln scheint. Die höhere Klasse, die der Zufall den Menschen am Tage seiner Geburt anweiset, ist eine schwere Schuld, die er von dem ersten an, wo er zu seinem vollkommenen Selbstbewußtsein gelangt, abzuzahlen

bedacht sein muß. Lieber Fritz, lerne gehorchen, das heißt: sprich zwar stets freimütig, schweig aber, wenn deine Rede nicht nur allein nicht nützen, sondern schaden kann; Gehorsam ist der Cement des Staatsverbandes, ohne den das Gebäude bei der geringsten Erschütterung zerfällt; lerne dulden; sei redlich und treu bis in den Tod, heiter und standhaft im Unglücke, bisweilen im Glück, beschütze deine guten Brüder, sei nur glücklich in ihrem Glücke, ehre die Gesetze und befolge sie genau, sei standhaft in Erfüllung deiner Pflichten, nur dann kannst du ruhig schlafen, sei wohltätig, ohne zu verschenken, scheue stets das Laster und nie den Tod."

*

Der Krieg, der Europa in Blut taucht, bildet den faszinierenden und tragischen Hintergrund, vor dem das Kind heranwächst. Zum Zeitpunkt von Austerlitz ist Friedrich fünf Jahre alt, zu jenem der Schlachten bei Aspern und Wagram und der Erhebung in Tirol neun Jahre, dreizehn, als sein Vater die Schlacht bei Leipzig gewinnt, die Napoleon zum Schicksal wurde. Ein Besucher, der ihn im Park zu Worlik sah, meint, er sei „so schön, daß er einem vom Olymp herabgestiegenen Gotte gleicht".

*

1816 beschließt Friedrich, Soldat zu werden. Sein Vater ist einverstanden, besteht aber darauf, daß er seine militärische Laufbahn ganz unten in der Hierarchie beginnt. Als Kadett tritt er in das väterliche Ulanenregiment ein und bekleidet hier subalterne Stellen. Zum Leutnant wird er 1818 befördert. Seinen wissensdurstigen Geist nährt er mit umfassender Lektüre; aus dieser Zeit stammen auch seine ersten literarischen Essais, die er unter der Aufsicht seines Mentors, des Grafen Clam-Martinitz verfaßt.

*

Der Vater stirbt 1820 im Alter von 49 Jahren und hinterläßt bedeutende Schulden. Es ist dies eine bittere Erfahrung für den jungen Mann, die es ihm jedoch ermöglicht, das wahre Gesicht der menschlichen Natur zu entdecken: „Ich bin darin frühzeitig gereift, und habe als zwanzigjähriger Jüngling, als ich nach meines Vaters Tode Hilfe und Trost bei jenen Leuten suchte, welche stundenlang im elterlichen Hause mich mit Freundschaftsbezeugungen überhäuften, wie im Evangelium statt Brot nur Steine empfangen, und ohne Vermögen und Schutz fand ich Teilnahme größtenteils nur bei denen, welche meinem Vater nichts zu verdanken hatten.“
Er beschließt, in der Armee zu bleiben und tritt die Majoratsrechte an seinen jüngeren Bruder Karl ab, um seine Unabhängigkeit zu wahren und sich gänzlich seinem Beruf widmen zu können – heiraten wird er nie.

*

Ungarn ist ein Land, das ihn seit seiner Kindheit faszinierte, und so sucht er, dort zu dienen. Er wird zuerst zu einem Infanterieregiment, dann zu einem Husarenregiment versetzt. Die vier Jahre, die er bei den Magyaren verbringt, sind nach seiner eigenen Aussage die glücklichsten seines Lebens. In seinem späteren literarischen Werk erinnert er sich sehnsüchtig des freien Lebens der Reiter in den weiten Ebenen. Als er aber zum Major eines Regiments Chevauxlegers befördert wird, versetzt man ihn in ein erbärmliches Nest in Galizien, wo er sich zu Tode langweilt. Er beginnt, das monotone Garnisonsleben zu hassen und ersucht um Urlaub. Da er zu dieser Zeit das Kreuz der Malteser Ritter erhält, trägt er sich eine Zeitlang mit dem Gedanken, in diesen Orden einzutreten.

*

Als er erfährt, daß die Franzosen unter dem Befehl des Marschalls Bourmont eine Expedition ausrüsten, um Algier zu erobern, eilt er, sich ihnen anzuschließen. Endlich wird er seinen unstillbaren Tätigkeitsdurst befriedigen können! Am 17. Juni 1830 landet er in der Bucht von Sidi Ferruch, um in der Folge teils im Stab von Bourmont, teils bei einer Artillerieeinheit an zahlreichen Kämpfen und vor allem an der Expedition nach Belida im Kleinen Atlas teilzunehmen. Der französische Marschall wird Zeuge seiner Tapferkeit und heftet ihm auf dem Schlachtfeld das Kreuz der Ehrenlegion an die Brust, das er seinem eben gefallenen Adjutanten abgenommen hatte: „Behalten Sie es, es steht Ihnen zu, denn Sie gehören zu jenen, die ihn am besten gerächt haben!“

*

Im Spätsommer 1830 aber zwingt ihn seine schwache Gesundheit zur Rückkehr nach Europa. Er begibt sich nach Toulon, Marseille und nach Paris, wo zu seinem Entsetzen eben die Revolution gesiegt hat, welche die Orléans statt der Bourbonen auf den Thron bringt. Er befreundet sich mit Balzac, der seine ultra-monarchistischen Ideen teilt und der ihm auch eine Erzählung widmet. Dann kehrt er nach einem Umweg über England und Schottland nach Wien zurück, wo er mit der Niederschrift seiner Erinnerungen beginnt. Sein weiterhin schlechter Gesundheitszustand verbietet ihm aber, wieder in die Armee einzutreten, in der er nicht wenige – neidische – Feinde hat, die ihn als Abenteurer verunglimpfen.

Er beginnt nunmehr zu reisen und geht nach Deutschland, Holland, Skandinavien, nach Griechenland, in die europäische Türkei, nach Konstantinopel und dann, über Bukarest, nach Siebenbürgen und Pest, so daß er eine reiche Ernte an Aufzeichnungen über die Geographie der durchquerten Länder nach Wien bringt.

*

1831 trifft er in Teplitz die schöne Elisa Radziwill, in die er sich unsterblich verliebt. Auch sie bleibt gegenüber dem Zauber des Prinzen und der Ausstrahlung des Abenteurers nicht gleichgültig. Doch er entzieht sich ihrem Charme, da er fühlt, daß ihm sein unruhiger Charakter, sein unablässiges Bedürfnis nach Veränderung eine dauernde Verbindung nicht erlauben würde.

*

Die spanischen Ereignisse geben ihm eine neue Gelegenheit, seinen Abenteuerdurst zu stillen. Seit 1833 stehen sich Carlisten und Cristinos in heftiger Feindseligkeit auf der iberischen Halbinsel gegenüber. Von überall strömen ihnen Freiwillige zu, die je nach ihrer Überzeugung die Partei der liberalen Cristinos oder der legitimistischen Carlisten ergreifen. Als Schwarzenberg erfährt, daß die Liberalen die Mutter des carlistischen Generals Cabrera getötet haben, kann ihn nichts mehr zurückhalten. Von Don Carlos mit allen Ehren empfangen, nimmt er an verschiedenen Kämpfen teil und berauscht sich an diesem grausamen und farbenreichen Spanien. Bald aber ist er der Streitigkeiten unter den carlistischen Anführern überdrüssig und reist, nach einem bösen Sturz vom Pferde, wieder in sein Vaterland.

*

Bei Preßburg erwirbt er das Gut Marienthal, ein ehemaliges Paulinerkloster, das von Joseph II. aufgehoben und seither verfallen war. Er setzt es, so gut es geht, instande, da er nur über geringe Mittel verfügt. Dorthin zieht er sich zwischen seinen Reisen und Abenteuern gerne zurück, um Frieden zu finden. „In dem alten Klostergebäude hauste ich als letzter Mönch mit meinen Erinnerungen; teils mit einigen literarischen Unternehmungen, teils mit der Jagd beschäftigt, brachte ich in Marienthal oder in Oberösterreichs Gebirgen meine Zeit zu. Meine Bibliothek, mein Stall, Wald und Berg gaben mir Stoff genug zu stillem, ruhigem Leben."

Aufs neue aber hört er den Ruf der Ferne. Anfang 1846 bricht der Aufstand in Galizien los, und Schwarzenberg eilt Erzherzog Ferdinand von Este, dem Gouverneur der Provinz zu Hilfe. Dieser belohnt ihn mit der Ernennung zum Obersten.

*

Im Herbst finden wir ihn in der Schweiz. Einmal mehr riecht er Pulverdampf und reist nicht als müßiger Tourist. Die Eidgenossen stehen vor einer militärischen Auseinandersetzung, und Schwarzenberg will sich vor Ort selbst ein Bild von der politischen Lage machen. Mehrere katholische Kantone haben sich in einer „Schutzvereinigung" zusammengeschlossen, um sich gegen die immer aggressiveren Umtriebe der progressistischen Kantone zu verteidigen wie gegen die Gefahren, die ihren Überlieferungen und ihrem Glauben drohen. Metternich und Kaiser Ferdinand ergreifen die Partei der konservativen Kantone. Der Kanzler erklärt: „Der Kampf, der in der Schweiz bevorsteht, ist unser Kampf. Die eine der sich entgegen stehenden Parteien umfaßt unsere, durch alte Sympathien der politischen und religiösen Interessen an uns geknüpften Freunde." Österreich stellt daher dem „Sonderbund" – wie er sich von nun an nennt – 100 000 Gulden für den Kauf von Waffen, Munition und Ausrüstung zur Verfügung. Schwarzenberg ist natürlich auf seiten der katholischen Kantone, die es gegen die „Tyrannei des Liberalismus" zu verteidigen gilt.

Eine Zeitlang denken die Verantwortlichen des Sonderbundes, unterstützt von Metternich und dem Erzherzog Johann, den Oberbefehl Schwarzenberg anzuvertrauen. Letzlich kommt dies nicht zustande, aber der Fürst nimmt doch als Freiwilliger an den Kämpfen teil, die im November 1847 zwischen Konservativen und Liberalen ausbrechen. Nachdem er an dem siegreichen Treffen von Airolo im Tessin teilgenommen hat, begibt er sich nach Luzern, der Hauptstadt der Sezession, um dem Oberkommandierenden Salis-Soglio als Generaladjutant beizustehen. Am 20. November lädt ihn der Kriegsrat des Sonderbundes ein, seine Meinung über die militärische Lage darzulegen. Er zeigt sich pessimistisch und empfiehlt, mit dem Gegner in Verhandlungen zu treten. Sein Exposé hinterläßt, wie einer der Anwesenden überliefert, „einen tief erschütternden, bleibenden Eindruck".

*

Der 23. November findet ihn an der Seite von Salis-Soglio im Gefecht bei Gislikon, wo er nach der Verwundung des Generals selbst das Kommando übernimmt. Als er sieht, daß die Schlacht verloren ist, kann er seinen Zorn nicht unterdrücken: „Ich habe dem General Salis wohl gesagt, daß man sich in diesem Dreckloch nicht halten kann."

Bitter enttäuscht von der Wendung, die die Angelegenheit genommen hat, flieht er nicht ohne Not nach Mailand, wo er Zeuge der ersten Erschütterungen wird, welche die Revolution ankündigen. Zurück in Wien, bemüht er sich, vor den Bedrohungen zu warnen, die sich in der Lombardei zusammenballen. Aber niemand hört auf ihn. Doch kaum bricht die Revolution los, ist der Fürst der erste, der sich gegen die „Mächte des Bösen" einsetzt. In Tirol kämpft er als einfacher Soldat gegen die Insurgenten im Chiusatal, dann schließt er sich in Mailand Radetzky im Kampf gegen die Aufständischen an.

114

*

Er ist in der Tat unermüdlich. 1849 ruft Ungarn. Als Adjutant des Feldmarschalleutnants Kleinau schlägt er sich hervorragend an der Raab, worauf er zum Generalmajor befördert wird. Indes spürt er das Alter und zieht sich mehr und mehr auf seine Ländereien zurück. Der seine Werke mit „Lanzenknecht" signierte, wird nun zum „letzten Mönch von Marienthal."

*

Seine letzten Jahre sind von Einsamkeit gekennzeichnet; er lebt abgeschnitten von der Welt und vergessen von seinen Zeitgenossen. Als 1867 in Wien feierlich das Standbild seines berühmten Vaters enthüllt wird, versäumt man es, ihn einzuladen. Einer seiner Getreuen, der ihn einige Tage später besucht, findet ihn vollkommen niedergeschlagen in seinem Lehnstuhl: „Als gebrochener, kranker Greis, der am Rande des Grabes steht, geize ich nicht mehr nach Ehre und Auszeichnung: aber so vergessen zu werden, als wäre ich der unwürdigste Sohn eines gefeierten Vaters, das tut wehe, unendlich wehe." Große Tränen rollen über seine Wangen.

*

Das literarische Werk Schwarzenbergs, das er in seinen freien Stunden und Zeiten der Genesung verfaßte, ist nach Umfang wie Inhalt beachtlich. Es umfaßt zunächst die Erinnerungen an seine Tätigkeit in Algerien, einen Bericht über seine Reise in die Türkei sowie *Antideluvianische Fidibusschnitzel,* die von seinem Leben als Soldat zwischen 1846 und 1848 erzählen und in den *Postdeluvianischen Fidibusschnitzeln* fortgesetzt werden. Sein Hauptwerk ist jedoch zweifellos *Aus dem Wanderbuch eines verabschiedeten Lanzenknechtes* sowie dessen Fortsetzung, *Aus den Papieren eines verabschiedeten Lanzenknechtes.* Im ganzen umfaßt Schwarzenbergs Werk 17 Bände. Diese brillianten, ätzenden Schriften fanden jedoch keine Verbreitung, da sie der Prinz nur in sehr kleinen Auflagen als Manuskript drucken ließ, die niemals in den Handel kamen; sie sind daher heute eine unerhörte Rarität.

*

Schwarzenberg wirft einen ironischen und hellsichtigen Blick auf die Welt. Eichendorff, der ihn außerordentlich bewunderte und ihm sogar eine Studie widmete, bescheinigt ihm eine „totale Unfähigkeit zu affectieren". Was er allerdings am meisten bewunderte, war, daß der Paladin „den lärmenden Geschwindmarsch des modernen Fortschritts" bekämpfte. Es ist unleugbar, daß der unerschütterliche Kämpfer für die Legitimität und das Gottesgnadentum ein empfindliches Gespür für die irreparablen Auswüchse des Zeitalters, den Vormarsch der Nivelleure und den nahen Triumph der Mediokratie hatte. Am Silvestertag 1851 schreibt er: „Herr! Ich bin bereit! Altösterreich ist tot! – Ungarn und Böhmen, die Poesie der Geschichte zerstört. – Meine Zeit ist vorüber. Ich sehe mit immer wachsender Resignation die Auflösung der historischen Gebilde allmählich fortschreiten, denen ich und mein Geschlecht angehörten. Die alten ehrwürdigen Kronen sind gebrochen! Der moderne Vernunftstaat soll die alte Pietät ersetzen – fiat voluntas tua – fata viam invenient!" Fünfzehn Jahre später definiert Schwarzenberg in einem Brief seine Haltung gegenüber dem Zeitgeist: „Sie fragen mich, warum Sie mich stets in dem Lager des Widerstandes gegen das, was man Zeitgeist nennt, finden? Ich könnte darauf antworten, daß es Fische gibt, deren Natur es mit sich bringt, immer gegen den Strom schwimmen zu müssen und das es z.B. von einem Lachs oder Huchen nicht abhängt, ein Hecht oder Karpfen zu werden, um mit dem Strom gemächlicher herab, als seiner Natur nach gegen denselben hinaufzuschwimmen. Am Ende, wenn beide gesotten und gekocht sind, ist es für beide einerlei gewesen. Solange ich im Geiste der Zeit nur einen Stempel der Zerstörung sehe, werde, oder vielmehr habe ich versucht, das noch Lebende zu schützen und zu erhalten."

Schwarzenberg wollte nach seinem eigenen Ausdruck ein „Lanzenknecht" sein, aber Europa bezeichnete ihn als „Condottiere der Reaktion". Konnte er sich einen schöneren Titel wünschen?

LUDWIG AUGUST VON BENEDEK

Ödenburg, 14. Juli 1804 – Graz, 27. April 1881

Alles begann wie im Märchen, mit einer beispielhaften Karriere, die auch die ehrgeizigsten Träume erfüllt hätte. Selbst sein Name schien ein günstiges Omen für den Erfolg, denn ist Benedek nicht die ungarische Form von Benedict, „der Gesegnete"?
Mit vierzehn Jahren äußert Ludwig August den Wunsch, Soldat zu werden und in die Theresianische Militär-Akademie einzutreten. Da er aber Protestant ist, bleibt sie ihm verschlossen – und dennoch sollten sich ihre Türen öffnen! Sein Vater, seines Zeichens Arzt in Ödenburg, hat nämlich den Divisionär Radetzky zum Patienten, welcher beim Erzherzog Johann, dem Oberdirektor der Akademie, eine Ausnahme erwirkt.

*

Nach seinen Anfängen in der Infanterie wird er mit topographischen Erhebungen in Ungarn betraut und dann dem Generalstab zugeteilt. Man schickt ihn nach Mailand zu Radetzky, der ihn bald in höchstem Maße schätzen lernt. Als Benedek nach Lemberg versetzt wird, schreibt ihm der 38 Jahre ältere Feldmarschall: „Mein lieber, guter Benedek! Ich vermisse Ihre Hilfe, ich war so gewöhnt, mit Ihnen zu arbeiten, und bin nun ganz verlassen, denn man versteht mich nicht."

*

Schon mit 42 ist er Oberst eines Infanterieregiments, und auch zuvor fehlte es nicht an Ehren. 1839 hat der Papst ihm, dem Protestanten, aufgrund seiner Verdienste um den Kirchenstaat den St. Gregorius-Orden verliehen. 1846 wird er Ritter des österreichischen Leopold-Ordens, wegen seines entschlossenen Vorgehens gegen die polnischen Rebellen. Überdies erhält er die Ehrenbürgerschaft von Lemberg. 1848–1849 nimmt er am Feldzug gegen Sardinien teil. Er beweist nicht nur Kaltblütigkeit, sondern versteht sich auch darauf, seine Truppen zu begeistern. Beim Angriff der Curtatone-Linie legt er, dem offiziellen österreichischen Bericht zufolge, „eine an Todesverachtung grenzende Tapferkeit" an den Tag. Dafür wird er Ritter des Maria-Theresien-Ordens, der höchsten Auszeichnung der Monarchie. In den Schlachten bei Mortara und Novara tut er sich neuerlich hervor und erlangt, mit 45 Jahren, den Rang eines Generalmajors. „Ein weiterer außergewöhnlicher Schritt im staunenswerten Aufstieg dieses Offiziers", vermerkt sein Biograph. Im selben Jahr stellt er noch hervorragende militärische Führungseigenschaften unter Beweis, als es gilt, den ungarischen Aufstand niederzuschlagen.
Auszeichnungen folgen auf Auszeichnungen, mit einer Regelmäßigkeit, die an Monotonie grenzt. Ende 1849 wird er zum Generalstabschef Radetzkys in Verona und zum

Ehrenbürger seiner Heimatstadt ernannt. Rußland, Parma, der Kirchenstaat verleihen ihm weitere Orden, und auf Allerhöchsten Beschluß hin wird ein Dampfer auf dem Lago Maggiore *Benedek* getauft, das Schwesterschiff *Radetzky*. Danach erfolgt die Beförderung zum Feldmarschall-Leutnant.

*

Der alte Radetzky ist in seinen Generalstabschef geradezu vernarrt. „Seine glänzenden Eigenschaften", schreibt er, „sind so allgemein bekannt, daß der gute Klang seines Namens bei Hoch und Nieder feststeht. Auch in dem jetzt zugewiesenen Wirkungskreis entspricht er vollkommen, und ich sehe mit voller Ruhe seinem Wirken in bewegten Zeiten entgegen." Benedek seinerseits äußerst sich weniger überschwenglich über seinen Vorgesetzten: „Will nicht ans Ausspannen denken – wäre Zeit."

*

1857 nimmt seine Laufbahn einen neuerlichen Aufschwung. Er wird zum Kommandanten des 4. Korps in Lemberg und zum Wirklichen Geheimen Rat bestellt, dann übernimmt er den Befehl über das 8. Armeekorps in Cremona. In dem bald darauf ausbrechenden Krieg zwischen Österreich und den Verbündeten Frankreich und Sardinien stellt er seine Tapferkeit neuerlich unter Beweis. Bei San Martino hält er den Piemontesen stundenlang stand und verläßt, nachdem die Schlacht verloren ist und sich alle anderen Korps bereits zurückgezogen haben, als letzter den Platz. Nun wird er Kommandeur des Maria-Theresien-Ordens, aber nicht genug damit: Franz-Joseph ernennt ihn im November 1859 zum Feldzeugmeister, „indem er 55 Vordermänner überspringt", und die Stadt Wien, die nicht zurückbleiben will, verleiht ihm die Ehrenbürgerschaft. Für die Urkunde ist folgender Text vorgesehen: „Einer der tapfersten Soldaten, begabt mit seltenen militärischen Talenten, mit dem hellen und schnellen Überblick des geübten Feldherrn, zählt zu den ersten Zierden des k.k. österreichischen Heeres."

*

1861 wird Benedek ins Herrenhaus aufgenommen. Aber all diese Ehren machen ihm keine Freude mehr. Seine Gesundheit ist angegriffen, er denkt daran, sich in den Ruhestand versetzen zu lassen – während der Kaiser überzeugt ist, in ihm einen Mann mit eiserner Hand zur Verfügung zu haben, einen neuen Radetzky, der in Krisenzeiten die Monarchie zu retten in der Lage wäre. Als Statthalter in Ungarn beweist er viel guten Willen, aber wenig Einfühlsamkeit in die komplexe politische Lage, er neigt zu sehr dazu, die Magyaren wie Kadetten im Kasernenhof zu behandeln. Nach wenigen Monaten ist er erleichtert, in sein geliebtes Italien zurückkehren zu dürfen, um dort den Oberbefehl über die Armee zu übernehmen. Doch sein Gesundheitszustand verschlechtert sich weiter, seine Aufgaben erdrücken ihn schließlich. 1863 schreibt er: „Ich bin alt [59 Jahre!] und kränklich, ich habe nicht das Zeug in mir (...), ich reibe mich bei meinen sich immer steigernden Unterleibs- und Nervenleiden sichtlich auf und sehe somit den Zeitpunkt heran-

118

nahen, wo ich Seine Majestät den Kaiser werde bitten müssen, mich allergnädigst in den definitiven Ruhestand treten zu lassen."

*

Frühjahr 1866. Preußen hält den Augenblick für gekommen, die Frage der Vorherrschaft in Deutschland zu regeln. Für Bismarck liegen die Dinge seit langem klar: „Für beide [Österreich und Preußen] ist kein Platz. Einer muß weichen oder gewichen werden."
Der Kaiser bestimmt Benedek zum Befehlshaber der Nordarmee, die in Böhmen operieren soll. Dieser Beschluß wird von der öffentlichen Meinung wie vom Heer mit Begeisterung aufgenommen: Ja, nur Benedek ist in der Lage, die Preußen zu schlagen! Der einzige, der diese Meinung nicht teilt, ist der

Betroffene selbst, und er macht Einwendungen. Nachdem Sardinien auf der Seite Preußens in den Krieg eingetreten ist, sei sein Platz in Italien, wo er jedes Wäldchen, jede Straße, jeden Hügel kennt, während er „für den deutschen Kriegsschauplatz ein Esel" sei. Eine sonderbare Bemerkung! Kannte Alexander das Indus-Becken oder Bonaparte Ägypten, bevor er dort seinen Feldzug begann? Kannte Moltke Frankreich?

*

Die Nordarmee ist erst kürzlich zusammengestellt worden, sie hat die Kriegsstärke noch nicht erreicht, Offiziere und Mannschaft sind ungenügend ausgebildet. Gewiß bemüht sich Benedek, diesen Mängeln abzuhelfen, doch es fehlt ihm an Zeit, und ein schlagfertiges Heer läßt sich nicht improvisieren. Ausrüstung und Bewaffnung sind veraltet, oder es fehlt einfach daran. Dank ihres Zündnadelgewehrs Dreyse, das zehn bis zwölf Schüsse pro Minute abgeben kann, besitzen die Preußen unbestreitbar die Feuerüberlegenheit, denn das österreichische Lorenz-Gewehr, noch ein Vorderlader, schafft nur drei bis vier Schüsse pro Minute.
Halten wir jedoch fest, daß diese schlechte Vorbereitung nicht verwunderlich war. Seit Jahren hatte das Parlament hartnäckig auf Kürzungen des Militärbudgets bestanden, das zwischen 1856 und 1865 denn auch um mehr als ein Drittel beschnitten wurde. Mit Recht entrüstete sich der Militärhistoriker Hugo Kerchnave zu Beginn unseres Jahrhunderts: „Solche Scharen in den Kampf für das Vaterland zu senden, sie so bewaffnet, so flüchtig

119

ausgebildet einem solchen Feind entgegenzustellen, war Mord, und dieser Mord stand im Schuldbuch des Parlaments."

Worte von gestern, die auch heute nichts von ihrer Aktualität eingebüßt haben.

*

Der preußische Gegner aber ist bereit. Seine Armee hat einen hohen Ausbildungsstand erreicht, die Bewaffnung ist gut (wenn auch nicht so exzellent, wie das oft behauptet worden ist), vor allem jedoch sind seine strategischen und taktischen Konzeptionen vollendet entwickelt. Eine außergewöhnliche Konstellation hervorragender Männer, deren Ansichten völlig übereinstimmen, führt das Land und die Armee: König Wilhelm I., Bismarck, Kriegsminister Roon und Generalstabschef Moltke. Letzterer verkörpert geradezu das Gegenteil von Benedek. Er ähnelt eher einem stillen Gelehrten (man nennt ihn „den großen Schweiger") als einem Militär. Der Wahlspruch dieses bescheidenen, beharrlichen Arbeiters ist: „Mehr sein als scheinen". Während Benedek von der Armee und der Bevölkerung vergöttert wird, ist Moltke zu dieser Zeit fast noch unbekannt. Er verfügt nicht nur über den taktischen Scharfblick, der zur Führung der Truppen in der Schlacht erforderlich ist – dieses Talent besitzt auch Benedek –, er ist überdies in der Lage, auf strategischer Ebene umfassende und klare Operationspläne zu erarbeiten. Und diese Form der militärischen Genialität war Benedek nie gegeben. Zeitlebens ist er ein – wenn auch glanzvoller – Mann des Terrains gewesen, ein mutiger und unternehmungslustiger Praktiker, ein Haudegen, wie er im Buch steht. Kompetent im Angriff wie in der Verteidigung, fehlt ihm dennoch die überlegene Kombinationsfähigkeit, was er auch durchaus eingesteht.

*

In Böhmen treffen die Gegner aufeinander. Die Preußen gehen in getrennten Korps vor, getreu der Maxime Moltkes: „Getrennt marschieren, vereint schlagen." Ihre drei Armeen – die Erste und die Elbarmee von Nordwesten, die Zweite Armee von Nordosten kommend – sollten sich nordwestlich von Königgrätz vereinigen. Benedek entschließt sich zum Angriff der Ersten und der Elbarmee, vor dem Eintreffen der Zweiten. Schon bei den ersten Gefechten erleiden die Österreicher unter dem Feuer der Zündnadelgewehre bedeutende Verluste, 30 000 Mann bis Ende Juni. Benedek sieht ein, daß er sich zurückziehen muß, um einer Umzingelung durch den Feind zu entgehen, doch seine Truppen sind zu erschöpft, um dieses Manöver unverzüglich auszuführen. Es bleibt ihm daher nichts anderes übrig, als am 3. Juli die Schlacht anzunehmen. Die Gegner kämpfen mit Verbissenheit, die Verluste auf beiden Seiten sind hoch. Schließlich entscheidet das Eingreifen der Zweiten Armee auf dem rechten Flügel der Österreicher endgültig zugunsten Preußens. Benedek hat keine andere Wahl mehr, als den allgemeinen Rückzug anzuordnen, der erst jenseits der Donau, auf der Höhe von Preßburg zum Stillstand kommt. Glücklicherweise befiehlt Moltke, dessen Truppen stark mitgenommen sind, den Gegner nicht sofort zu verfolgen.

*

Das Schicksal meint es nie gut mit den Besiegten. Umgehend werden Ermittlungen eingeleitet, um die Verantwortung Benedeks für die Niederlage festzustellen. Doch der Kaiser, der einen öffentlichen Skandal vermeiden will, ordnet die Einstellung des Verfahrens an. Am 1. November wird Benedek in den Ruhestand versetzt. Er zieht sich nach Graz zurück, wo er sich bis zu seinem Tod in vollkommenes Schweigen hüllt und jede Erklärung oder Rechtfertigung ablehnt.

In seinem 1873 verfaßten Testament finden sich folgende Zeilen: „Ich trage durch sieben Jahre mein trauriges, hartes Los mit Philosophie und Selbstverleugnung. Ich wünsche mir selber Glück, daß ich trotz alledem gegen niemand Groll hege und auch nicht vertrottelt bin. Ich bin mit mir selber und mit aller Welt fertig geworden, bin mit mir vollkommen im reinen, habe aber dabei alle meine Soldatenpoesie eingebüßt."

*

Benedek ist seit neun Jahren tot. Vielleicht im Gedanken an ihn schreibt Moltke, der Sieger von einst, kurz vor seinem Ableben: „Denn wie vieles stürmt bei seinem Handeln auf den Menschen ein. Dies alles muß bei Abwägung von Schuld und Unschuld vor dem Weltgericht schwer in die Waagschale fallen, und hier wird Gnade zur Gerechtigkeit."

FRANZ VON UCHATIUS

Theresienfeld (Niederösterreich), 24. Oktober 1811 – Wien, 4. Juni 1881

An einem Wintertag des Jahres 1877 entsteigt in Wien einem aus Bruck an der Mur kommenden Zug ein Reisender. Er hat zwei höchst angenehme Tage in Gesellschaft des Ritters von Sacher-Masoch, dessen Gattin und deren drei Kinder verbracht und sich stundenlang mit dem Schriftsteller unterhalten, den er wegen seiner Romane und Novellen, aber vor allem wegen seines antipreußischen Buches *Die Ideale unserer Zeit* verehrt. Er nennt sich Victor Tissot, ist Schweizer Bürger und hat in Paris eine glänzende Karriere als Journalist und Literat gemacht, unter anderem als Autor von Reisebeschreibungen, die ungeheure Auflagen erreichen und ihn zu einem wohlhabenden Mann machen sollten. Seine ganze Existenz aber steht unter dem Zeichen einer verzehrenden Leidenschaft, die ihn vollkommen in Anspruch nimmt: der Haß auf Preußen und die Preußen. Er schreibt zahlreiche Bücher, in denen er in brilliantem und witzigem Stil, aber mit beispielloser Bissigkeit gegen sie wütet. Nun reist er nach Wien, das er als „sympathische Stadt" Berlin, „der großen Hure an der Spree" entgegensetzt.

*

Von unersättlicher Neugier, will er in der kaiserlichen Hauptstadt alles sehen, alles kennenlernen und vor allem alle Leute treffen, die zählen. Aus diesem Grund begibt er sich eines schönen Morgens sehr zeitig in das neue Arsenal, das nach der Revolution von 1848 hinter dem Belvedere errichtet wurde und das „historisches Museum, Waffenmanufaktur, Munitionsfabrik und Kanonengießerei zugleich ist". Nachdem er in endlosen Gängen herumgeirrt ist, entdeckt er endlich die richtige Tür und wird zum Direktor geführt. „Nichts Einfacheres und Bescheideneres gibt es als diesen Raum, den General Uchatius gleichzeitig als Schlafzimmer, Laboratorium und Arbeitszimmer eingerichtet hat", schreibt er. „Das Eisenbett ist von Vorhängen umgeben, die ihm das Aussehen eines Zeltes verleihen; kein einziges bequemes Möbel, weder Kanapee noch Fauteuil, kein einziges Bild; nur ein paar Photographien von Geschützen, als seinen engsten Freunden; neben dem Schreibtisch ein vom vielen Gebrauch vergilbter Globus. Ich kam mir vor wie in der Zelle eines Benediktiners, und der Kopf des Bewohners dieses Raumes hat, obwohl er einen Bart trägt, etwas Asketisches und Mönchisches an sich. Die Züge des Generals sind ernst, sein Blick ist sanft und voller Güte, die etwas traurige, gebeugte Stirn verbirgt hinter tiefen Furchen eine Seele, die gelitten und gekämpft hat."

*

Nachdem er sich über die Ungerechtigkeiten, die er
erlitten, über das Unverständnis, auf das seine Er-
findungen gestoßen sind, beklagt hat, zeigt er
Tissot das Arsenal und seine Einrichtungen.
„Früher, sagte mir General Uchatius, fuhr
ich durch all diese Höfe mit dem Velozi-
ped, aber man hat mich so sehr ausge-
lacht, daß ich mich wieder meiner Beine
bedienen muß." Zunächst zeigt er ihm
das Museum, dessen „Ruhmeshalle mit
ihren Bogen im maurischen Geschmack dekoriert ist und durch drei
große rosettenförmige Fenster das Ta-
geslicht empfängt. Die Wände sind mit
Fahnen, schimmernden Rüstungen und
herrlichen Trophäen geschmückt." Dann
führt er ihn in die Werkstatt, in der Kanonen fertiggestellt werden. Der Besucher erblickt „ein Dutzend schwerer Geschütze, die,
wären sie aus Gold gegossen, nicht glänzender
hätten sein können". Uchatius zeigt ihm die
Schmelzwerkstatt, die Gießerei, die Munitionserzeu-
gung, in der hauptsächlich Frauen beschäftigt sind.
„Das ist, sagte der Direktor des Arsenals, indem er mir ein eisernes Zuckerhütchen zeigte,
ein neues Geschoß, das ich erfunden habe; bei der Explosion zersplittert es in 52 Stücke,
das gleiche Geschoß aus den Kruppwerken nur in 25 Stücke." Dann erwähnt der General
einen Roman von Jules Verne, in dem ein Mann im Taucheranzug Albatrosse jagt. Das
brachte Uchatius auf die Idee, an einer Feuerwaffe zu arbeiten, die unter Wasser funktio-
niert. Die Versuche waren allerdings nicht sehr erfolgversprechend.
Nachdem Tissot seinen Gastgeber verlassen hat, wird er im verschneiten Hof des Arsenals
nachdenklich: „General Uchatius plaudert wenig, wie alle, die forschen und denken. Er
gehört zu jener verschlossenen und schweigsamen Kategorie, für die Herr von Moltke am
charakteristischsten ist. Er liebt die Welt nicht, lebt zurückgezogen in seiner Festung inmitten seiner geliebten Kanonen, die er hegt und pflegt wie Kinder. Eine schöne Familie,
meiner Treu! Eines Tages wird sie die Welt mit Lärm erfüllen."

*

Ein General, der sich auf Jules Verne bezieht: auch das ist bezeichnend. In der Tat weist
Uchatius Züge auf, die an die Gestalten des Autors von *Zwanzigtausend Meilen unter den
Meeren* erinnern, jene Erfinder von Maschinen und phantastischen Waffen, die er so gern
in seinen Romanen darstellte. Die Frage ist übrigens legitim, ob Jules Verne, der sich be-

sonders für die Welt des Donauraumes interessierte – man erinnere sich nur an seinen *Donaupilot* oder an *Das Geheimnis von Wilhelm Storitz* – und der wahrscheinlich das Porträt von Uchatius in Tissots *Vienne et la vie viennoise* (das fast ganz Frankreich kannte) gelesen hatte, nicht gewisse Eigentümlichkeiten des Generals für seine Erfinder übernahm. Überdies gab es eine „Société Uchatius" in Paris, die die Lizenzen für den Bronze-Stahl verwertete.

*

Dieser fruchtbare Geist war der Sohn eines Straßenbaukommissärs, der unter anderem eine Sämaschine erfunden hatte. Nach dem Besuch des Gymnasiums in Wiener Neustadt tritt er mit achtzehn Jahren in ein Artillerieregiment ein, wo er eine solide technische Ausbildung bekommt. Anschließend absolviert er die Schule des Bombardierkorps und fällt durch seinen Einfallsreichtum auf. Er begeistert sich für Physik und Chemie, hört Vorlesungen an der Technischen Hochschule in Wien und arbeitet dann als Laborant im Bombardierkorps. 1839 entwickelt er mit Erfolg ein Daguerreotypie-Verfahren und erfindet später einen Apparat, mit dem er – erstmals in der Geschichte – bewegte Bilder an eine Wand projiziert. 1841 wird er der Geschützgießerei zugeteilt. Ganz besonders interessiert er sich für die Metallurgie der Kanonen, die Pulvererzeugung und neue Projektilarten. Seine Forschungen werden Jahre später ihre Früchte tragen.

*

Seit dem Sommer 1848 belagert die kaiserliche Armee das von den aufständischen „italienischen Patrioten" besetzte Venedig. Die Beschießung der von Lagunen umschlossenen Stadt gestaltet sich außerordentlich schwierig, da die Reichweite der Geschütze für diese Entfernung nicht genügt. Uchatius und sein Bruder Josef, die als Artillerieoberstleutnants in Wien weilen, kommen auf die Idee, Venedig von Montgolfièren aus zu bombardieren. Ihre Versuche auf dem Laaer Berg und auf dem Steinfeld überzeugen sie und ihre Vorgesetzten von der Durchführbarkeit des Unternehmens. Sie bauen 110 heißluftgefüllte Papierballons, die je eine 30 Pfund schwere Bombe transportieren können und bis zu einer halben Stunde temperierbar sind.

Das Gerücht von möglichen Ballonangriffen dürfte sich unter den italienischen Insurgenten rasch herumgesprochen haben, die sie allerdings nicht ernst nehmen, wie zahlreiche in satirischen Zeitschriften veröffentlichte Karikaturen bezeugen. So bringt der neapolitanische *Arlecchino* unter dem Titel „Grandioso esperimento aerostatico fatto dagli Austriaci per incendiare Venezia" eine Zeichnung von Ballons – der erste ist als eine Fratze von Radetzky gestaltet –, die den Abwurf von Bomben auf die Dogenstadt versuchen, aber vom Wind zerstreut werden.

*

Radetzky, den die Dauer der Belagerung entnervt und der von den Ballons gehört hat, schreibt Anfang Juni 1849 aus seinem Hauptquartier in Verona: „Da diese Erfindung bei der im Zuge befindlichen Belagerung Venedigs, von dessen uns nächstem Ufer wir noch immer über 5 000 Schritte entfernt sind und wohin die Projektile daher nicht reichen, Nutzen gewähren könnte, so stelle ich an das hohe Kriegsministerium das ergebenste Ansuchen, mir mit möglichster Beschleunigung alle Mittel an die Hand zu geben, um diese Erfindung, wenn sie sich wirklich bewährte, vor Venedig in Wirksamkeit bringen zu können."

Am 21. Juni treffen die Brüder Uchatius mit ihrem Material in Mestre ein. Ein erster Abwurf wird am 3. Juli von einem Schiff aus unternommen, viele weitere folgen bis zum 25. des Monats. Der Wind trägt die Aerostaten oft in die falsche Richtung, einige sogar zu den österreichischen Linien, während die Bomben häufig schon in der Luft explodieren.

Ein Augenzeuge, der sich in der belagerten Stadt befand, notierte: „Die Luftapparate dienten nur zur Belustigung der Einwohner, die sich auf den Quais und den Plätzen drängten, um ihren Flug zu beobachten."

Was die durch diese Operationen bewirkten Zerstörungen angeht, weiß man nichts Genaues; manchen Quellen zufolge sollen sie unbedeutend gewesen sein. Aber immerhin war dies das erste Luftbombardement der Geschichte; eine Bombe zumindest hat ihr Ziel erreicht.

*

Die Entwicklung eines neuen Gußverfahrens für die Kanonenerzeugung sollte Uchatius im Alter stark in Anspruch nehmen. Zahlreiche Versuche waren in dieser Richtung schon in Rußland, Italien, Frankreich und Deutschland angestellt worden. Es ging um die Herstellung einer Kupfer-Bronze-Legierung, die homogen, geschmeidig und fest war und dadurch hohem Druck standhalten konnte, andererseits um die Bohrung der Seele mittels einer besonderen Technik. Diese Stahl-Bronze, auch Uchatius-Bronze genannt, hatte zudem den Vorteil, 75 % billiger als Stahl zu sein und Österreich von Importen unabhängig zu machen. Nach erfolgreichen Experimenten übernahm die k.u.k. Armee das Verfahren für den Geschützbau.

*

Der Erfindungsreichtum Uchatius' war nahezu unbegrenzt. Er stellte eine der ersten Petroleumlampen her, erfand eine Technik der Reproduktion von Fotografien auf Papier (und nicht mehr auf Platten), ebenso Apparate für die Bestimmung des Salpetergehalts im Schießpulver oder für die Druckmessung in der Laufmündung, neue Kanonen und Mörser sowie Munitionsverbesserungen. Gegen Ende seines Lebens träumte der Unermüdliche von einem neuen Projekt: „Ich bin überzeugt, es wird mir gelingen, einen Wagen zu konstruieren, mit welchem wir ohne Pferde jeden Samstag vom Arsenal nach Weidlingau und jeden Montag nach Wien zurückfahren werden."

*

1871 wird Uchatius zum Kommandanten der Artilleriezeugsfabrik im Arsenal ernannt, 1874 zum Generalmajor und 1879 Feldmarschalleutnant befördert. Neben einer Fülle technischer und wissenschaftlicher Studien hat er auch ein merkwürdiges Buch hinterlassen, die er zur Erheiterung seiner Enkel und zur Entwicklung ihrer Intelligenz verfaßte: *Nüsse für Weihnachten, 230 Neue Rätsel.*

*

Am Nachmittag des 4. Juni 1881 findet ein Bediener den General auf dem Fußboden seines Arbeitszimmers, die Brust von einem Schrotschuß durchbohrt. Der Selbstmord erregt in der kaiserlichen Hauptstadt großes Aufsehen. Presse wie Öffentlichkeit rätseln über die Gründe, die Uchatius in den Tod getrieben haben. Man erwägt die Eifersucht seiner Kameraden sowie die Befürchtung des Generals, daß das Verfahren durch die Fortschritte in der Stahlproduktion überholt sein könnte. Das Geheimnis seines Todes bleibt bis in unsere Tage unenthüllt. Fest steht nur, daß bereits sein Gespräch mit Tissot vier Jahre zuvor von tiefem Pessimismus zeugte.

*

In der Rätselsammlung des Generals findet sich eines, das vielleicht von Todesahnungen zeugt, in jedem Falle aber aufschlußreich für den Verfasser ist:

> So wie es ist, und umgekehrt!
> Hat dieses Wort fast gleichen Wert,
> Vergänglich ist's in beiden Fällen
> Und läßt nicht in die Ferne sehen.
> Willst Du den Kopf Dir nicht zerschellen,
> Mußt Du mit Vorsicht weitergehen."

LEBEN = NEBEL

ERZHERZOG FRIEDRICH VON ÖSTERREICH

Wien, 14. Mai 1821 – Venedig, 5. Oktober 1847

Der Morgen ist kalt und nebelig in Venedig am 12. Januar 1848. Jede Minute zerreißt ein gedämpfter Kanonenschuß düster und dumpf die Stille. Ein Zug schwarz drapierter Barken kommt den Canale Grande herunter; eine trägt eine Urne und einen Sarg, andere hohe Würdenträger, Offiziere der Marine und des Heeres sowie eine Musikkapelle der Marine. Der Zug kommt am Markusplatz und an der Riva dei Schiavoni vorbei, dann hält er vor der Marinekirche San Biagio. Ein Offizier, der die Urne mit dem Herzen des Verschiedenen trägt, geht an Land, begleitet von Nobelgarden, und stellt sie auf den an der Wand der Kirche errichteten Sockel. In diesem Augenblick beginnt eine in der Nähe vor Anker gegangene Korvette, 21 Kanonenschüsse abzufeuern, den letzten Gruß der Marine an ihren Chef. Der Konvoi setzt sich wieder in Bewegung, diesmal in Richtung der Einmündung des Rivo San Sepolcro, zur Kirche des Malteser Ordens. Der Sarg wird vom Großprior und den Rittern empfangen, die ihn in die Kirche begleiten. Nach der Einsegnung wird er in einem steinernen Sarkophag beigesetzt, der in die Mauer der Kirche eingelassen ist. Dort ruht nun die sterbliche Hülle des Erzherzogs Frá Friedrich Ferdinand Leopold, Vizeadmiral der k.k. Marine und Oberkommandierender der Flotte, gestorben mit 26 Jahren nach einer kurzen, mysteriösen Krankheit.

*

Der Großvater Friedrichs war Kaiser Leopold II., sein Vater Erzherzog Carl, der Sieger von Aspern, seine Mutter die Tochter des Herzogs von Sachsen-Weilburg. Der Erzherzog hatte sie 1850, als er die Festung Mainz kommandierte, kennengelernt. Er war damals 44 Jahre alt, sie 17 und von außergewöhnlicher Schönheit. Er verliebte sich augenblicklich und heiratete sie, obwohl sie protestantischen Glaubens war. Vor Friedrich schenkte sie einer Tochter und zwei Söhnen das Leben, nach seiner Geburt noch einer Tochter und zwei Söhnen, von denen einer nur ein Jahr alt wurde.

Der Erzherzog selbst nahm die Erziehung seiner Kinder in die Hand. Mit außergewöhnlicher Sorgfalt wählte er bedeutende Lehrer aus und bemühte sich, ihnen den Sinn für Disziplin, Bescheidenheit und Sparsamkeit einzuflößen. Als die Mutter mit 32 Jahren an Scharlach starb, kümmerte sich der Vater noch mehr um sie und sorgte für ein umfassendes Bildungsprogramm.

Mit 13 Jahren tritt der junge Erzherzog in ein Husarenregiment ein, in dem er seine militärische Erziehung vollenden sollte.

*

Schon jetzt zeigt der Jüngling eine Leidenschaft für die Marine, die um so erstaunlicher ist, als sie sich offenbar durch nichts erklärt. Österreich ist zu dieser Zeit eine vornehmlich kontinentale Landmacht, wo die Seestreitkräfte nur eine untergeordnete Rolle spielen. Die Marineoffiziere werden kaum ernst genommen, und im allgemeinen legt niemand Wert darauf, in dieser Waffengattung zu dienen.

Von Kindheit an ist Friedrich ein leidenschaftlicher Leser, Reiseberichte entzünden seine Phantasie, so daß er bald vom Fernweh ergriffen wird.

Erzherzog Carl stellt dem Wunsch seines Sohnes, zur See zu dienen, nichts entgegen, denn er hat bemerkt, daß es sich hier nicht um eine Laune, sondern um eine wirkliche Berufung handelt. Ein erfahrener Seemann wird zum Unterricht der theoretischen Grundlagen der Navigation ausgewählt. 1836 unternimmt Friedrich seine erste Reise nach Venedig, das damals der Kriegshafen der Monarchie ist. Alles, was er sieht, beeindruckt ihn tief, und seine Begeisterung für die Seefahrt kennt nun keine Grenzen mehr.

1837 wird er zum „überzähligen Schiffskapitän" ernannt und verläßt die Familie, um sich seinem Beruf zu widmen. Die Marine ist ihrerseits erfreut und geschmeichelt, weil erstmals in ihrer Geschichte ein kaiserlicher Prinz sich nicht nur für sie interessiert, sondern auch in ihre Reihen eintritt.

*

Der Erzherzog unternimmt seine erste Fahrt im Mittelmeer an Bord der Fregatte *Medea*, der damals größten Einheit der österreichischen Marine. Und doch ist sie mit ihren 46 Kanonen kein eindrucksvolles Schiff im Vergleich zu jenen der Briten und Franzosen, die drei Decks und hundert Geschütze besitzen.

Die *Medea* läuft Malta an, wo der Erzherzog die eindrucksvollen Zeugen der glanzvollen Vergangenheit des Ritterordens bewundert, der die Insel über zwei Jahrhunderte lang zu einem uneinnehmbaren Bollwerk gegen die Türken machte. Vielleicht keimt hier seine spätere Berufung.

*

1839 wird Friedrich zum Kommandanten der *Guerriera* ernannt und erhält Order, in die Ägäis zu segeln und sich dort dem österreichischen Levantegeschwader anzuschließen, das von dem alten Seebären Konteradmiral von Bandiera befehligt wird. Es liegt in der Bucht von Smyrna vor Anker und beobachtet die diplomatische und militärische Entwicklung der Auseinandersetzung zwischen der Türkei und Mehemet Ali, dem allmächtigen Pascha von Ägypten, um gegebenenfalls einzugreifen.

*

Nach mehreren Monaten in Smyrna wird die Fregatte zu einem offiziellen Besuch nach Konstantinopel beordert. Der Erzherzog wird mit seinem Stab und Gefolge vom Sultan empfangen, der sich mit ihm unterhält, nach dem Befinden seines berühmten Vaters fragt und ihn zur Besichtigung seines Palastes einlädt. In den folgenden Wochen besichtigt er alles, was die Stadt an Sehenswürdigem bietet, einschließlich der Bibliotheken und Archive, dem Sklavenmarkt und der Irrenanstalt. Seine ganze Aufmerksamkeit gilt natürlich vor allem den militärischen und Marineeinrichtungen. Er besucht die Kadettenschule, das Arsenal und das einzige osmanische Linienschiff, das den schönen Namen *Vorläufer der Fruchtbarkeit* trägt.

*

Am 13. Juli 1840 trifft die *Guerriera* wieder in Smyrna ein. Drei Tage später wird in London ein Abkommen zwischen England, Rußland, der Türkei und Österreich unterzeichnet, das die Intervention dieser Mächte gegen den ägyptischen Pascha vorsieht. Das österreichische Geschwader wird dem für die Mittelmeerflotte verantwortlichen britischen Admiral unterstellt.

Der 1769 in Mazedonien geborene Mehemet Ali hatte sich, nachdem er in einer abenteuerlichen Karriere Intelligenz und Entschlußkraft bewiesen hatte, der Regierung über Ägypten bemächtigt, einer türkischen Besitzung und war 1804 als Pascha anerkannt worden. Er modernisierte das Land, leitete umfassende Reformen ein und umgab sich mit französischen Militärberatern, die ihm eine moderne, schlagkräftige Armee aufbauten. Er verjagte die aufrührerischen wahabitischen Stämme aus dem Hedschas, schlug die Seeräuber im Roten Meer und griff schließlich, nachdem er eine mächtige Kriegsflotte ausgerüstet hatte, die griechischen Aufständischen an, doch seine Schiffe wurden im Oktober 1827 bei Navarin von einem englisch-französisch-russischen Geschwader vernichtet. Mehr und mehr unabhängig von der Pforte, forderte er bald die Abtretung Syriens, was ihm der Sultan abschlug. Er brach darauf mit Konstantinopel, schlug die Türken bei Konya, um gegen die osmanische Hauptstadt zu marschieren, als ihn die Intervention der europäischen Mächte zur Unterzeichnung des Friedens zwang. Er konnte allerdings Syrien behalten. 1839 hatte Mehemet Ali – von Frankreich aktiv unterstützt – die Feindseligkeiten wieder eröffnet und im Juni einmal mehr die Türken bei Nizib geschlagen, wobei der Großteil der osmanischen Flotte in Alexandrien zu den Ägyptern überlief. Großbritannien konnte eine Entwicklung nicht zulassen, die das Entstehen einer neuen Macht bedeutet hätte, welche in der Lage war, die für die britischen Interessen so wichtige Route nach Indien zu kontrollieren, um so mehr, als sich diese Macht auf Frankreich stützte. Was Österreich anging, so verteidigte es den Sultan und seinen wankenden Thron im Namen der Legitimität. Dem ägyptischen Pascha wird daher ein Ultimatum gestellt: Wenn er seine Truppen nicht aus Syrien zurückzieht, werden die Verbündeten zu Lande und zur See Krieg gegen ihn führen.

*

Die Engländer besitzen ein beachtliches Geschwader mit einem Kern von sechs Linienschiffen und einer Armada kleinerer Einheiten. Die Österreicher ihrerseits verfügen über die Fregatte *Medea,* ihr Admiralsschiff, die Fregatte *Guerriera,* befehligt von Erzherzog Friedrich, sowie über zwei Korvetten und ein Dampfschiff mit 400 Marinesoldaten an

Bord. Das türkische Geschwader hingegen, kommandiert von einem Engländer, besteht nur noch aus den wenigen Schiffen, die nicht zum Feind übergelaufen waren.

*

Nachdem sie an der Blockade des Hafens von Alexandrien teilgenommen haben, in den sich die mächtige Flotte Mehemet Alis geflüchtet hatte, laufen die Verbündeten den kleinen Hafen Junieh bei Beirut an, wo 5000 türkische, 1500 britische und 200 österreichische Soldaten an Land gehen. Die Operation läuft in vollkommener Verwirrung ab und gelingt nur aufgrund der Trägheit der Ägypter.

Da die schlechte Jahreszeit bevorsteht, beschließt man, sich einen guten Hafen und ein brauchbares Winterquartier für die Truppen zu sichern. Die Wahl fällt auf Saida – das antike Sidon – südlich von Beirut. Der Erzherzog soll an der Landung teilnehmen. Die Flotte beschießt die Verteidigungsanlagen der Stadt, worauf eine britische Abteilung an Land geht, gefolgt von einer österreichischen mit 30 Mann. Die Ägypter leisten beherzten Widerstand, so daß der Erzherzog an der Spitze einer zweiten Abteilung zur Verstärkung herbeieilt. Nachdem er das Gesamtkommando übernommen hat, nimmt er die Festung, die die Stadt beherrscht, im Sturm. Die österreichischen Verluste sind unbedeutend: ein Toter und ein Verwundeter. Allerdings spielten die Österreicher in dieser Affäre eine sekundäre Rolle, da die Briten das Wesentliche leisteten. Dennoch bewiesen sie große Tapferkeit, und dem Erzherzog wird für seine mutige Haltung das Ritterkreuz des Maria-Theresien-Ordens verliehen.

*

Anfang November sammelt sich die Flotte vor Akkon, das während der Kreuzzüge von Christen und Mohammedanern heiß umkämpft worden war und die Waffentaten eines Saladin, eines Leopold von Österreich, eines Richard Löwenherz gesehen hatte. Der Platz ist stark befestigt, und die Ägypter haben sich gut verschanzt. Die Verbündeten beginnen ein heftiges Bombardement, das seine Wirkung nicht verfehlt. Eine mächtige Explosion erschüttert die Stadt, eine Feuersäule lodert zum Himmel auf, Trümmer werden bis zu den Schiffen geschleudert! Das Pulvermagazin der Ägypter war in die Luft gegangen und tötete dabei 2000 Menschen.

Im Morgengrauen geht der Erzherzog an der Spitze von hundert Mann ungefähr an derselben Stelle an Land wie Herzog Leopold von Österreich im Jahre 1190. Alles scheint im Schlaf, die Männer dringen durch eine Schießscharte in die Festung ein, die sie verlassen finden. Der Erzherzog läßt auf dem Bergfried eine riesige türkische Fahne hissen, flankiert von der österreichischen und britischen Flagge.

*

Nachdem Mehemet Ali die Bedingungen der Verbündeten – Rückgabe Syriens, des Hedschas, Kretas und der abtrünnigen Flotte – akzeptiert hat, setzt ihn der Sultan in den erblichen Besitz von Ägypten ein. Damit ist die Mission der österreichischen Flotte beendet, die *Guerriera* kehrt nach Venedig zurück.

*

1844 wird der Erzherzog im Range eines Vizeadmirals zum Flottenkommandant ernannt. Obwohl er erst 23 Jahre alt ist, kann man nicht von einer dynastischen Bevorzugung sprechen, denn er beherrscht die Aufgaben eines Fregattenkapitäns vollkommen, hat viele Fahrten unternommen, fremde Seestreitkräfte sorgfältig studiert und seine Feuerprobe bestanden. Zudem ist er der einzige Offizier der Marine, der bis dahin mit dem Maria-Theresien-Orden ausgezeichnet wurde. Dennoch gibt man ihm einen alterfahrenen Vizeadmiral als Mentor zur Seite. Nach Maßgabe der zur Verfügung stehenden Mittel und der Anweisungen des Hofkriegsrats bemüht er sich um Reformen, etwa um die Modernisierung des Materials, die Reorganisation des Offizierskorps und die Verbesserung der Disziplin.

*

Am 2. Juli 1845 wird der Erzherzog in der Malteser-Kirche in der Wiener Kärntnerstraße in das Großpriorat Österreich des souveränen Ordens der Malteser Ritter aufgenommen. Demgemäß legt er das Gelübde der Armut, der Keuschheit und des Gehorsams ab. Die Zeitgenossen – wie spätere Historiker – rätseln, was den jungen Mann, der bisher den irdischen Vergnügungen nicht abhold gewesen ist, bewogen haben mag, der profanen Welt den Rücken zu kehren und Frá Friedrich von Österreich zu werden. Man munkelt natürlich von einer unglücklichen Liebe, von einer Heirat, der sich der Vater widersetzt haben soll. Aber es sind dies nur Vermutungen. Warum ist der Erzherzog in die Marine eingetreten, warum in einen religiösen Orden? Beide Fragen werden immer unbeantwortet bleiben.

*

In Venedig wird Frá Friedrich alsbald zum Schatzmeister des Großpriorats von Österreich-Böhmen ernannt, danach zum Bailli erhoben, dem höchsten Rang des Ordens. Zahlreiche Reisen und Seemanöver sowie eine enorme Verwaltungsarbeit füllen die Tage und Wochen des Erzherzogs. 1847 stirbt sein Vater, düstere Vorahnungen befallen ihn. Er trifft seine letztwilligen Verfügungen und bittet, man möge ihn in der Ordenskirche zu Venedig bestatten.

*

Im September 1847 erkrankt er an Gelbsucht. Sein Zustand bleibt zunächst stationär, verschlechtert sich dann aber, und er stirbt in der Nacht vom 5. zum 6. Oktober im Alter von 26 Jahren.
Einige Monate später bricht die Revolution in Venedig aus. Der Pfarrer der Kirche San

Biagio hat gerade noch Zeit, die Urne zu verstecken, die das Herz des Erzherzogs birgt, um sie vor der zerstörerischen Wut der „italienischen Patrioten" zu retten.

*

Die Marine hält das Gedächtnis ihres Kommandanten in Ehren. 1851 wird ein in der Schweiz gebautes (!) Segelkanonenboot, das auf dem Gardasee patrouilliert, *Erzherzog Friedrich* getauft. 1866 nimmt eine Korvette gleichen Namens an der Seeschlacht von Lissa teil. Schließlich wird ein Schiff von 10 000 Tonnen mit vier Geschützen vom Kaliber 24 cm, die größte Einheit der österreichischen Kriegsmarine, in Triest vom Stapel laufen und stolz den Namen des Erzherzogs tragen.

DANIEL VON SALIS-SOGLIO

Chur, 19. Februar 1826 – Chur, 19. September 1919

Als der angesehene Militärschriftsteller und preußische Major Ernst Morath am Abend des 23. März 1915 in Wien ankommt, findet er die Stimmung dort traurig und bedrückt. Soeben ist hier die Nachricht eingetroffen, daß das gewaltige Festungswerk Przemysl in Galizien in die Hände der Russen gefallen ist, die dort 120 000 Gefangene machten. Und Morath bemerkt: „Die Aufgabe der heldenmütig verteidigten Festung ist erfüllt. Sie hat während zweier Belagerungen in sechs Monaten eine russische Armee auf sich gezogen und lahmgelegt. Sie hat weiters während der Kämpfe der ersten Einschließung dem Feinde einen Verlust von 70 000 Mann beigebracht."

Seit Jahrzehnten war Przemysl als eines der mächtigsten Bollwerke der Monarchie angesehen worden, das deren Nord- und Nordostgrenze gegen die Russen verteidigen sollte. Die meisten hatten aber vergessen, daß es in jahrelanger Arbeit von einem der ersten Festungsbauer der Doppelmonarchie angelegt worden war, dem Schweizer Daniel von Salis-Soglio.

*

Er entstammte einem alten, illustren Geschlecht Graubündens, das im Lauf der Jahrhunderte der Schweiz und Europa 270 Offiziere gestellt hatte, gut vierzig von ihnen im Generalsrang. Die Salis-Soglios waren also Soldaten vom Vater auf den Sohn und nahmen, da nicht sehr begütert, auch fremde Dienste, darunter in Österreich.

Mit vierzehn Jahren kommt Daniel nach Wien, wo er die Aufnahmeprüfung der Ingenieur-Akademie besteht und als „Kostjüngling" aufgenommen wird. Anfangs quält ihn das Heimweh nach seinen geliebten Bergen, und die Kameraden machen sich über seinen alemannischen Dialekt lustig. Doch bald tröstet er sich in Gesellschaft seiner zahlreichen Landsleute, die, wie er, die Akademie besuchen. Nicht lange, und er entwickelt eine große Leidenschaft für die Musik und geht häufig in Konzerte, in die Oper und ins Theater. Er nimmt Violinstunden und wird schließlich zum geschätzten Virtuosen, dem, wenn er gewollt hätte, eine beachtliche musikalische Karriere offengestanden wäre.

*

Nach bestandenem Examen wird er 1846 zur Fortifikationsdirektion in Venedig beordert, wo er bald eine schwierige Entscheidung treffen muß. Denn 1847 bricht in der Schweiz der Bürgerkrieg aus, zwischen den katholisch-konservativen Kantonen einerseits und den protestantischen, „fortschrittlichen" Kantonen andererseits. Sein Onkel Ulrich, obwohl Protestant wie übrigens die ganze Familie, befehligt die katholischen Truppen, während ein anderer Onkel im entgegengesetzten Lager steht. Soll er den österreichischen Dienst quittieren, um in seiner Heimat zu kämpfen, und wenn ja, auf welcher Seite? In seiner Not wendet er sich an seinen Vater, der ihm den weisen Rat gibt, zu bleiben, wo er ist, und sich streng neutral zu verhalten.

*

Von der Revolution aus Venedig vertrieben, gelangt er nach Triest. Auf der kleinen Insel Lissa – deren Namen bald berühmt werden sollte – arbeitet er an der Verbesserung der Befestigungen. Eines Tages zeigt ihm der Bürgermeister, ein würdiger Greis, dem seine Liebe zur Musik bekannt ist, eine wundervolle Geige. Salis-Soglio spielt darauf und bemerkt dann, bei näherer Betrachtung, durch das F-Loch das Etikett: „Nicola Amati". Auf die Frage, wie er zu dem Instrument gekommen sei, antwortet der Alte: „E cosa semplice, era a Padova 40 anni. Violonista alle spalle del celebre Tartini – e questo mi lasciava il violino." Doch als er sich bereit erklärt, es um 120 Gulden zu verkaufen, muß Salis-Soglio verzichten, denn sein bescheidener Sold reicht nicht hin. Erst viel später, als er 1868 in Verona als Major dient, wird er sich bei einer Versteigerung eine Amati leisten können, die seines Talents würdig ist.

*

Die verschiedenen Etappen seiner Offizierskarriere führen ihn nach Mainz, Rastatt, Krems und Pest-Ofen. 1855 wird er Personaladjutant des Generalgeniedirektors, Erzherzog Leopold, und begleitet diesen fast vier Jahre lang auf dessen Inspektionsreisen durch die gesamte Donaumonarchie. Man findet seine Spuren in Galizien, Böhmen, Tirol und Venezien wie in Siebenbürgen.

Wäre er nicht verheiratet gewesen, so hätte nichts zu seinem Glück gefehlt. Doch er hatte eine junge, schöne und reiche Waise aus dem Rheinland geheiratet, die ihm das Leben bald zur Hölle machte, nicht nur durch ihre Launenhaftigkeit, sondern auch durch ihre absonderlichen Ideen über die Erziehung ihrer Kinder. Es dauert Jahre, bis er die Scheidung durchsetzen kann.

*

Nachdem er an der Schlacht bei Solferino teilgenommen hat, wird Salis-Soglio in Verona mit verschiedenen Befestigungsarbeiten betraut. Unter anderem soll er ein eigenes Werk anlegen und den Bau mehrerer anderer überwachen. Ihm obliegt die Verwaltung, er kontrolliert und korrigiert die Pläne, er schließt Verträge mit den Bauunternehmern ab, die ihm die Arbeiter stellen – über zehntausend! Doch überall stößt er auf Schwierigkeiten. Die Maurer streiken, die manchmal sehr schlecht ausgeführten Arbeiten müssen neu begonnen werden, die Hitze ist unerträglich, die Fristen sind zu kurz. Und um das Maß voll zu machen, erweist sich sein Schreiber und Rechner, der Sohn des berühmten Pianisten Paul Czerny, als unverbesserlicher Trinker.

Im Deutsch-Dänischen Krieg zeichnet sich Salis-Soglio als Feldgeniechef des 6. Armeekorps aus. 1866 wird ihm die Verteidigung Rovigos übertragen, dann wird er in Trient zum Befestigungsbaudirektor für Südtirol ernannt. Doch handelt es sich dabei um reine Büroarbeit, die ihm höchst lästig ist. „Tag für Tag mit Reißschienen, Linealen, Maßstäben und Zirkeln aller Art herumfuchteln, Pläne zeichnen und nichts bauen, war nicht nach meinem Geschmack; was ich im Geist erfand, wollte ich auch erstehen sehen. Ich hätte lieber zehn Werke auf einmal zu bauen angefangen, als die doppelte Anzahl projektiert."

*

Doch nun erwartet ihn „die große Aufgabe". Galizien, die Schwachstelle der Donaumonarchie gegenüber dem mächtigen russischen Nachbarn, ist unzulänglich geschützt. Seit Mitte des 19. Jahrhunderts diskutierten zahlreiche Kommissionen über mehr oder weniger umfangreiche Verteidigungsprojekte. Schließlich entscheidet man sich für den Bau einer riesigen Anlage in Przemysl am San, und Salis-Soglio wird zum Befestigungsbaudirektor ernannt. „Przemysl sollte ein doppelter Brückenkopf und ein großes verschanztes Lager werden. Es sollte unter allen Umständen den Uferwechsel größerer Armeekörper ermöglichen, für den vielleicht noch nicht vollendeten Aufmarsch der Armee einen Stützpunkt bilden, einer zurückgedrängten Armee oder Teilen derselben eine Zufluchtstätte werden und gestatten, daß sich ungeordnete Armeeteile in ihm, oder unter seinem Schutze, ordnen, neu formieren und nach jeder Richtung erholen und ergänzen können. Przemysl hatte also große Aufgaben."

*

Salis-Soglio errichtet zunächst einen Bauhof, den größten, den es in Österreich je gab, mit drei Verwaltungsgebäuden und acht kolossalen Magazinen. Dann werden Straßen angelegt, um das Material heranzuschaffen. Ein riesiger Plan bedeckt den Boden eines ganzen Saals. Geologen schwärmen aus, um nach Gesteinsvorkommen zu suchen, aber nicht alles verläuft nach Plan. Während die jüdischen Bauunternehmer der Umgebung schlechte

Rohstoffe in Massen liefern, herrscht überall Korruption, die Verwaltung verzögert die Arbeiten, und das Heer verficht Befestigungstheorien, die jenen des Genies entgegengesetzt sind. Der Erlaß der Normalverordnung Nr. 18 vom 12. April 1872 stellt für Salis-Soglio schließlich eine regelrechte Katastrophe dar. Sie bringt nämlich die Einführung des Dezimalsystems, was bedeutet, daß alle Pläne umgearbeitet und 1 600 Artikel des Akkordpreises neu berechnet werden müssen.

Salis-Soglio ist daher erleichtert, als er Ende 1873 nach Lemberg versetzt wird. Doch bei seiner Abreise sind die Arbeiten bereits fortgeschritten, und ihm kommt das Verdienst zu, eines der größten Befestigungsprojekte eingeleitet zu haben, das die Doppelmonarchie je sah.

*

1880 wird er Generalgenie-Inspektor und bald darauf zum Feldzeugmeister befördert, womit er die höchste Ebene der Militärhierarchie erreicht hat. Zwei Jahre später betraut ihn der Kaiser mit einer wichtigen Mission in die „Okkupationsgebiete", das heißt nach Bosnien und in die Herzegowina, die seit 1878 unter österreichischer Verwaltung stehen. Seine Reise führt ihn nach Spalato, Ragusa, Risano und in die Krivošije, danach über Trebinje und Bilek nach Mostar und schließlich Sarajewo. Wo er hinkommt, bezeichnet er die zu befestigenden Punkte und die Kasernen, die es zu bauen gilt. So wird er zum Gestalter der militärischen Geographie dieses Raumes.

*

Nach 47 Jahren treuer Dienste in der k.u.k. Armee ersucht er im Jahre 1892, in den Ruhestand treten zu dürfen. In seinem Annahmeschreiben gewährt ihm der Kaiser eine letzte Gunst: „Zum dauernden Ausdruck meines Wohlwollens befehle ich, daß ein Werk der Festung Przemysl Ihren Namen zu führen hat."

*

Salis-Soglio war zeitlebens Ästhet. Nicht allein glänzte er als Musiker und versuchte sich in der Poesie, sondern er umgab sich auch mit Luxus (er wußte seinem Leben einen stilvollen Rahmen zu geben), sobald es seine Einkünfte erlaubten. Er liebte die Tafelfreuden, war dem schönen Geschlecht nicht abhold und sammelte Kunstgegenstände. Kaum war er zum Beispiel in offizieller Mission in Sarajewo angekommen, faszinierte ihn das leuchtende Rot eines türkischen Teppichs so sehr, daß er ihn auf der Stelle erwarb. Dieser Hang zum Schönen machte sich bis in seine nüchternen Festungsbauten bemerkbar. Er schätzte klare und elegante Linien, und alles, was er baute, zeugte von einem ausgeprägten ästhetischen Bewußtsein.

Darüber hinaus besaß er echtes schriftstellerisches Talent. Die Erinnerungen, die er am Ende seines Lebens veröffentlichte, stellen nicht nur ein erstrangiges Zeitzeugnis dar, sondern beweisen auch seinen lebhaften Stil und seine erzählerische Begabung, die sie zu einem literarischen Werk im eigentlichen Sinne des Wortes machen.

WILHELM VON TEGETTHOFF

Marburg, 23. Dezember 1827 – Wien, 7. April 1871

An einem nebligen Morgen im September 1855 läuft das Dampfschiff der k.k. Kriegsmarine *Taurus* im Hafen von Syra ein. Es passiert ein Linienschiff Ihrer Britischen Majestät, das vor Anker liegt. Auf dem Schiff bewegt sich nichts, alles scheint zu schlafen.
Kaum sind die Anker geworfen, geht der 28jährige Linienschiffsleutnant, der das Schiff
befehligt, in seine Kabine, um einen Brief zu schreiben: „Herr Admiral! Bei meiner heute
morgen in diesem Hafen erfolgten Ankunft bin ich mit dem Dampfer, welchen ich zu be-
fehligen die Ehre habe, an der Escadre Ihrer großbritannischen Majestät auf einen halben
Kabel Entfernung vorübergefahren und habe in gleichem Abstand vor derselben Anker
werfen lassen. Von Seiten der Escadre, welche Sie, Herr Admiral, commandiren, wurden
zwei Höflichkeitsakte unterlassen, welche bei allen Nationen gebräuchlich sind, nämlich:
die Escadre Ihrer großbritannischen Majestät vernachlässigte bei der Ankunft Seiner k.k.
Majestät Schiffes Taurus ihre Flagge zu hissen und wie üblich ein Boot zur Begrüßung
des Commandanten dieses Kriegsschiffes zu entsenden. Ich erachte es als meine Pflicht,
Ihnen, Herr Admiral, zu erklären, daß ein solches Vorgehen mir zum öffentlichen Aus-
tausch von Höflichkeitsakten zwischen den Kriegsschiffen zweier befreundeter Nationen
wenig geeignet erscheint, und kaum in Übereinstimmung zu bringen ist mit jenen guten
und freundschaftlichen Beziehungen, welche zwischen den Regierungen Seiner Majestät
meines erlauchten Souverains und Ihrer Majestät der Königin von England herrschen.
Genehmigen Sie, Herr Admiral, die Versicherung meiner größten Hochachtung, von
Tegetthoff."
Der ganze Mann erscheint in diesen Zeilen. Auf Ehre bedacht, unnachgiebig, entschlossen und furchtlos. Dazu noch intelligent, unermüdlich und fleißig.

*

All diese Vorzüge erwecken bald die Aufmerksamkeit des Vizeadmirals Erzherzog Ferdinand Max, der zwischen 1854 und 1864 die Marine befehligt, welche unter seiner
Führung einen Aufschwung erlebt. „Vielleicht lächelt endlich unserer stiefmütterlich be-
handelten Marine eine freundliche Sonne", notiert Tegetthoff, als er von der Ernennung
des Erzherzogs erfährt.
Letzterer hatte auch bald die Bedeutung der Kriegsmarine für die Durchführung wissenschaftlicher Expeditionen erkannt. Ihm ist unter anderem das Zustandekommen der Welt-
reise der Fregatte *Novara* zu verdanken. 1857, in dem Jahr, in dem sie ihre Reise antritt,
beauftragt der Erzherzog Tegetthoff mit einer Sondermission: der Erforschung der Küsten
des Roten Meeres und des Golfs von Aden, um dort Nachrichten über ein Gebiet zu be-

schaffen, das durch den Bau des Suez-Kanals als Seeweg große Bedeutung erlangt hat. In Begleitung des Deutschen Theodor von Heuglin, k.k. Konsul, Ornithologe, renommierter Forscher und einer der besten Kenner der Region, befährt Tegetthoff in einem Fischerboot das Rote Meer. Die beiden werden von arabischen Seeräubern gefangen, die sie gegen Lösegeld freilassen. Von Aden aus erkundet er die Insel Socotra am Ausgang des Roten Meeres. In seinem Bericht an den Erzherzog bemerkt er, daß der Besitz der Insel für die Monarchie wünschenswert wäre und daß der Hafen von Massua in Erythrea ebenso nützlich sein könnte. Daüber hinaus unterrichtet er ihn vom Fortgang der Arbeit am Suez-Kanal.

*

1859 wird Tegetthoff der Befehl über die Korvette *Elisabeth* übertragen, die den Erzherzog nach Brasilien bringen soll. Am 7. Januar 1860 ist Ferdinand Max der erste Erzherzog, der den Äquator passiert. Die Korvette landet in Bahia. Der Erzherzog durchforscht den Urwald und bringt reiche wissenschaftliche Ernte ein. Am 1. April 1860 ist die Korvette wieder in Pola.

*

Tegetthoff ist ein Ratgeber, auf dessen Wort der Erzherzog hört; indes machen sein aufbrausender Charakter, seine Zornausbrüche die Zusammenarbeit oft so schwierig, daß ihn sein erlauchter Beschützer einige Zeit entfernen muß, ohne ihm übrigens etwas nachzutragen.
1861 wird Tegetthoff Linienschiffskommandant. In diesem Rang befehligt er die Fregatte *Novara* und eine aus einer Korvette und zwei Kanonenbooten gebildete kleine Schiffsabteilung. Mit diesen Schiffen läuft er nach Griechenland aus, um sich über die politische Situation zu unterrichten, die er mit großem Scharfsinn beurteilt. Unter anderem rät er dem Erzherzog, die ihm von den Hellenen angebotene Krone auszuschlagen.

*

Leider schlägt er eine andere nicht aus. Eine mexikanische Abordnung begibt sich am 10. April 1864 auf Schloß Miramar bei Triest, um dem Erzherzog seine Wahl zum Kaiser von Mexiko anzuzeigen. Er gibt unverzüglich das Kommando über die Marine auf, um sich an Bord der *Novara* in Begleitung seiner Gemahlin nach Mexiko zu begeben, seinem Schicksal entgegen. Sein Abschied ist ein herber Verlust für die Marine wie für Tegetthoff. Nachfolger wird Erzherzog Leopold, eine schlechte Wahl, da dieser Genie-Inspektor keine Ahnung von Marinefragen hat und im übrigen auch kein Interesse zeigt.

*

Als Dänemark 1863 unter Bruch des Londoner Protokolls von 1852 Schleswig von Holstein trennt, um ersteres seinem Staatsgebiet einzuverleiben, beschließen Preußen und Österreich eine militärische Intervention, um den Status quo ante wiederherzustellen; unverzüglich eröffnen sie die Feindseligkeiten.

Die preußische Kriegsmarine erweist sich als zu schwach für eine Auseinandersetzung mit der traditionsreichen dänischen Marine, die keineswegs zu vernachlässigen ist. Außerdem befürchtet man Angriffe auf die Handelsschiffahrt. Deshalb soll die k.k. Marine eingreifen. Da einige Schiffe noch nicht ausgerüstet sind, kann das von Konteradmiral von Wüllerstorff-Urbair befehligte Geschwader nicht sofort auslaufen. Tegetthoff erhält den Befehl, sich mit seinem kleinen Levante-Geschwader so rasch wie möglich auf den Kriegsschauplatz zu begeben. In Lissabon vereinigt er sich mit der Fregatte *Radetzky* und sticht an Bord der Fregatte *Schwarzenberg* in See, begleitet von dem Kanonenboot *Seehund*. In Brest findet er die Order vor, um jeden

Preis die dänische Blockade vor Hamburg zu brechen. Unterwegs verbindet er sich mit drei preußischen Kanonenbooten und erreicht die Elbemündung. Wenig später erhält er die Nachricht, daß dänische Schiffe vor Helgoland, einer damals englischen Besitzung kreuzen. Unverzüglich sucht er trotz der starken Artillerieüberlegenheit des Gegners ein Treffen. Aus einer Entfernung von 360 Metern, also aus nächster Nähe greift er an. Die *Schwarzenberg* wird getroffen, ein Fünftel der Mannschaft außer Gefecht gesetzt, ein Brand bricht aus. Auch die *Radetzky* wird beschädigt. Da sich der Brand auf der *Schwarzenberg* ausweitet, beschließt Tegetthoff, das Seegefecht abzubrechen. Die Dänen, die ebenfalls schwere Verluste erlitten haben, verfolgen ihn nicht. Der Ausgang war eher ein Patt als ein Sieg, aber das wesentliche Ziel ist erreicht: die Dänen heben die Blockade auf, der Handel hat wieder Bewegungsfreiheit.

Tegetthoff hat gezeigt, aus welchem Holz er ist. Obwohl viel schwächer als der Gegner, zögert er nicht, den Angriff auf die feindlichen Linien trotz mörderischen Feuers zu befehlen. Seine Aggressivität und sein Siegeswille tragen Früchte. Er wird zum Konteradmiral befördert und erhält das Kreuz des Maria-Theresien-Ordens.

*

Anfang 1866 ist Preußen fest entschlossen, die Frage der deutschen Vorherrschaft zu seinen Gunsten zu regeln und damit Österreich auszuschalten. Es verbündet sich mit Italien, das in den Krieg mit Österreich eintreten soll, sobald Preußen die Feindseligkeiten eröffnet hat. Der Kaiser befiehlt die Mobilisierung der Südarmee, Tegetthoff wird zum Kommandanten des Geschwaders ernannt. „Ich verließ Wien mit dem peinigenden Gefühl, daß Unverstand und Gleichgültigkeit von oben auch in diesem Jahr der vielgelästerten und geschmähten Marine harte Opfer auferlegen würden, und ich traf hier in Pola ein, um trotz des Kriegsgeschreis aller in- und ausländischen Blätter das Hafenadmiralat und das Arsenal in einem gemütlichen Friedensschlummer wiederzufinden, den zu stören einige von Wien eingetroffene Weisungen halbverschwommener kriegerischer Färbung nicht vermocht hatten.“

In der Tat gibt es viel zu tun. Die ihm anvertrauten Schiffe sind teilweise nicht bewaffnet oder müssen, weil veraltet, überholt werden. Er treibt die Arbeiten an, ist überall und strahlt Energie und Entschlossenheit aus. Als die Kruppwerke die Lieferung der bestellten und bezahlten gezogenen Kanonen verweigern, bestückt er seine Panzerschiffe mit glatten Geschützen.

Am 20. Juni erklärt Italien Österreich den Krieg; vier Tage später siegt Erzherzog Albrecht bei Custoza. Die Armee hat sich Radetzkys würdig gezeigt, doch wie steht es mit der Marine?

Tegetthoff sticht am 26. Juni mit seiner Flotte in See. Sie besteht aus sieben Panzerschiffen, sieben Holzschiffen – deren Rumpf er mit Ketten schützen läßt, was ihnen das Aussehen vorzeitlicher Ungeheuer verleiht –, sieben Kanonenbooten und sechs kleinen Dampfschiffen. Im ganzen verfügt er über 532 Geschütze. Sein Gegner, Admiral Carlo Pellion di Persano befehligt viel bedeutendere Verbände – darunter 12 Panzerschiffe – mit insgesamt 1051 Kanonen.

*

Anfangs bemüht sich Tegetthoff, in Berührung mit den Italienern zu kommen, die sich nicht stellen wollen. Die böhmische Armee unter Benedek wird am 3. Juli bei Königgrätz geschlagen, der Weg nach Wien steht den Preußen offen. Tegetthoff seinerseits, der die italienische Flotte nicht fassen kann, bebt vor Ungeduld. Auf der Halbinsel rast die Öffentlichkeit und fordert, daß Admiral Persano endlich handelt. Letzterer, bestürmt von allen Seiten, beschließt, die Initiative zu ergreifen und sich der kleinen, nächst der dalmatinischen Küste gelegenen Insel Lissa zu bemächtigen. Am 17. Juli beginnen die Italiener mit der Beschießung der Verteidigungswerke der Insel und des Hafens San Giorgio. Trotz schwerer Schäden hält die Garnison stand. Im Morgengrauen des 20. erteilt Persano den Truppen den Landebefehl. In diesem Augenblick wird ihm die Ankunft verdächtiger Schiffe aus Nordwest gemeldet.

*

Tegetthoff, seiner Unterlegenheit bewußt, beschließt, diese durch eine entschlossene Offensivtaktik auszugleichen. Er teilt sein Geschwader in drei Abteilungen ein, die zur Durchbrechung der gegnerischen Linien einen spitzen Winkel bilden. So ist auch Nelson bei Trafalgar vorgegangen. Auf seinem Admiralsschiff, dem Panzerschiff *Erzherzog Ferdinand Max* läßt er das Signal „Den Feind anlaufen und ihn versenken!“ hissen. Dann erscheint noch das Signal „Muß ...", das von „... Sieg von Lissa werden" gefolgt werden sollte, aber im allgemeinen Durcheinander können die Flaggen nicht mehr gehißt werden. Dem italienischen Admiral unterläuft indes ein kapitaler Fehler. Er verläßt sein Kommandoschiff, die *Rè d'Italia* und begibt sich auf das Rammschiff *Affondatore,* das robuster und schneller ist. Diese Tatsache gelangt der Flotte nicht zur Kenntnis, so daß die Kommandosignale dieses Schiffes nicht beachtet werden. Die italienischen Schiffe bilden eine leicht gebogene Linie, die durch das Anhalten der *Rè d'Italia* in Folge des Wechsels von Persano unterbrochen ist. Die Österreicher brechen in diese Bresche ein, worauf allgemeine Verwirrung entsteht. Die Italiener versuchen, mit ihren Panzerschiffen die österreichischen Holzschiffe zu rammen, während Tegetthoff mit seinen Panzerschiffen die des Gegners attackiert. Es gibt nur mehr Einzelkämpfe, jeder für sich, Schiff gegen Schiff, ein „Dog Fight", wie es die Flieger nennen würden. Plötzlich taucht eine feindliche Panzerfregatte vor dem österreichischen Admiralsschiff auf. Sein Kapitän befiehlt unverzüglich: „In die Höhe des Kamins!" Der Rammsporn der *Erzherzog Ferdinand Max* dringt zwei Meter in die Flanke der *Rè d'Italia* ein, die auf der Stelle sinkt. Die *Palestro* und die *San Marino* ziehen sich brennend zurück, letztere explodiert. Persano bricht die Schlacht ab. Er hat zwei Panzerfregatten verloren, zwei andere Schiffe sind schwer getroffen. Mehr als 600 italienische Seeleute sind gefallen oder ertrunken, auf österreichischerr Seite etwa vierzig.

Tegetthoff wird zum Vizeadmiral befördert und erhält wenig später das Kommandeurkreuz des Maria-Theresien-Ordens.

*

Diese schwächlich, ja kränklich wirkende Persönlichkeit besitzt eine Seele aus Stahl. In der Schlacht zeigt sie eine Wildheit, Verbissenheit und Entschlußkraft, die die bestbewaffneten Panzerschiffe der Welt aufwiegt. Auf ihn könnte man das Wort des französischen Generalissimus Foch übertragen: „Mein rechter Flügel weicht zurück, mein linker Flügel löst sich auf, ich greife mit dem Zentrum an!"

*

Der besiegte Admiral Persano wird aus der königlich italienischen Marine ausgestoßen, Auszeichnungen und Pension werden ihm entzogen. Darüber hinaus muß er noch die Kosten des gegen ihn angestrengten Gerichtsverfahrens tragen.

Aber letztlich hat die österreichische Marine wenig von diesem Sieg. Die Schiffe werden abgetakelt, während der von den böhmischen Schlachtfeldern zurückgekehrte Erzherzog Leopold seinen Posten wieder einnimmt. Tegetthoff wird eine Mission ins Ausland übertragen.

*

1867 erhält er einen schmerzlichen Auftrag, nämlich an Bord der *Novara* die sterbliche Hülle des Erzherzogs Ferdinand Max, ehemals Marinekommandant und späterer Kaiser von Mexiko, dessen Abenteuer ein tragisches Ende fand, heimzuholen. Im Stich gelassen von seinen französischen Beschützern, war er von den Truppen des Diktators Juarez gefangengenommen und erschossen worden

Man kann sich die Gefühle Tegetthoffs vorstellen, als er den Leichnam des Mannes geleitete, mit dem er so lange zusammengearbeitet, mit dem er die brasilianische Reise unternommen und den er in hohem Maße bewundert und geachtet hatte.

*

Anfang 1868 wird er zum Marinekommandant und Chef der Marinesektion befördert, die von nun an eine selbständige Einheit im Reichskriegsministerium bildet. Er unternimmt tiefgreifende Reformen, insbesondere beharrt er auf der absoluten Notwendigkeit, gepanzerte Einheiten anzuschaffen. Letztlich läßt der Widerstand der Landstreitkräfte, die Küstenbatterien einer schlagkräftigen Marine vorzieht, seine Projekte scheitern. Dagegen erzielt er bemerkenswerte Ergebnisse hinsichtlich der Ausbildung von Mannschaften und Offizieren.

*

1869–1870 begleitet er den Kaiser, der vom Sultan zur Eröffnung des Suezkanals eingeladen worden ist. Als das Geschwader auf der Rückreise Lissa passiert, trinkt der Monarch ein Glas Champagner auf seinen Admiral.

*

Den Sieg Preußens über Frankreich empfindet Tegetthoff wie einen Schlag: die Frage der Vorherrschaft in Deutschland ist damit endgültig entschieden. Zunehmend leidet er auch unter den Widerständen gegen seine Reformpläne. Verbittert, vereinsamt, ist er neurasthenischen Anfällen ausgeliefert. In wenigen Tagen rafft ihn eine Krankheit hinweg.

*

Ein eigenartig tragisches Schicksal ereilt die hoffnungsvollsten und fähigsten Marinekommandanten: Friedrich von Österreich – mit 26 Jahren Opfer einer tödlichen Krankheit; Erzherzog Max Ferdinand – mit 35 Jahren erschossen; Tegetthoff – mit 44 Jahren gestorben.

ANTON HAUS

Tolmein, 13. Juni 1851 – Pola, 8. Februar 1917

Sein Vater war kein Seemann, sondern ein deutscher Landwirt. Er wurde im slowenischen Tolmein, näher dem Gebirge als dem Meer geboren. Aber bereits als Jüngling spürt er „den Ruf der Ferne". Auf dem Laibacher Gymnasium begeistert er sich für Sprachen, Geographie und Musik. Unschwer stellt man sich den empfindsamen Jüngling vor, wie er, über einen Globus gebeugt, von künftigen Reisen, Abenteuern und Seeschlachten träumt, während im Hintergrund eine Symphonie von Haydn oder eine Fuge von Bach erklingt.

*

1869 tritt er als Kadett in die k.k. Marine ein, die nach ihrem Sieg bei Lissa 1866 über die piemontesische Flotte hohes Ansehen genießt. Die jungen Seeleute träumen alle, ein neuer Tegetthoff zu werden und sich wie ihr Held auf den Wogen der Nordsee oder der Adria auszuzeichnen.

Rasch erklimmt er die Stufen der Hierarchie. Nachdem er sich für die neuen Techniken des Seekrieges interessiert, insbesondere für die Entwicklung des Torpedos, wird er bald im Rang eines Linienschiffsleutnants zum Kommandanten eines Torpedoboots ernannt. Da er sich darüber hinaus für die Ozeanographie begeistert – 1891 veröffentlicht er die *Grundzüge der Ozeanographie und maritimen Meteorologie* – erhält er den Auftrag, diese Disziplin von 1886 bis 1890 an der k.u.k. Marineakademie in Fiume zu lehren. Auch nimmt er teil an der Weltumseglung der *SMS Saida,* befehligt ein Torpedoschulschiff, dann die Korvette *Donau,* auf der er unter anderem eine Delegation des Außenministeriums nach Amerika und Japan bringt. 1907 wird er zur zweiten Haager Friedenskonferenz entsandt. Vorher war er noch zum Konteradmiral avanciert und hatte Gelegenheit, als Geschwaderkommandant seine brillanten Fähigkeiten als Marinetaktiker unter Beweis zu stellen.

1912 wird er zum Vizeadmiral befördert; ein Jahr später überträgt ihm der Thronfolger Franz Ferdinand – der das lebhafteste Interesse für Marinefragen zeigt und energisch den Aufbau der Kriegsmarine vorantreibt – den Posten des Flotteninspektors, der soeben erst geschaffen worden ist.

*

1913 wird er zum Marinekommandanten und Chef der Marinesektion im Kriegsministerium im Admiralsrang ernannt. Er tritt die Nachfolge des legendären Rudolf Montecuccoli-Polinago an, was nicht leicht ist, doch es gelingt Haus, die allgemeine Sympathie durch sein Können wie durch seine ruhige, feste Haltung zu gewinnen. Auf der anderen

Seite hält man ihm manchmal seine ästhetisierenden Neigungen vor, seinen Widerwillen gegen allzu viel Reglement und Uniform sowie die Sarkasmen, mit denen er seine Untergebenen bedenkt.

*

Die Marine, die Haus übernimmt, ist keine „quantité négligeable" mehr. Montecuccoli hat sich, die Bemühungen seiner Vorgänger fortsetzend, in ein ehrgeiziges Schiffbauprogramm gestürzt. Zwischen 1908 und 1910 laufen drei Schlachtschiffe mit 14 500 Tonnen und vier Hauptgeschützen vom Kaliber 30,5 cm vom Stapel, ebenso schnelle Kreuzer. Die Krönung des Programmes bildet der Bau von vier Großeinheiten (20 000 Tonnen) der Klasse *Viribus Unitis,* die eine Zeitlang die Adria und das Mittelmeer beherrschen sollten.

*

Haus geht an die Arbeit. Um der Flotte näher zu sein, beschließt er, den Sitz des Marinekommandos nach Pola zu verlegen und richtet zur Verbesserung der Effizienz entlang der Küste neue Kommandobereiche ein. Die Schlachtschiffe *Viribus Unitis, Tegetthoff* und *Prinz Eugen* nehmen den Dienst im Geschwader auf, während die Szent *István* ihrer Fertigstellung in Fiume entgegensieht. Allerdings ist der größte Teil der neuen Zerstörer und Torpedoboote noch nicht im Einsatz, was den Admiral sehr beunruhigt. Von 1913 an wird der Seeflugdienst integrierender Bestandteil der Marine und leistet hervorragende Dienste bei der internationalen Blockade der montenegrinischen und albanischen Küsten.

*

Unmittelbar vor dem Ersten Weltkrieg sieht sich die Marine unter Haus vor komplexe Aufgaben gestellt, sowohl im zweiten Balkankrieg als auch angesichts der unentwirrbaren Situation in Montenegro. An der Seite italienischer, britischer, deutscher und französischer Einheiten nimmt sie an der Blockade der Küsten teil und unterstützt mit mehreren Interventionen den unglücklichen Fürsten von Wied auf dem wankenden albanischen Thron.

*

„In der Mitte des Jahres 1914", schreibt der eminente Marinehistoriker H. H. Sokol, „stand die k.u.k. Kriegsmarine auf dem Höhepunkt ihrer Entwicklung. Der Schiffspark und die Personalstände hatten eine Höhe erreicht, die der österreichisch-ungarischen Wehrmacht zur See den siebenten Platz in der Reihe der Seemächte zuwies. Organisation und Wirkungsgrad sowohl der Flotte und ihrer Einrichtungen auf dem Lande wie des Stabs und der Mannschaft wurden auch im Ausland als vorbildlich anerkannt."

*

In der ersten Phase des Seekrieges, bevor Italien in den Konflikt eintritt, gelingt es der k.u.k. Flotte, die französischen Bemühungen, in die Adria einzudringen, ebenso zu vereiteln wie die Versuche, dem Königreich Montenegro Unterstützung zukommen zu lassen. Der Feind konnte zu keiner Zeit den Seeverkehr in Istrien und Dalmatien gefährden. Haus hatte sich zu einer defensiven Strategie entschlossen. Bald aber werden Stimmen laut, die dem Admiral seine Tatenlosigkeit vorwerfen. Warum verläßt die Flotte nicht die Adria, warum passiert sie nicht die Meerenge von Otranto und fällt die französisch-englische Flotte an, die ohnehin durch ihre Operationen in den Dardanellen geschwächt ist? Am 31. März 1915 verteidigt Haus in einer langen Denkschrift, die er an Bord der vor Fasana ankernden *Viribus Unitis* verfaßt, energisch seinen Standpunkt: „Die weit überlegene französische Flotte hat seit zirka fünf Monaten auf jede offensive Tätigkeit in der Adria verzichtet (...) und sich mit der Blockade des Adriaausganges vom Ionischen Meer aus begnügt, so daß unsere Schiffahrt in unseren Gewässern praktisch sicher ist und daß der Golf von Cattaro behauptet werden kann." Für den Augenblick könne man nicht mehr verlangen. Die Stunde des Kampfes werde sicher kommen, schließt Haus, aber es wäre fatal, sich von Gefühlen oder Sonderinteressen leiten zu lassen, „die nicht dem Diktat logischen Zielbewußtseins folgen."

*

Die Stunde für Haus sollte bald schlagen. Am 23. Mai 1915 erreicht ihn in Pola, dem großen Kriegshafen der Monarchie, die Nachricht vom Abbruch der diplomatischen Beziehungen zwischen Italien und Österreich-Ungarn. Sie wird mit Begeisterung aufgenommen. Seit langem hat der Admiral seinen Offensivplan vorbereitet. Paradoxerweise wurde ihm die Idee dazu von den Italienern selbst geliefert. Zu Beginn des Krieges hatte ihm der Chef des italienischen Marine-Generalstabs seine Sorgen bezüglich der Ostküste des Landes anvertraut, die jedem Angriff preisgegeben sei. Diese Mitteilung traf nicht auf taube Ohren. Hier also griff der Admiral unverzüglich an, kaum daß der Krieg erklärt war, um den Überraschungseffekt maximal zu nutzen. Die verschiedenen Einheiten sollten Porto Corsini bei Ravenna beschießen, die Städte Rimini, Senigallia und Ancona die Mündung der Potenza, die Häfen Vieste, Manfredonia, Barletta, die Inseln Tremiti, außerdem Torre di Mileto, die Mündung der Sinorca sowie Campomarino. Ebenso waren Luftangriffe auf Venedig und Ancona vorgesehen.

*

Die Überraschung gelingt, das Unternehmen wird von Erfolg gekrönt. Um nur das Beispiel Anconas zu nennen, so richtet die Schiffsartillerie schwere Schäden an in den Armeelagern, Batterien, Treibstofflagern und Docks, am Gaswerk, dem Leuchtturm und in der Funkstation. Wasserflugzeuge vollenden das Zerstörungswerk, indem sie den Bahnhof bombardieren und die Zuckerfabrik in Brand stecken. Bei den anderen Zielen wiederholen sich diese Szenen mit mehr oder weniger Erfolg.

Die moralische Wirkung dieser Angriffe ist vielleicht erheblicher als der materielle Effekt. „Was die Stimmung der Bevölkerung anbelangt, war zu erkennen, das der Raid einen ungeheuer deprimierenden Eindruck in allen Schichten – das Militär nicht ausgeschlossen – hervorgerufen hat", schreibt ein österreichischer Beamter, der sich vor Ort befand. Zum Unglück für Haus und für die ganze Flotte tritt aber das, was sie erhofften, nicht ein. Die großen italienischen Einheiten, die in Tarent und Brindisi vor Anker liegen, lassen sich nicht dazu herbei, ihre Häfen zu verlassen, um dem Angreifer zu begegnen. Die entscheidende Seeschlacht findet also nicht statt. Sie sollte niemals stattfinden.

*

Der Seekrieg bleibt von nun an defensiv, eine aufreibende Routine, die im wesentlichen in Minenräumung, Bedeckung von Konvois, Torpedoangriffen, manchmal auf Unterseeboote besteht. Ein monotoner, zermürbender Kleinkrieg der Nadelstiche, der keine Entscheidung herbeizuführen vermag. Zu dieser Zeit sind die stolzen Schiffe der *Viribus Unitis*-Klasse zur Untätigkeit im Hafen von Pola verdammt. Haus, ein großer Stratege, sieht sich um die Strategie gebracht.

*

Im Mai 1916 wird er zum Großadmiral ernannt. Es ist dies das erste und letzte Mal, daß dieser Dienstgrad in der k.u.k. Marine vergeben wird.

*

Im Januar 1917 begibt sich Haus nach Pleß ins deutsche Hauptquartier, um den totalen U-Boot-Krieg zu besprechen, für den er sich unbedingt einsetzt. Auf der Rückreise im ungeheizten Waggon holt er sich eine Lungenentzündung, der er am 8. Februar, einige Monate nach dem Tod Kaiser Franz Josephs, an Bord der *SMS Viribus Unitis* in Pola erliegt. Der Maria-Theresien-Orden wird ihm posthum verliehen, der junge Kaiser Karl nimmt an seinem Begräbnis teil. Ein letztlich barmherziges Schicksal hat es ihm erspart, Zeuge des tragischen Untergangs der Monarchie und ihrer stolzen Marine zu werden.

*

Nach Kriegsende gab es viele, die die Gründe der passiven Seekriegsführung zu eruieren suchten und auch nicht wenige, die sie Haus zum Vorwurf machten. Die verschiedensten Theorien wurden aufgestellt, um seine mangelnde Initiative zu erklären, deren eigenwilligste, aber nicht unwahrscheinlichste von Konteradmiral Alfred von Koudelka stammt, der den Großadmiral gut gekannt hat: „Ich habe seine hohe Begabung immer gewürdigt, wenn er sie auch meist nur zum zynischen Herabkanzeln einsetzte. Mag auch das Fehlen jedes Einsatzes der Schlachtflotte mit seinem starren Festhalten an der fleet-in-being-Theorie zu erklären sein, ich kam doch von dem Empfinden nicht los, er habe – unbewußt – diesen Standpunkt eingenommen, weil alle seine Untergebenen sich nach einer Aktion sehnten."

OSCAR POTIOREK

Kreuth bei Bleiberg (Kärnten), 20. November 1853 – Klagenfurt, 17. Dezember 1933

Ein schöner Junimorgen. Der Himmel ist blau, die Sonne bereits stechend. Eine Wagen-kolonne, vom Defensionslager her kommend, fährt in die festlich aufgeputzte Stadt ein. Im ersten Wagen sitzt ein Mann, den mit grünen Federn geschmückten Zweispitz eines Generals auf dem Kopf, neben einer leutselig lächelnden Dame. Ihnen gegenüber ein großer magerer General mit asiatischen Zügen, der ihnen im Vorbeifahren verschiedene Sehenswürdigkeiten zeigt, wie das Korpskommando oder die Synagoge. Plötzlich hört man eine Detonation: ein Paket explodiert zwischen dem ersten und dem zweiten Wagen auf dem Straßenpflaster. Der zweite Wagen wird beschädigt und hält an, während der er-ste seinen Weg zum Rathaus fortsetzt.

*

Für Oscar Potiorek, Armeeinspektor und Chef der Landesregierung von Bosnien-Herze-gowina, den allmächtigen „Vizekönig" von Sarajewo, wie man ihn nennt, wird dieser Tag, der die Apotheose seiner Laufbahn sein sollte, zum Beginn eines endlosen Alptraums. So-eben wurde ein Attentat auf seine hohen Gäste, den Thronfolger Franz Ferdinand und seine morganatische Gattin, die Herzogin von Hohenberg verübt.

*

Im Rathaus angekommen, fragt der Thronfolger Potiorek, ob ein neuerliches Attentat zu befürchten sei. „Ich erwiderte, daß ich dies nicht glaube, aber natürlich nicht dafür ein-stehen könne, es daher für das Richtige hielte, vom Rathause direkt in den Konak zu fah-ren und dort so lange zu bleiben, bis die Straße vom Konak zum Bahnhof entsprechend gesichert sei." Franz Ferdinand jedoch äußert den Wunsch, zuerst beim Garnisonsspital vorbeizufahren, um dort den Stabschef Potioreks zu besuchen, der sich im zweiten Wa-gen befunden hatte und durch die Explosion der Bombe leicht verletzt worden war.

*

Der Wagen – diesmal fährt jener des Bürgermeisters voran – nimmt den Appellkai, der entlang der Miljačka führt. „Der Erzherzog machte", schreibt Potiorek, „eine das Atten-tat betreffende Bemerkung, die mich zur Antwort veranlaßte, daß ich seit Jahr und Tag bei der Fahrt vom Konak in die Regierung und zurück immer an die Möglichkeit eines At-tentates denke, worauf Erzherzog und Herzogin lächelnd erwiderten, es genüge, auf Gott zu vertrauen. Dies waren die letzten Worte, die ich mit ihnen sprach." Der voranfahrende Wagen biegt irrtümlich in eine Querstraße ein, anstelle geradeaus auf dem Kai weiterzu-

fahren, noch immer gefolgt vom Fahr-
zeug des Erzherzogs. Potiorek befiehlt
dem Chauffeur sogleich, umzukehren.
In diesem Moment krachen zwei
Schüsse. Der Wagen rast zum Konak.
Die Herzogin, die das Bewußtsein verloren hat, wird in das Schlafzimmer Potioreks gebracht, der Erzherzog in sein
Büro. Zwei herbeieilende Ärzte können
nur mehr den Tod feststellen. In diesem
Moment weiß Potiorek noch nicht, daß
die Kugel, die die Herzogin tötete, für
ihn bestimmt war.

*

Für die Karriere Potioreks hat das Attentat keinerlei Folgen. Er bewahrt sich
das Vertrauen des Kaisers, der insge-
heim erleichtert sein dürfte, von einem
oft lästigen Thronfolger befreit zu sein.
„Schwer ist die Verantwortung, die
auf Feldzeugmeister Potiorek lastet",
schreibt ein Zeitgenosse. „Ich hätte

mich nach diesem Unglück erschossen – er ist offenbar zu feig dazu! Jedenfalls hat er trotz
seines Exterieurs mit den Japanern keine Ähnlichkeit!"

*

Und doch hatte alles so gut begonnen. Als Sohn eines k.k. Bergwerksbeamten hatte der
junge Potiorek die Genieakademie (die spätere Technische Akademie) besucht und sich
trotz seiner schwächlichen Konstitution als ausgezeichneter Schüler erwiesen, der die Anstalt als Klassenbester verließ. 1871 wird er Leutnant in einem Genie-Regiment. Nüchtern und ehrgeizig arbeitet er viel, besser als mancher, denn er weiß, daß er für den Aufstieg in höhere Grade die Kriegsschule absolvieren muß. Mühelos besteht er die schwierigen Aufnahmeprüfungen, und als er zwei Jahre später, 1877, die Schule verläßt, ist er
wiederum Jahrgangsbester, was ihm die Aufnahme in den Generalstab einträgt.

*

Dem operativen Büro zugeteilt, zeigt er sich von rastloser Aktivität. Er ist aber nicht nur
„Stubenoffizier". Bei seinem regelmäßigen Truppendienst, den er gemäß dem Reglement
zu versehen hat, beweist er echte Führungsqualitäten. Seine Vorgesetzten beurteilen ihn
als entschlossenen und gewissenhaften Offizier, der zum Dienst im Generalstab wie zum

Kommandieren geeignet ist. 1892 wird er als Oberstleutnant Chef des operativen Büros und mit der Ausarbeitung der Kriegs-Ordre de Bataille, der Aufmarschpläne und aller operativen Maßnahmen beauftragt. Im Rahmen dieser Aufgaben hat er Gelegenheit, sich mit der „serbischen Angelegenheit" zu befassen. Er gelangt zu der Überzeugung, daß die Verteidigung von Bosnien-Herzegowina nur durch eine Offensive gewährleistet werden könne. Allerdings betrachtet man die serbische Armee kaum als ernsthaften Gegner und glaubt, sie im Konfliktfalle leicht niederwerfen zu können. Noch 1914 ist dies auch die Ansicht Potioreks, was ihm teuer zu stehen kommen sollte.

*

1902 wird er im Range eines Feldmarschalleutnants Adjutant des Generalstabschefs Feldzeugmeister Beck. Die höheren Offiziere, von denen ihn manche für ein Genie halten, bringen ihm persönlich keine große Sympathie entgegen. Und Potiorek, überzeugt von seiner absoluten intellektuellen Überlegenheit, schließt sich in der Tat mehr und mehr in einem Elfenbeinturm ein. Keine Zweifel plagen ihn, schon gar nicht, was ihn selbst betrifft, und das läßt er auch seine Umgebung fühlen. „Potiorek war eher unfreundlich, verschlossen, schweigsam und lebte spartanisch, freudlos. Er ritt schlecht, daher ungern, las eifrig und arbeitete selbst sehr viel. Er befaßte sich mit Menschen nur dann, wenn er hiezu gezwungen war, kannte ihrer daher (...) nur wenige", berichtet ein Beobachter. Die Vergnügungen des Lebens sind ihm gleichgültig, er hat keinen Sinn für Tafelfreuden oder Zigarren und meidet sorgsam weibliche Gesellschaft.

*

Im September 1910 veröffentlicht das Wiener satirische Blatt *Die Muskete* eine Karikatur von Potiorek, die seine Züge eines alten Mongolen treffend wiedergibt. Die Zeichnung begleitet ein kleinen Gedicht, betitelt „Der Armeeinspektor":

Ein müder Gott, olympentstiegen,
Mit harten und nervösen Zügen
In einem Moltkeangesicht
(Ist er ein Moltke oder nicht?)
So steht als ein Poseur und Denker
Er da, hurra! Der Schlachtenlenker,
Und spricht gelehrsam, wie ein Buch,
Dem Segen zu und jenem Fluch
Kraft seines Amtes, das ihm leiht
Unfehlbare Allwissenheit,
Denn er ist Gott.
Die Truppe schaut
Hinauf zu ihm und ist erbaut
Und richtet sich an ihm empor,
Der niemals noch die Schlacht verlor,

150

Die Redeschlacht, die Tintenschlacht,
Die man im Generalstab „macht" ...
Der Himmel geb', wenn Blut statt Tinten
Einst fließt, daß wir ihn göttlich finden!

*

1906 wird Conrad von Hötzendorf, unterstützt vom Thronfolger, zum Chef des Generalstabes ernannt. Potiorek, der den Posten haben wollte und sich seiner fast sicher war, ist
bitter enttäuscht. Conrad, den seine neue Aufgabe wenig begeistert, verlangt, daß sein Ri-
vale ein seiner würdiges Kommando erhält, nämlich das des 3. Korps, das die Steiermark,
Kärnten, Krain und das Küstenland umfaßt. Aber Potiorek zeigt sich als schlechter Ver-
lierer. Kaum ernannt, beschwert er sich bei Conrad über Mängel bei den ihm anvertrauten Truppen. Conrad ist es ein leichtes zu beweisen, daß diese Fehler aus einer Zeit
herrühren, als er, Potiorek, unter Beck für die Armee verantwortlich war. „Früher natürlich, wo ein anderer das Corps hätte kommandieren sollen, war Potiorek all das gleichgültig, jetzt, wo er selbst zu führen hat, kommt er auf alle Mängel selbst drauf."

*

Vom 2. bis 9. September 1907 finden in Kärnten große Manöver statt, während derer sich
das 14. Korps des Erzherzogs Eugen und das 3. Korps Potioreks gegenüberstehen. Bis zur
Ernennung Conrads waren Manöver nur ein sorgfältig geregeltes Ritual, in dem der Sieger
praktisch von vorneherein feststand. Nun aber sollten sie sich in größter Freiheit ohne vorher festgelegten Plan entwickeln und den realen Kriegsbedingungen so nahe wie möglich
kommen. In den ersten Tagen gewinnt Potioreks Korps durch seine geschickte Führung
die Oberhand, die es in der Folge wieder verliert. Doch schon feiern die Journalisten und
zahlreiche Offiziere Potiorek als einen neuen Napoleon, während Conrad sich bemüht, die
Dinge ins rechte Licht zu rücken, indem er betont, daß es sich hier um „Manövertricks"
handle und sich die Dinge in einem wirklichen Krieg ganz anders abgespielt hätten. Aber
– und darauf kommt es an – Potiorek ist seitdem überzeugt, daß er in der Tat ein neuer
Napoleon sei.

*

Ende 1908 wird Potiorek zum Feldzeugmeister befördert. Zweieinhalb Jahre später ist er
Armeeinspektor in Sarajewo und Chef der Landesregierung von Bosnien-Herzegowina.
Es ist dies eine ebenso wichtige wie schwierige Position, die soviel Festigkeit wie Fin-
gerspitzengefühl erfordert. Es gilt, komplizierten konstitutionellen Verhältnissen und einer Fülle divergierender Interessen Rechnung zu tragen, seit der Annexion im Jahre 1908
auch, die von Belgrad unterstützte großserbische Bewegung zu überwachen.
Potiorek weiß genau, daß er alles gewinnen, aber auch alles verlieren kann und bemüht
sich daher um gute Beziehungen zu den Militär- und Zivilbehörden wie zu den religiösen
Autoritäten. In der ersten Zeit schmiedet er auch Pläne für die ökonomische und kulturelle

Reform des Landes, insbesondere zur Förderung neuer Investitionen. Andauernd sieht er sich mit den gegensätzlichen Interessen der Kroaten, Muslime und Serben konfrontiert. Im Landtag versucht er, eine brauchbare Mehrheit herzustellen. Ab Herbst 1912 aber sieht er sich aufgrund der militärischen Erfolge der Serben im Balkankrieg einer durch die groß-serbische Agitation verschärften explosiven politischen Lage gegenüber. Er teilt auch die Meinung Conrads, der einen Präventivschlag gegen Serbien – „eine gründliche Abrech-nung" wie er sagt – als im höchsten Maße notwendig einschätzt.

*

Am 28. Juli 1914, genau einen Monat nach der Ermordung Franz Ferdinands und seiner Gattin in Sarajewo, erklärt Österreich-Ungarn den Krieg an Serbien, und wenige Tage spä-ter wird Potiorek zum Oberbefehlshaber der Streitkräfte auf dem Balkan ernannt. Der große Soldat, der geniale Führer, der Napoleon des Manövergeländes wird nunmehr zei-gen können, wessen er fähig ist. Seine drei Armeen erreichen die Save und die Drina, aber die gut geführten und stark motivierten Serben leisten überall Widerstand. „Da und dort", notiert ein Offizier, „begann das gefährlich niederdrückende Gefühl, daß in diesem Gelände gegen die Kampfweise des listigen Gegners nicht aufzukommen sei." Und in der Tat bleibt die Offensive bald stecken. Die österreichisch-ungarische Armee hat schwere Verluste: 7 000 Gefallene, 30 000 Verwundete, 4 000 Gefangene, 46 Kanonen und 30 Ma-schinengewehre.

*

Potiorek beschließt eine neue Offensive, doch die Serben greifen fast im gleichen Au-genblick an. Der Übergang der Österreicher über die untere Drina scheitert, während es dem Feind gelingt, die Save zu überqueren. Überall toben die Kämpfe, der Jajodoja-Berg wechselt viermal den Besitzer. Potiorek, dem es entschieden nicht an Hartnäckigkeit ge-bricht, wirft zwei seiner Korps auf Valjev, das schließlich eingenommen wird. Es ist al-lerdings wieder nur ein Pyrrhus-Sieg. Ende November beginnt eine neue Offensive. Man kommt nur mühsam voran; Munition und Nachschub werden knapp. „Die Situation ist scheußlich", schreibt ein Offizier. „Alles versinkt im Kot. Wenn man sein Zimmer ver-läßt, sieht man nur Elend, blutige Verwundete, abgetriebene Pferde, Tierkadaver, zer-fetzte, von Kot inkrustierte Soldaten, wie lange kann das noch weitergehen?" Am 2. De-zember fällt Belgrad, aber die Österreicher müssen es wenige Tage später wieder räumen. Die beiden Armeen Potioreks sind von einander getrennt und halten ungünstige Stellun-gen. Das ist der Zeitpunkt, den die Serben für den Gegenangriff gewählt haben. Potiorek muß den allgemeinen Rückzug befehlen.

*

Endlich beschließt der Kaiser, der lange gebraucht hat, um sich ein Bild zu machen, Potiorek abzuberufen und ihn durch Erzherzog Eugen zu ersetzen.
Nach dem Krieg tritt eine „Pflichtverletzungskommission" zusammen, um die Verant-

wortung des Feldzeugmeisters zu untersuchen. Potiorek verteidigt sich geschickt, und die Kommission sieht sich schließlich nicht in der Lage, einen Spruch zu fällen. Sie überläßt diese Aufgabe nach ihrer eigenen Formulierung einem sehr abstrakten „Forum der Geschichte".

*

Ohne Zweifel ist das menschliche und militärische Profil des Landeschefs schwer zu umreißen. Er ist ein Aktivist, der niemals an sich selbst zweifelt. Er ist überzeugt, der Beste zu sein und daß das, was er unternimmt, das Rechte ist. Warum auch sollte er daran zweifeln? Sind ihm seine Unternehmungen nicht immer gelungen? Wurde er nicht immer durch die höchsten Instanzen unterstützt? Hieraus erklärt sich wahrscheinlich sein unerschütterlicher Optimismus, der ihn auch in Krisen hindert, den Tatsachen ins Auge zu sehen. Einerseits hat er die Serben unterschätzt, andererseits die physische Widerstandskraft der eigenen Truppen überschätzt und nicht sehen wollen, daß diese, entblößt von allen Ressourcen, die Grenze ihrer Kräfte erreicht hatten. Eingeschlossen in seinem Elfenbeinturm, ohne Kontakt mit der Wirklichkeit der Front, mehr damit beschäftigt, was in der Hofburg als was auf dem Schlachtfelde vorging, ohne Unterlaß damit beschäftigt, Zeichen der Gunst oder der Ungunst auszuspähen, vergaß er, daß der Krieg vor allem von Menschen geführt wird.

FRANZ CONRAD VON HÖTZENDORF

Penzing bei Wien, 11. November 1852 – Mergentheim, 25. August 1925

Als Österreich-Ungarn 1878 die Besetzung Bosniens und der Herzegowina beschließt, befindet sich Conrad in seiner Garnison in Kaschau als Stabsoffizier der 6. Kavalleriebrigade. Er ist 26 Jahre, und seine Karriere darf brillant genannt werden. Zunächst interessiert er sich kaum für diese Angelegenheit auf dem hintersten Balkan, von der er annimmt, daß sie friedlich beigelegt werden wird. Als er jedoch erfährt, daß die Bosniaken den Österreichern erbitterten Widerstand leisten und der geplante militärische Spaziergang zum regelrechten Krieg geworden ist, hält es ihn nicht mehr. „Der Gedanke, einer kriegerischen Unternehmung österreichisch-ungarischer Truppen fernbleiben zu sollen, war mir unerträglich." Er ersucht daher, ins Operationsgebiet geschickt zu werden, was man ihm gewährt. Er wird im Stab einer Infanteriedivision Dienst tun.

Conrad nimmt teil an verschiedenen Scharmützeln und einer Strafexpedition. Diese Art Krieg sagt ihm zu. Er ist in direktem Kontakt mit der Truppe, die er kennenlernt. Er liebt die langen Märsche, die Lagerfeuer, die Rauheit der Bevölkerung, die lauernde Gefahr, die Kaltblütigkeit, Mut und Entschlossenheit erfordert. Die verschiedensten Aufgaben, ob in der Verwaltung, beim Festungsbau oder als Unterhändler, erfüllt er zur allgemeinen Zufriedenheit. Von schwacher Konstitution und häufig schlechter Gesundheit, körperlich wie ein zierlicher Ästhet anzusehen, besitzt er eiserne Willenskraft, die ihn alle Schwierigkeiten überwinden läßt.

Sein Leben lang sollte er von seinen beiden „Kampagnen" in Bosnien-Herzegowina und in Dalmatien träumen, die er als „die glücklichsten Jahre seines Lebens" bezeichnete. Hier hat er nicht nur Pulvergeruch geschnuppert, sondern auch viele taktische Kunstgriffe gelernt, die ihm später nützlich waren.

*

Im September 1888 wird er zum Professor der Taktik an der Wiener Kriegsschule ernannt. Eine fruchtbare Periode eröffnet sich für ihn, aber auch für seine Schüler. Streng und anspruchsvoll einerseits, erweist er sich gleichzeitig als warmherzig und als guter Pädagoge. „Und nun hörten wir ihn zum ersten Mal sprechen", erinnert sich einer seiner Schüler. „Zur größten Überraschung begann er mit den Worten: Der Krieg wird von Menschen geführt. Wer den Krieg verstehen will, muß daher vor allem den Menschen in seinen Reaktionen gegenüber physischen und seelischen Einflüssen kennenlernen."

Er ist ein Meister in der Darstellung historischer Beispiele, die er dank seines reichen Wissens mit Eleganz vorträgt. Besonderes Gewicht legt er auf den fundamentalen Unterschied zwischen Theorie und Praxis. Manöver sind nicht der Krieg, und die in der Schule erworbenen Kenntnisse kein Ersatz für die Realität des Schlachtfelds. Wie fast all seine Kollegen im Europa jener Zeit, verficht er die Offensive.

Jeden Samstag, von der Morgen- bis zur Abenddämmerung, führt er seine Schützlinge in die Umgebung Wiens, um sie dort Übungen im Gelände machen zu lassen. Regelmäßig finden ausgedehnte Übungen statt, die den Teilnehmern unvergeßlich blieben: „Wenn in den glühend heißen Tälern Südtirols die Sonne unbarmherzig brannte und bei der Besprechung einer Disposition Zweifel darüber entstanden, ob eine Seitenkolonne auf den steilen Begleithöhen fortkommen würde, ertönte plötzlich das gefürchtete ‚Also sehn wir's uns an!' Dies bedeutete einen Aufstieg von mehreren hundert Metern zu dem einzigen Zweck, ein verläßliches Urteil über die Benützbarkeit einer in der Karte verzeichneten Kommunikation zu bekommen. In dieser Weise ging es zwei Monate Tag für Tag,

zu Fuß, von Südtirol bis zu den böhmischen Schlachtfeldern. Erschöpft landeten dort auch die Kräftigsten." (August Urbanski von Ostrymiecz)

Conrad verdichtete seine Lehren in zwei Werken, die die Aufmerksamkeit der Fachwelt auf ihn zogen: *Zum Studium der Taktik* und *Taktikaufgaben*. Dazu kam noch eine Sammlung von Skizzen europäischer Schlachtfelder, die er während seiner Reisen angefertigt hatte, sowie ein *Vorgang beim Studium taktischer Reglements*.

*

Jahre hindurch verfolgt der Thronfolger Franz Ferdinand mit Interesse die Karriere Conrads, dem er bei Manövern und Inspektionen begegnet ist und den er schätzen gelernt hat. 1906 schlägt er ihn dem Kaiser als Generalstabschef vor, doch Conrad lehnt ab, übrigens ganz ohne Wichtigtuerei. Nur ungern beugt er sich schließlich dem Willen des Erzherzogs und des Monarchen, wobei er letzteren allerdings bittet, frei seine Meinung äußern zu dürfen. „Ich gestatte Ihnen dies nicht nur, sondern ich mache es Ihnen zur Pflicht", antwortet Franz Joseph.

155

*

Auf seinem hohen Posten werden alle Bestrebungen Conrads von der Idee der Wirksamkeit bestimmt, von einer wirksamen Rekrutierung und Ausbildung, einem wirksamen Einsatz des Materials. Das bedeutet zwangsläufig eine Modernisierung der Armee. Er bemüht sich um die Verbesserung der Artillerie, um die Einführung eines automatischen Gewehrs, um die Schaffung eines Automobilkorps, er sieht sogar die Wichtigkeit des Luftkriegs voraus, indem er lenkbare Ballons und Flugzeuge beantragt, die er selbst ausprobiert hat. Doch er stößt ständig auf den Widerstand des Finanzministers, der sich weigert, die nötigen Mittel bereitzustellen. Auch vertritt der Außenminister die Meinung, weitere Rüstungskredite könnten Österreich-Ungarn in den Augen seiner Nachbarn als aggressive Macht erscheinen lassen. Als sich die Polemik mit dem Außenminister bis ins Unerträgliche verschärft, enthebt der Kaiser Conrad seines Postens und ernennt ihn zum Armeeinspektor. Doch er sollte ihn schon bald zurückrufen, anläßlich der Balkankrise 1912.

Conrad wird klar, daß der Krieg unvermeidlich ist, und er wird von schlimmen Vorahnungen gepackt, denn besser als jeder andere kennt er die Mängel der Armee und die Wankelmütigkeit der Diplomatie: „Nie entschlossen, die ihm günstigen Momente zu erfassen, wankte nun das alte Reich dem Unheil zu!"

*

Mehrfach hat Conrad energisch einem Präventivschlag gegen die südlichen Nachbarn der Monarchie das Wort geredet, Serbien und Italien. „Es ist ein Leichtsinn, einen ungerechtfertigten Krieg vom Zaun zu brechen, aber nichts anders ist ein Versäumnis, wodurch der Krieg unter ungünstigen Bedingungen ausgelöst wird."

Franz Joseph: „Österreich hat nie einen Krieg angefangen."

Conrad: „Leider, Majestät."

*

Bei Beginn der Feindseligkeiten im Sommer 1914 setzt sich Conrad für ein offensives Vorgehen gegen die Russen ein. Trotz anfänglicher Erfolge müssen seine Truppen zurückweichen. Doch Conrad ist der Ansicht, daß dieser Rückzug eine spätere Gegenoffensive begünstige, um so mehr als das zaristische Heer zermürbt worden ist. Die Zukunft sollte ihm Recht geben. Nachdem er die Schwachstelle der russischen Front erkannt hat, führt er seinen Offensivschlag im Mai 1915 bei Gorlice, mit deutscher Unterstützung im Norden, und der Durchbruch gelingt. Nach sechs Wochen ist Lemberg zurückerobert, Przemysl entsetzt, Galizien befreit. Bis in den September geht der Feind über 500 Kilometer zurück, verliert die Hälfte seiner Truppen und muß große Mengen von Material aufgeben.

*

An der italienischen Front ist Conrad zur Defensive gezwungen, weil der Großteil seiner Kräfte gegen die Russen eingesetzt sind. Als er hier im Frühjahr 1916 in die Offensive

156

geht, muß er das allein tun, denn für die deutschen Verbündeten hat die französische Front Vorrang. Wie in Gorlice ist der Durchbruchsschwerpunkt hervorragend gewählt, doch der Mangel an Truppen läßt den Angriff nach vielversprechenden Anfangserfolgen steckenbleiben.

*

Nach der Thronbesteigung Karls I. wird Conrad seines Postens als Generalstabschef enthoben und zum Heeresgruppenkommandant in Tirol ernannt. Wieder scheitert die Offensive, die er im Herbst 1917 parallel zu jener unternimmt, welche die österreichisch-deutschen Verbündeten bis an die Piave bringt, an fehlenden Kräften.

In der Piaveschlacht im Juni 1918 wird der mit unzulänglichen Mitteln begonnene Angriff seiner Heeresgruppe schon am ersten Tag zurückgeschlagen. Die Politiker und die öffentliche Meinung, die einen Sündenbock brauchen, fordern seinen Kopf. Conrad wird seines Postens enthoben und verläßt die Armee, der er 55 Jahre lang gedient hat.

*

Mit dem Durchbruch bei Gorlice hat Conrad ein bemerkenswertes Kapitel Kriegsgeschichte geschrieben. Er hätte weitere schreiben können, wären ihm nicht die Mittel dazu verwehrt worden. Seine Mißerfolge beruhten weniger auf taktischen oder strategischen Fehlern als auf der inhärenten Schwäche des Systems, das ihm die notwendige Kampfstärke versagte. Überdies ist es ihm nicht gelungen, die deutschen Verbündeten zu überzeugen, daß die Entscheidung im Osten oder sogar im Süden gesucht werden mußte, nicht im Westen. Schließlich fehlte ihm jenes Unwägbare, jenes Zeichen des Schicksals, das den siegreichen Feldherrn stets begleitet: das Glück.

SVETOZAR BOROEVIĆ VON BOSNA

Umetić (Kroatien), 3. Dezember 1856 – Klagenfurt, 23. Mai 1920

Es gibt ein schönes, höchst aufschlußreiches Photo von Boroević, das aus der Zeit des Kriegsbeginns 1914 stammt. Er sitzt ohne Ehrenzeichen in der kleinen Montur eines Generals der Infanterie da, seine großen Hände auf den Leib gelegt. Die Augen sind melancholisch, vielleicht auch müde. Das runde Gesicht mit den groben Zügen könnte einem Bauern gehören, der nach getanem harten Tagwerk auf einer Bank vor seinem Hof ausruht – oder einem Soldaten aus alter Zeit, der am Abend nach der Schlacht über die Vorfälle des Tages sinniert, über das Hin- und Herwogen des Kampfes, über die gefallenen Kameraden. „Dieser kaum mittelgroße, fast zierliche Körper, auf dem freilich ein starker, bedeutender Kopf mit breiter Stirn und kalten, durchdringenden Augen saß, war die personifizierte, unerschütterliche, fast phantasielose Energie. Wenn sich Boroević irgendwo hinstellte, dann blieb er dort festgewurzelt. Er ließ keinen Fußbreit locker", schreibt Glaise-Horstenau.

*

Festgewurzelt! Das ist der treffende Ausdruck. Sein Vater, ein Kroate, stammte aus einer Grenzerfamilie und war selbst Grenzer. Auch seine Mutter, ebenfalls Kroatin, stammte aus einer Grenzerfamilie. Einfache, solide, gläubige und verwurzelte Leute also, dem Hause Habsburg ergeben und tief überzeugt, ein lebendiger Teil der Monarchie und ein wichtiges Bollwerk gegen das Vordringen des Orients zu sein.

*

Svetozars Vater bestimmt den Sohn für die militärische Laufbahn. Er besucht die Militär-Oberrealschule, dann die Kadettenschule in Groß-Liebenau. Mit 19 wird er zum Leutnant „außer der Reihe" ernannt. Nach der Teilnahme am Okkupationsfeldzug in Bosnien-Herzegowina besucht er die Kriegsschule und wird dem Generalstab zugeteilt. Anschließend lehrt er Taktik und Militärgeschichte. In den folgenden Jahren übernimmt er zunehmend wichtigere Aufgaben, so die Leitung des Stabes des 8. Armeekorps in Prag oder, von 1907 bis 1912, das Kommando des siebten kroatisch-slowenischen Landwehrdistrikts in Agram. 1908 wird er Feldmarschalleutnant.
Als der Krieg ausbricht, ist er General der Infanterie und befehligt in Kaschau das 6. Korps. Gleichzeitig wird er Inhaber des 51. k.u.k. Infanterieregiments.

*

Schon zu Beginn des Krieges zeigt er, wessen er fähig ist. In der Schlacht bei Komarow

(25. August–3. September) hält er die ihm zugeteilten Stellungen trotz russischer Überlegenheit und sichert damit der Armee Auffenbergs den Sieg. „Energie, Tatkraft, glänzende militärische Begabung" sind die Ausdrücke, die in den Berichten über ihn immer wiederkehren.

Als die dritte Armee von den Russen aus Lemberg vertrieben wird, entsinnt sich Generalstabschef Conrad seiner hervorragenden Leistungen bei Komarow und ernennt ihn zum Befehlshaber dieser Armee. Boroevic läßt sich vom jammervollen Zustand der ihm anvertrauten Truppen nicht beeindrucken. Er zögert notfalls nicht, mit drakonischen Maßnahmen „in das Chaos Ordnung zu bringen".

*

Es gelingt ihm, die Front zu stabilisieren, Gegenangriffe zu führen und die Festung von Przemysl eine Zeitlang zu entsetzen; in der Folge nimmt er an den Karpatenkämpfen teil, wo die Russen gerade noch aufgehalten werden können.

*

Im Mai 1915 erklärt Italien Österreich-Ungarn den Krieg und Boroević wird zum Befehlshaber der 5. Armee am Isonzo ernannt. Er ist für einen Frontabschnitt verantwortlich, der sich von der adriatischen Küste bei Duino bis nach Kra (2245 Meter über dem Meere) bei Tolmein erstreckt. Er verfügt nur über schwache Einheiten, seine Artillerie ist ein Restbestand, es fehlt an Munition ebenso wie an Stacheldraht und Aufklärungsflugzeugen. Schützengräben und Unterstände sind im Karst äußerst schwierig zu bewerkstelligen, die Splitter der einschlagenden Granaten mörderisch. Aber trotz der oft erdrückenden italienischen Überlegenheit halten Boroević und seine Männer unter schweren Opfern aus. Bis September 1917 finden elf Abwehrschlachten statt, die Österreich auf einer Front von 65 Kilometern 470 000 Verwundete und Gefallene kosten.

*

In diesem auch für die angreifenden Italiener schwierigen Gelände bewährt sich Boroević als Herr der Lage. Er erinnert an eine Bulldogge, die ihr Terrain um jeden Preis verteidigt,

159

ohne auch nur einen Gedanken an einen Rückzug zu verschwenden. Im Gegensatz zu Conrad, der nur von der Offensive und von brillanten Manövern träumt, mißtraut Boroević dieser Art von Taktik. Wenn er etwas hat, dann hält er es auch fest und glaubt, daß es damit genug sei. Die Mentalität eines Bauern oder Grenzers, festgewurzelt in seinem Boden. Man hat dieser Taktik zum Vorwurf gemacht, daß sie von den Österreichern mit hohen menschlichen Verlusten bezahlt wurde. Andererseits ist betont worden, daß sie sich bewährt habe, da die Italiener keinen einzigen wesentlichen Sieg errangen und ihre Terraingewinne, von Görz abgesehen, unbedeutend waren.

*

Die Großoffensive in der zwölften Isonzo-Schlacht war nicht eigentlich das Werk des inzwischen zum Generalobersten beförderten und geadelten Boroević, sondern das der österreichisch-ungarischen Heeresleitung. Die Grundidee war, den Hauptangriff gegen die Becken von Tolmein und Flitsch zu richten. Ein bayerischer Gebirgskriegsspezialist hatte an Ort und Stelle konstatiert, daß die Operation durchführbar sei und das deutsche Oberkommando beschloß, sieben erfahrene Divisionen und bedeutendes Kriegsmaterial den Österreichern zur Verfügung zu stellen. Das Ziel: der Tagliamento. Überall weichen die Italiener zurück, der Fluß wird überschritten, Görz wieder eingenommen. Die Kroaten von Boroević zeichnen sich durch ihren Unternehmungsgeist und ihre Kühnheit besonders aus. Der italienische Oberkommandierende befiehlt den allgemeinen Rückzug hinter die Piave, die zu halten ihm gelingt. Die Italiener müssen schwere Verluste hinnehmen: 10 000 Gefallene, 30 000 Verwundete, 300 000 Gefangene. Beträchtliches Material fällt in österreichische Hände, unter anderem 3 150 Kanonen.

*

Conrad von Hötzendorf befürwortet eine neue Offensive, um diesmal die Entscheidung zu erzwingen. Er will zwischen Etsch und Piave angreifen und in Richtung Vicenza vorstoßen. Boroević widersetzt sich diesem Vorhaben. Er denkt dabei nicht nur in taktischen Kategorien, sondern auch in politischen. In seinen Augen sollte eine Armee damit beginnen, sich zu verstärken und zu reorganisieren. Klarblickend weiß er, daß Deutschland nicht ewig kämpfen kann und daß sich Österreich-Ungarn ein militärisches Instrument erhalten muß, das nach dem Ende der Feindseligkeiten eine entscheidende Rolle spielen und die diplomatischen Beschlüsse der Entente-Mächte durch sein Gewicht beeinflussen kann. Wenn aber eine Offensive stattfinden soll, dann wenigstens nicht an zwei, sondern an einer Front, am besten in der venezianischen Ebene. Man hört aber nicht auf Boroević, und am 16. Juni 1918 eröffnet die k.u.k. Armee an zwei Fronten den Angriff, den letzten ihrer Geschichte. Auf dem rechten Ufer der Piave werden Brückenköpfe errichtet, aber schon am 20. Juni befiehlt der Kaiser den Rückzug auf das linke Ufer. Was die Offensive Conrads im Nordwesten angeht, so bleibt auch diese stecken. Österreich-Ungarn hat die letzte Chance auf den Sieg in Italien vertan.

160

*

Ende Oktober erhält Boroević Befehl, Venetien zu räumen. Er zieht sich in Etappen über den Tagliamento zurück. Überall nehmen die Italiener mit bedeutenden Kavallerieeinheiten die Verfolgung auf. Die Einheiten beginnen sich aufzulösen. Die Truppen, die sich als demobilisiert betrachten, kehren nach Hause zurück. Die nichtdeutschen Soldaten stecken sich Kokarden mit ihren neuen Nationalfarben an oder schwenken revolutionäre Fahnen. Die italienische und slowenische Bevölkerung zeigt sich immer feindseliger. Boroević verlangt Instruktionen: „Ist es noch Aufgabe der Armee, gegen Italien zu kämpfen, oder ist es dringender, dem Hinterland Assistenz und der Heimat Truppen zuzuführen?" telegraphiert er. Er erhält keine Antwort.

*

Von nun an zeigt sich das Schicksal unbarmherzig mit Boroević. Im September 1918 ertrinkt sein einziger Sohn mit 17 Jahren.

Bis zum Ende hat Boroević an die Möglichkeit geglaubt, den Zusammenhalt der Armee zu wahren; er resigniert erst beim Debakel von Vittorio. Er beschließt, nach Kroatien heimzukehren, aber die neue Obrigkeit des SHS-Staates läßt ihn wissen, daß er unerwünscht sei. Darüberhinaus verweigert sie ihm seine Pension. Man geht so weit, sein und seiner Gattin Gepäck zu beschlagnahmen, das unter anderem die eindrucksvolle Sammlung seiner Auszeichnungen und Diplome enthält.

*

Er zieht sich nach Klagenfurt zurück und lebt am Rande des Elends, eine Zeitlang nur von dem Ehrensold, der ihm als Ritter des Maria-Theresien-Ordens zusteht. In diesen dunklen Stunden zeigt Boroević seine wahre Größe – deutlicher vielleicht als auf dem Schlachtfeld – in einer Mischung aus Stoizismus und Hoffnung: „Ich lebe seit der Demobilisierung zur Miete in zwei kleinen Zimmern eines Häuschens am Wörthersee von meiner Theresien-Ordens-Pension und von Schulden und bin nicht in der Lage, meine seit Kriegsbeginn in Wien deponierte Einrichtung an mich zu ziehen und mich irgendwo niederzulassen. Trotzdem blicke ich, von Jugend auf an Entbehrungen aller Art gewöhnt und von meiner braven Frau unterstützt, ungebrochen der Zukunft entgegen." Jahre später wird seine „brave Frau" in tiefstem Elend sterben.

Am Vorabend seines Todes schreibt er einem Freund, der über die Last des Alters klagt: „Wäre ich bei Dir, Du bekämst täglich einen Teil der Sporen ab, die ich mir gebe und denen ich – ob mit Recht oder Unrecht – es zuschreibe, wenn ich unter den Erfahrungen der letzten zwei Jahre nicht niederbrach. Mein bester Freund ist das Buch geblieben, da ich durch die Verhältnisse von allem, was sonst das Leben verschönt, abgeschlossen bin. Hätte ich ein Heim und meine Einrichtung, eine Köchin und einige Freunde in meiner Nähe, mein Himmel hinge voller Geigen. Du siehst, wie bescheiden ich geworden bin."

*

Vergleicht man Boroević mit einem Conrad, einem Potiorek oder einem Haus, kann er einem fast „naiv" vorkommen, was nicht herabsetzend gemeint ist. Mit starker Intelligenz begabt, verfügt er vor allem über eine solide psychische Verfassung, was ihn im Krieg zum Retter in hoffnungslos erscheinenden Lagen werden läßt. Er ist vor allem ein Mann des Terrains und der Armee, die er durch und durch kennt: „Ich personifiziere die Autorität, die Disziplin und freieste Entfaltung im Rahmen derselben. Rücksichtslos schaffe ich alle Dummköpfe ab!" Er hat sich immer und überall seine freimütige Rede bewahrt, selbst den höchsten Instanzen gegenüber. Dazu besaß er die wichtigste Eigenschaft eines großen Soldaten, nämlich in jeder Lage kaltes Blut zu bewahren, so daß er in den zwölf Isonzoschlachten nicht nur Tapferkeit zeigte, sondern es auch verstand, seinen Offizieren und Truppen Mut einzuflößen.

*

Aber auch einige Überzeugungen von elementarer Kraft bestärkten ihn in seiner Haltung: „Politisch war Boroević der kroatische Soldat, wie er leibte und lebte, schwarz-gelb und gut kaiserlich bis in die Knochen, großösterreichisch-übernational in jenen Grenzen, die ihm die Anhänglichkeit an seinen eigenen Volksstamm zog." (Glaise-Horstenau)

RUDOLF ANTON VON SLATIN

Ober St. Veit, 7. Juni 1857 – Wien, 4. Oktober 1932

In der k.u.k. Armee war er nur kleiner Reserveleutnant, dem allerdings seine militärischen wie seine Abenteuer überhaupt weltweite Berühmtheit eintrugen, die kein Feldmarschall oder Feldzeugmeister dieser Zeit besaß.

Seine jüdischen Vorfahren stammten aus Böhmen. Sein Vater hatte sich zum Katholizismus bekehrt und in zweiter Ehe eine konvertierte Jüdin geheiratet, die ihm fünf Kinder schenkte. Über seinen Beruf weiß man recht wenig, er dürfte indes genug eingetragen haben, um der Familie einen anständigen Lebensunterhalt zu sichern.

*

Er besucht die Handelsakademie und scheint dort ein mäßiger Schüler gewesen zu sein. 1874 erfährt er, daß ein Buchhändler in Kairo einen sprachkundigen und kaufmännisch ausgebildeten Gehilfen sucht. Da seine Familie nach dem plötzlichen Tod des Vaters in beengten Verhältnissen lebt, tritt er die Stelle an, obwohl sein Französisch nicht besonders und sein Englisch faktisch nicht vorhanden ist. Zu dieser Zeit mußte der schwarze Kontinent – als Ort von Geheimnissen und Gefahren – einen jungen Menschen mit lebhafter Phantasie faszinieren, der sich in einer Wiener Schule langweilte.

Eines Tages besucht der berühmte deutsche Forschungsreisende Theodor von Heuglin – der einige Jahre früher Tegetthoff auf seiner Reise nach Aden begleitet hatte – die Buchhandlung, in der Slatin arbeitet. Die beiden Männer finden aneinander Gefallen und der Deutsche nimmt den Österreicher auf eine Expedition an die Küste des Roten Meeres mit. Von September 1874 bis Ende 1875 erforscht Slatin die Nuboberge und erreicht vielleicht Darfur. In Khartum trifft er den Arzt und Forscher Eduard Schnitzer, der dem ägyptischen Khediven dient und unter dem Namen Emin Pascha Berühmtheit erlangen sollte. Er bittet ihn, sich bei General Gordon, einem hohen Beamten in der Verwaltung des Khediven, zu verwenden, um eine Beschäftigung zu erhalten. Aber gerade zu diesem Zeitpunkt ruft ihn seine Familie nach Wien zurück, da der Einberufungsbefehl zugestellt worden ist.

*

Am 25. September 1876 tritt er als Rekrut in das zwölfte Feldjägerbataillon ein. In den Formularen, die er ausfüllen muß, gibt er als Beruf „Erforscher der Wildnis" an. Ein ehrgeiziges Programm! Er erweist sich als ausgezeichneter Soldat, der Ende 1877 im 19. Infanterieregiment zum Reserveleutnant befördert wird. Seine Vorgesetzten beurteilen ihn folgendermaßen: „Kommandiert einen Zug und die Kompanie gut. Führt einen Zug im

163

Gefechte mit Umsicht. Im Feld- und Partrouillendienst sehr verwendbar und entspricht den an ihn gestellten Anforderungen in jeder Beziehung."

Er wird zum Okkupationsfeldzug nach Bosnien-Herzegowina kommandiert, kommt aber nicht ins Feuer. In Bosnien empfängt er den Brief des angesehenen Generalgouverneurs des Sudans, des Briten Gordon, der sich in China während des Boxeraufstandes ausgezeichnet hat und der ihm nun einen Posten in seinem Stab anbietet. Schnitzler hatte sein Versprechen, ihm eine Stelle zu verschaffen, gehalten.

*

Mitte Januar 1879 trifft Slatin, der sich nur mit großer Mühe aus der k.u.k. Armee verabschieden konnte, in Khartum ein. Er steht nun zwar im Dienste des Khediven von Ägypten, hängt aber de facto vom allmächtigen Gordon ab, der mit seinen 30 000 ägyptischen Soldaten und örtlichen Hilfstruppen mehrere Millionen Quadratkilometer unter Kontrolle hat. Gordon bemüht sich, die Schlüsselpositionen auf diesem immensen Territorium mit Europäern zu besetzen. Ein Schweizer, ein Brite und mehrere Italiener sind bereits Gouverneure verschiedener Provinzen. Slatin beginnt in der wenig angenehmen Funktion eines Finanzinspektors, bevor er zum „Mudir", das heißt zum Provinzgouverneur des südwestlichen Darfurs ernannt wird. Bald machen ihm lokale Aufstände zu schaffen, die er mit Erfolg niederschlägt. Durch seinen unermüdlichen Einsatz gelingt es, eine funktionierende Verwaltung aufzubauen. Der Lohn läßt nicht auf sich warten. Nach 27 Monaten ernennt ihn der Khedive zum Gouverneur der gesamten Provinz Darfur. Er ist nun 24 Jahre alt und der absolute Herrscher eines Gebietes von der Größe der Schweiz und Deutschlands zusammen.

*

Im Sommer 1881 läßt sich ein gewisser Mohammed Achmed zum „neuen Mahdi" ausrufen. Er gibt sich als Messias aus, der den Sudan vom Joch der Ägypter und Europäer befreien wird. Seine flammenden Reden fanatisieren das Volk, das sich alsbald unter der schwarzen Fahne der Revolte sammelt. Die ägyptischen Truppen werden von den Derwischen geschlagen. Von nun an zweifeln seine Gläubigen nicht, daß er von Allah gesandt und daher unbesiegbar ist. Die Bewegung nimmt lawinenartig zu; Ende 1881 steht der gesamte Sudan in Aufruhr. Die Hauptstadt von Cordofan, Al Obeid kapituliert Anfang 1883 vor dem Gottgesandten. Sie wird geplündert, eine Schreckensherrschaft errichtet und der Gouverneur mit der Axt massakriert. Der Mahdi kontrolliert nun eine ganze Provinz.

*

640 Kilometer weiter westlich sieht sich Slatin mit dem Aufstand Madibbos, eines Leutnants des Mahdi konfrontiert. Er verfügt nur über eine jämmerlich ausgerüstete, aus ägyptischen Soldaten und Negersklaven zusammengesetzte Truppe. Seine kleine Armee gerät in einen Hinterhalt und entgeht gerade noch der vollkommenen Vernichtung. Am Abend nach der Niederlage lassen ihn seine mohammedanischen Offiziere wissen, daß ein Christ

164

niemals den Mahdi besiegen werde. Am folgenden Tag ruft er seine Männer zusammen und teilt ihnen mit, daß er sich zum Islam bekehrt habe. Dieser hastige, von Opportunismus diktierte Schritt scheint ihn keine Überwindung gekostet zu haben. Gordon, ein überzeugter und militanter Christ mit der Seele eines Kreuzfahrers, wird ihm diese in seinen Augen erbärmliche Heuchelei niemals vergeben.

*

Eine Zeitlang gehorchen die Truppen ihrem frisch bekehrten Kommandanten, der sich, gründlich wie er ist, beschneiden hat lassen und sogar eine Prinzessin aus dem Königshaus von Darfur geehelicht hat. Doch die militärische Lage verschlechtert sich laufend, um Ende 1883 in die Katastrophe zu münden. Eine von dem Engländer Hicks kommandierte starke Abteilung der ägyptischen Armee will Al Obeid, die „Hauptstadt" des Mahdi einnehmen; sie wird aufgerieben. Als Slatin Ende Dezember von der Vernichtung dieser Hilfstruppen erfährt, sieht er ein, daß jeder Widerstand sinnlos geworden ist und ergibt sich Madibbo.

Ein Leidensweg von mehr als elf Jahren beginnt.

*

Er wird in das Feldlager eines Vetters des Mahdi gebracht, wo er den Foltern zusehen muß, mit denen man die Gefangenen dazu bringen will, die Verstecke ihres Goldes preiszugeben. Wenig später führt man ihn zum Mahdi, der ihn wochenlang zwingt, vom Morgengrauen bis zum Einbruch der Nacht an den anstrengensten geistlichen Übungen teilzunehmen.

In Großbritannien verlangt inzwischen die Öffentlichkeit, Hicks zu rächen und Gordon, der in sein Land zurückgekehrt war, neuerlich in den Sudan zu entsenden. Als der Mahdi erfährt, daß sein alter Feind wieder in Khartum ist, belagert er die Stadt mit 40 000 Kriegern. Nun befiehlt der Gesandte Allahs dem Österreicher, einen Brief mit der Aufforderung zur Übergabe an Gordon zu verfassen. In Wahrheit schreibt Slatin drei Briefe, zwei geheuchelte, während er sich im dritten bemüht, seine „Bekehrung" und die Kapitulation zu erklären, „die für mich als österreichischer Offizier nicht leicht gewesen ist". Der

Mahdi aber, den man vom Inhalt dieses Schreibens unterrichtet, betrachtet ihn nunmehr als Verräter und läßt ihn in Ketten legen.

*

Am 25. Januar 1885 erobert der Mahdi Khartum. Slatin sitzt vor seinem Zelt, als er eine Menge von Derwischen herankommen sieht. Ein Neger trägt ein blutiges Tuch in Händen, dessen Inhalt er dem Gefangenen vorweist: das Haupt Gordons. Mit noch schwereren Ketten wird Slatin in einen stinkenden Kerker geworfen. Erst nach fünf Monaten kommt er wieder heraus, nachdem ihn der Mahdi begnadigt hat. Verbraucht vom Laster, stirbt dieser bald. Slatin vermacht er seinem Nachfolger, dem Khalifa Abdullahi.

*

Der Österreicher ist vor allem bestrebt, seine Lage zu verbessern und verhält sich seinem neuen Herrn gegenüber sehr geschickt. Einerseits schmeichelt er ihm, andererseits sucht er sich durch Vermittlung militärischer Kenntnisse unentbehrlich zu machen. Bald übernimmt er die Aufgaben eines Armee-Inspektors und bemüht sich ohne viel Erfolg, den wilden Horden des Khalifa taktische Grundkenntnisse beizubringen. Dieser zeigt sich befriedigt und schenkt ihm ein Pferd sowie Sklavinnen für seinen Harem. Slatin beklagt sich schließlich, er wisse nicht mehr, was anfangen mit all diesen Frauen und zöge Geld und Gold vor. Die Tage, Monate, Jahre verstreichen in Omdurman, das der Khalifa zu seiner Hauptstadt gemacht hat, in erdrückender Monotonie. Dazu kommt, daß Slatin in ständiger Furcht vor einem Fehler oder einer Denunziation leben muß, die Ungnade oder gar den Tod bedeuten könnten.

*

Im Mai 1887 bringen die Soldaten des Khalifa einen Gefangenen ins Lager. Es ist Karl Neufeld, ein Preuße von 45 Jahren, Kaufmann seines Standes, der die Unvorsichtigkeit begangen hatte, in diesen feindseligen Gebieten Gummiarabikum einzuhandeln. Im Gegensatz zu Slatin ist Neufeld überzeugter Christ, der eine Bekehrung ablehnt und sich auch sonst als unbezähmbar erweist. Er wird gefoltert, man droht ihm mit der Enthauptung, aber er gibt nicht nach. „Geh zu deinem Khalifa", erklärt er dem Henker, „und sage ihm, daß weder er noch fünfzig Männer wie er mir ohne die Erlaubnis Gottes ein Haar krümmen können." Der Khalifa befiehlt nun, ihn „wie seinen Propheten Jesus" zu kreuzigen; dann wieder befiehlt er, ihn aufzuknüpfen. Der Henker legt ihm das Seil um den Hals und fragt: „Wie willst du nun sterben, als Mohammedaner oder als Christ?" Der Preuße antwortet: „Die Religion ist kein Kleid, das man heute anzieht und morgen fortwirft." Diese stolze Antwort dürfte ihm das Leben gerettet haben, doch er verbringt nun vier Jahre in einem entsetzlichen Kerkerloch. Man kann sich vorstellen, daß diese feste Haltung eine Ohrfeige für Slatin war, der seine Religion tatsächlich weggeworfen hatte.

*

So unglaublich das erscheinen mag, erreicht ein Anfang 1884 abgesandter Brief Slatins Ende des Jahres seine Familie in Wien. Monate später erhält er die Antwort. Von nun an korrespondiert der Gefangene mit Zustimmung des Khalifa regelmäßig mit den Seinen, die er zwischen den Zeilen über seine jämmerliche Lage unterrichtet.

Zu seinem Glück – er weiß aber noch nichts davon – trifft im Mai 1886 der schottische Offizier Francis Reginald Wingate in Kairo ein, wo er den militärischen Nachrichtendienst der anglo-ägyptischen Armee zu leiten hat. Unter anderem soll er die Lage im Sudan erkunden und Informationen über die Absichten des Khalifa beschaffen. Da er nur spärliche Auskünfte erhält, beschließt er, die Gefangenen der Derwische zu befreien, da nur sie ihm die notwendigen Angaben liefern können. Ein sudanesischer Agent Wingates nimmt den ersten Kontakt mit Slatin auf, andere folgen. Eine Flucht erweist sich indes als schwierig. Die Soldaten des Khalifa bewachen alle Pfade, und fast unendliche Wüsten trennen den Gefangenen von der Zivilisation. Und doch bleiben als Bettler verkleidete Mittelsmänner unter höchst gefährlichen Bedingungen mit ihm in Verbindung, um den Fluchtplan festzulegen. In einer stürmischen Nacht gelingt es ihm, aus Omdurman zu entkommen. Er findet am vereinbarten Ort Kamel und Führer und erreicht die Berge, wo er sich versteckt, weil ihn die Derwische verfolgen. Er schlägt sich zum Nil durch, über den ihn die Männer Wingates setzen. Nach einer Flucht von 24 Tagen über eine Strecke von rund 1000 Kilometern erreicht er endlich sein Ziel.

*

Am 16. März 1895 meldet er sich kurz nach Mittag in der Nähe von Assuan bei einem englischen Militärposten. Der kommandierende Oberst, der ihn für einen verlausten Araber hält, will ihn zuerst nicht empfangen. Nachdem er seinen Namen genannt hat, wird er mit Begeisterung aufgenommen. Die Gastgeber nähren und baden ihn und lassen ihn endlich schlafen. Währenddessen bereiten sie eine Überraschung vor. Für die Briten ist er ein österreichischer Offizier, den man standesgemäß zu behandeln hat. Aus verschiedenen Monturstücken der englischen Armee bastelt man ihm eine Leutnantsuniform der k.u.k. Armee. Als er am Abend in der Offiziersmesse erscheint, intoniert eine ausschließlich aus Negern bestehende Kapelle das „Gott erhalte".

*

Für Slatin hat die Stunde des Ruhms geschlagen, er ist der Held des Tages. Alle Welt möchte ihn kennenlernen, alle Türen stehen ihm offen. Die Weltpresse berichtet über seine Odyssee. Die Verleger belagern ihn; in aller Eile schreibt er einen Bericht über seine Abenteuer – *Feuer und Schwert im Sudan* –, der ungeheuren Erfolg hat.

Die Briten, die sich unbedingt seiner Dienste und seines Wissens zur Vergeltung ihrer Niederlage in Khartum versichern wollen, machen ihn zum Oberst. Mehrfach wird er von der alten Königin Victoria empfangen, die seine Erzählungen faszinieren. Sie zeichnet ihn mit dem Order of the Bath aus. In Wien, wo er seine Familie besucht, wird ihm der Franz-Josephs-Orden verliehen.

*

Zurück in Afrika, nimmt er an der Seite des Oberkommandierenden der anglo-ägyptischen Armee Kitchener am Feldzug gegen den Khalifa teil und erlebt in der Schlacht von Omdurman die Vernichtung der Derwische.

Von nun an ist der Aufstieg Slatins unaufhaltbar. Er wird Brigadegeneral, man überhäuft ihn mit Dekorationen. Während sein Freund Wingate – sein „Zwilling" wie man ihn nennt – Generalgouverneur des Sudans wird, ernennt man Slatin zum Generalinspekteur, eine Funktion, die er 14 Jahre lang ausüben sollte.

Fast alljährlich kehrt er nach Österreich zurück. Er wird vom Kaiser empfangen, der ihn in den Freiherrenstand erhebt.

*

Bei Kriegsausbruch 1914 befindet sich Slatin in Wien. Er möchte unbedingt in den Sudan, um auf seinen Posten zurückzukehren. Die Behörden hindern ihn aber an der Ausreise. Es bedarf des persönlichen Eingreifens des Kaisers, um ihm ein Visum zu verschaffen. In Triest erfährt er, daß sich Österreich-Ungarn und England im Krieg befinden. Sein Visum ist damit ungültig. Er kehrt in die Hauptstadt zurück und bietet der Armee und der Verwaltung seine Dienste an, die zurückgewiesen werden, denn letztlich mißtraut man ihm. Ist er Engländer oder Österreicher? Wie steht es mit seiner Loyalität? Man läßt ihn ein Jahr warten, bis man ihn zum stellvertretenden Direktor des zentralen Informationsbüros für Kriegsgefangene und zum Vizepräsidenten des Kriegsgefangenenausschusses des österreichischen Roten Kreuzes macht. Dank seiner vielfältigen Kontakte leistet er ausgezeichnete Dienste.

Die Kriegsjahre sind für Slatin eine harte Prüfung. Er sitzt zwischen zwei Stühlen, sein Herz ist zwischen Wien und London zerrissen.

*

Als er nach dem Krieg nach England fahren will, verweigert man ihm die Einreise, da man ihn, wie alle Österreicher, noch immer als Feind betrachtet. Das neue Regime in seinem Vaterland, das ihm all seine Titel und Auszeichnungen genommen hat, stößt ihn ab. Er ist nunmehr ein Namenloser, eine Art „Mann ohne Eigenschaften". 1920 erlaubt man ihm endlich die Einreise nach England. Aber bald begreift er, daß auch dieses Nachkriegs-Großbritannien nicht mehr das alte ist, daß er auch hier keine Bleibe hat.

1921 stirbt seine Frau, die er spät geheiratet hat, und hinterläßt ihm eine viereinhalbjährige Tochter. Die Zukunft des Kindes bereitet ihm Sorge. Er ist 63 Jahre alt – was wird nach seinem Tod? Er zieht sich nach Südtirol zurück und lebt dort von seiner britischen Pension und seinen beachtlichen Autorenrechten. Alljährlich hält er sich in England auf.

*

Einmal noch kehrt er in den Sudan zurück, wo er so viel erlitten hat und den er trotzdem so liebt. Ende 1926 lädt ihn die dortige Regierung ein, der Eröffnung eines Stauwerks beizuwohnen. Er sieht Omdurman und das Haus des Khalifa wieder. Aber alles ist verändert. Das Auto ist an die Stelle des Kamels getreten, und nur einige Greise erinnern sich noch an ihn. Er findet die Spuren jener vergangenen Welt nicht mehr, in der er mehr als elf Jahre verbracht hat.

*

Als ehemaliger Feind Großbritanniens ist Slatin nicht mehr berechtigt, die ihm verliehenen englischen Orden zu tragen. Eine königliche Order gesteht ihm jedoch dieses Recht aufs neue zu. Es ist dies eine seiner letzten Freuden.

*

25. September 1932. Letzte Eintragung Slatins in seinem Tagebuch, auf englisch mit fast unleserlicher Schrift: „Ich habe nichts getan...". Er hat nicht mehr die Kraft, den Satz zu beenden. Zehn Tage später ist er tot.

FRANZ HINTERSTOISSER

Aigen (Salzburg), 28. April 1863 – Wien, 6. März 1933

Anfang des Jahres 1890 beschließt Leutnant Hinterstoisser vom Eisenbahn- und Tele-graphen-Regiment, das in Korneuburg stationiert ist, sich mit einigen Kameraden frei-willig zum Luftschiffer-Dienst zu melden, der soeben geschaffen worden ist. Im April be-ginnt er in Wien den militär-aeronautischen Kurs unter Leitung des berühmten *sportsman* und fruchtbaren Schriftstellers Victor Silberer, der im Prater eine aeronautische Anstalt mit zwei Ballons und reichlichem Vorführungsmaterial eingerichtet hat. Zusammen mit sechs anderen Frequentanten, die unter 65 Anwärtern ausgewählt wurden, brennt er dar-auf, den Himmel zu erobern. „Um uns würdig vorzubereiten", schreibt er, „glaubten wir am besten zu tun, das Gondeln zu lernen. Wir besorgten uns daher ein Abonnement auf diversen Schaukeln in einer der Praterbuden und fuhren in den Frühstunden, wo der Volksprater ja menschenleer war, manche Stunde in den schaukelnden „Kriegsschiffen" herum, um uns an die Seekrankheit zu gewöhnen." Als der Kurs im August zu Ende geht, haben die Teilnehmer ein Dutzend Aufstiege im Fesselballon hinter sich, darunter einen im Alleinflug. Im folgenden Jahr absolviert Hinterstoisser einen weiteren Kurs und ist bald ein erfahrener Luftschiffer.

*

Mehrfach wird er nach Preußen und Bayern entsandt, um sich mit der Organisation der Militär-Aeronautik vertraut zu machen, die in diesen Ländern schon ziemlich fortge-schritten ist. Dem technisch-administrativen Militärkomitee zugeteilt, hat er über den Bal-lontyp zu entscheiden, der in der k.u.k. Armee zum Einsatz gelangen soll. 1893 erhält er einen Lehrauftrag an der militär-aeronautischen Anstalt, 1896 führt er im Rahmen der Budapester Millenium-Ausstellung den Ballon Hungaria vor. Ende 1897 wird er zum Kommandant der militär-aeronautischen Anstalt im Wiener Arsenal ernannt: „In diese Zeit", notiert er, „fällt auch ein sehr wichtiger Punkt für die weitere Entwicklung der Luft-schiffahrt: die reichere Dotierung mit Geldmitteln, so daß die Ausbildung von Luftschif-feroffizieren und Luftschiffermannschaften sowie die Beschaffung von Material nunmehr rasche Fortschritte machen konnten; hiebei möchte ich darauf hinweisen, daß seit 1898 das gesamte Ballonmaterial aus Österreich-Ungarn, also vom Auslande vollkommen un-abhängig (...) beschafft wurde."
Hinterstoisser, ein überzeugter Vorkämpfer der aeronautischen Sache, entfaltet eine rege Betriebsamkeit, um sie populär zu machen. Er hält Vorträge, veröffentlicht zahlreiche Ar-tikel, nimmt an Kongressen teil. Daneben befaßt er sich mit der Luftfotografie, informiert sich über die Methoden des Ballonbaus im Ausland – in Deutschland etwa beim Grafen

Zeppelin – und unterhält eine umfangreiche Korrespondenz mit Aeronauten in der ganzen Welt. Die Heeresmanöver erlauben ihm, die Technik der Luftbeobachtung zu verbessern und den noch skeptischen Offizieren ihre Nützlichkeit zu demonstrieren. Daneben ist er im Wiener Flugtechnischen Verein aktiv und gründet 1901 den Wiener Aero-Klub, aus dem er sich übrigens bald zurückzieht, nachdem er sich mit dem Präsidenten, seinem einstigen Lehrer Silberer überworfen hat.

*

In Begleitung des Erzherzogs Leopold Salvator, der sich vehement für seine Projekte einsetzt, fliegt er im April 1901 mit dem Ballon *Meteor* von Augsburg nach Bludenz. Im folgenden Jahr, wieder in Gesellschaft des Erzherzogs, gelingt ihm auf einem Flug von Salzburg nach Weissenkirchen in der Steiermark die Überquerung der Alpen. Nie wird er die Eindrücke vergessen, die er auf dieser Reise empfing: „Immer mehr näherte sich der *Meteor* dem massigen Gebirge, von dem Seine Kaiserliche Hoheit sehr viele, sehr gelungene Aufnahmen machte, und es war kein Wunder, daß fast eine Stunde verstrich, ohne daß ein Wort gewechselt wurde, als wagten die beiden Luftschiffer nicht, die erhabene Stille und die hehre Einsamkeit zu unterbrechen, in der wir im prächtigen Sonnenschein über Gebirge mühelos hinwegzogen, die selbst im Hochsommer nur selten und mit größter Mühe erklommen werden können."

Insgesamt sollte es Hinterstoisser auf 180 Flüge bringen. Doch 1903 wird er zu einem in Rzeszów stationierten Infanterieregiment versetzt. Drei Jahre später heiratet er, seine Frau wird ebenfalls zur begeisterten Ballonfahrerin.

1907 überträgt ihm Generalstabschef Conrad, der technischen Neuerungen aufgeschlossen gegenübersteht, erneut die Leitung der Militär-Aeronautischen Anstalt, die 1909 zur k.u.k. Luftschifferabteilung wird. Hinterstoisser verfolgt mit größtem Interesse die Entwicklung des Flugwesens. Als ihm zu Ohren kommt, daß es den Brüdern Wright in den Vereinigten Staaten gelungen ist, mit einer Motorgleitmaschine zu fliegen, kennt seine Begeisterung keine Grenzen: „Aus der neuen Welt kam wie ein Sturmwind, der das Alte hinwegfegte, die Flugmaschine. Sie fiel wie ein Samenkorn auf den durch die viel geschmähten Theoretiker aufgeackerten Boden, der gar bald mit dem Blute ungezählter Pioniere gedüngt wurde und eine Saat zeitigte, welche den Traum von Jahrtausenden erfüllte! Der fliegende Mensch ist Tatsache geworden."

*

1913 quittiert Hinterstoisser, gerade fünfzigjährig, den Dienst, denn er will sich ganz der Militärschriftstellerei widmen. Bei Kriegsausbruch wird er jedoch reaktiviert, als Kommandant eines Bataillons im Eisenbahnregiment und als Lehrer für Telegraphenwesen an der Technischen Militärakademie in Mödling.

Während Europa vom Schlachtenlärm widerhallt, träumt „der eigentliche Begründer der militärischen Luftfahrt in Österreich", wie er zu Recht genannt wird, von der Zukunft des Flugwesens. „Es können noch Überraschungen kommen, nirgends leichter als in der Luftfahrt. Eines schönen Tages werfen vielleicht die Schwingerflieger, die Schraubenflieger oder etwas ganz Neues die ganze Selbstherrlichkeit der heutigen Drachen über den Haufen, wer kann es wissen?!"

STEFAN PETROCZY VON PETROCZ

Petrocz (Ungarn), 3. Januar 1874 – Budapest, 1957

Wien, am Morgen des 18. April 1808. Zahlreiche Schaulustige, unter ihnen Erzherzog Johann und Ludwig van Beethoven, haben sich versammelt, um ein seltsames Experiment zu beobachten. Ein großer Vogel mit zwei je sieben Meter langen Flügeln aus Schilf, Bambus und Papier steigt in 30 Sekunden mit 25 Flügelschlägen auf eine Höhe von 16 Metern. Der „Pilot", der aufrecht zwischen den Flügeln steht, bewegt diese mit Hilfe von Hebeln mit seinen Armen und Beinen. So ist zum ersten Mal in diesem neuen Jahrhundert etwas, das schwerer ist als Luft, vor den gebannten Zusehern emporgeflogen. Der Versuch fand europaweiten Widerhall, Jean Paul wird ihn mit Begeisterung feiern.

Es ist allerdings – um der Wahrheit die Ehre zu geben – hinzuzufügen, daß sich der Apparat nicht nur aus eigener Kraft, sondern auch von einem über ein an der Decke der Winterreitschule befestigtes Rad laufendes Gegengewicht mitgehoben wurde. Das Gegengewicht wog nur 42 Kilo, während der „Schwingerflieger" mit seinem menschlichen Motor 81 Kilo erreichte. So ermöglichte die Flügelkraft in der Tat zu einem guten Teil den Aufstieg.

Wenig später flog die Maschine – auch dank der finanziellen Unterstützung durch Kaiser Franz – über den Prater und ein weiteres Mal unter Orchesterbegleitung von Laxenburg in einer Höhe von 200 Metern nach Vösendorf. Aber auch hier hatte sich der Erfinder eines kleinen Tricks bedient und zwischen den Flügeln einen Wasserstoffballon montiert, dessen Steigkraft exakt dem Gewicht der Maschine entsprach. Die Steighöhe und die horizontale Bewegung wurde allerdings wieder durch Flügelschläge bewirkt.

Wer war nun dieser Erfinder? Es handelte sich um einen Schweizer aus dem Baslerland namens Jakob Degen, der schon als Kind nach Wien gezogen war; Kaiserin Maria Theresia hatte den Vater kommen lassen, um hier Webstühle zu bauen. Der von der Mechanik begeisterte Sohn wurde schließlich Uhrmachermeister, nachdem er an der Universität Vorlesungen über Physik, Mechanik und Mathematik gehört hatte.

An der Donau hat er lange den Flug der Vögel beobachtet. Da er weder Träumer noch Phantast war, studierte er systematisch Abhandlungen über Ornithologie, um den Flugvorgang zu begreifen. Später konstruierte er mit Hilfe eines Physikers eine „Schlagflügelapparat" genannte Maschine, die in einem Saal der Universität zum Fliegen gebracht wurde.

Ab 1813 beginnt sich Degen für einen neuen Typus zu interessieren und baut eine Art Helikopter mit zwei gegenläufigen Rotorblättern, die durch einen Uhraufzug betrieben werden. 1817 steigt das Modell im Prater auf eine Höhe von 100 Metern. Mit einem Fallschirme setzt es wieder sanft auf der Erde auf.

Die Idee, die Schwerkraft mit Hilfe von Rotorflügeln zu überwinden, war an sich nicht neu. Die Chinesen hatten Spielzeughelikopter konstruiert, Leonardo da Vinci griff das Problem auf, und der russische Gelehrte Lomonossow konstruierte schließlich Mitte des 17. Jahrhunderts ein Modell, während es den Franzosen Lamasy und Bienvenu gelang, einen Prototyp bis zu zwanzig Metern Höhe aufsteigen zu lassen (1784). Wenig später entwickelte der Engländer Cayley eine Spielzeugmaschine (die Rotoren wurden aus Hühnerfedern gebildet), die die Decke seines Zimmers erreichte. Während des ganzen 19. Jahrhunderts bemühten sich Techniker oder Bastler, einige von ihnen auch mit Erfolg, Helikopter herzustellen.

*

Degen sollte nun in Österreich der Initiator einer Entwicklung sein, die sich als fruchtbar erwies. Ab der Mitte des 19. Jahrhunderts legten verschiedene Forscher auf dem Boden der Monarchie bedeutende theoretische Arbeiten vor, so der Böhme Anton Jaromilik, der Offizier und Ingenieur Hermann von Hoernes, Georg Wellner oder Franz Geiger, um nur einige zu nennen. Was den Reichsdeutschen Wilhelm Kreß angeht, der sich in Österreich niedergelassen hatte, so gelang diesem mit seinen Captiv-Schrauben, anders gesagt, seinen Fessel-Hubschraubern bzw. Flugmaschinen ohne Anlauf (Senkrechtstartern mit Schwenkpropellern) ein entscheidender Durchbruch.

Sehr bald interessierte sich die k.u.k. Armee für diese Art von Apparaten, da sie geeignet erschienen, die Fesselballons, deren man sich für Aufklärungszwecke oder zur Steuerung des Geschützfeuers bediente, zu ersetzen. Der Bau derselben war nicht allein teuer und ihr Transport kompliziert, sondern ihr Gebrauch war außerdem hinsichtlich des Windes oder des feindlichen Feuers sehr unzuverläßig. Durch seine geringen Abmessungen, seine Beweglichkeit und die höhere Steiggeschwindigkeit konnte ein solcher Hubschrauber die riesigen und langsamen Ballons nur vorteilhaft ersetzen. Der von Kreß dem Kriegsministerium vorgeschlagene Apparat sollte von einem Elektromotor, der wiederum von einer Dampfmaschine angetrieben wurde, bewegt werden. Diese Einrichtung befand sich am Boden und wurde durch ein Elektrokabel mit dem Helikopter verbunden. Das technische Militärkomitee bestätigte der Erfindung die Möglichkeit des Funktionierens, so daß Kreß es unternahm, ein Modell im Maßstab 1 : 3 zu bauen, das allerdings wegen eines zu schwachen Elektromotors nicht abheben konnte. Aufgrund fehlender Mittel mußte das Projekt 1898 definitiv aufgegeben werden.

*

Erst im Weltkrieg wird die Idee der Captiv-Schraube wieder aufgenommen. Diesmal ist die bestimmende Figur – Kreß war bereits 1913 gestorben – ein Ungar: Stefan Petroczy von Petrocz. Er hatte die Theresianische Akademie besucht, war 1895 Leutnant geworden und hatte im Tiroler Kaiserjäger-Regiment gedient. Ab 1910 findet man ihn in der k.u.k. Luftschifferabteilung, der Pflanzstätte der Pioniere der österreichisch-ungarischen Luftschiffahrt. Kaum als Pilot ausgebildet, unternahm er einen Flug von Wiener Neustadt nach Fischamend, bei dem er sich auf dem Rückflug den Arm brach. Wenig später erhielt er den Offizierspreis für einen Langstreckenflug. Kurz darauf schlug er den Höhenrekord. 1905 wurde ihm das Kommando der ersten k.u.k. Militärfliegerschule anvertraut, die am Wiener Neustädter Flugfeld eingerichtet worden war. Im gleichen Jahr erhielt er das Diplom eines Feldpiloten.

*

Bei Kriegsbeginn wird Petroczy in einen Stab an der russischen Front beordert. Als sich der Mangel an Piloten, Aufklärern und Fotografen fühlbar macht, wird er nach Wiener Neustadt gerufen, um dort einen Intensivkurs zu leiten. Obwohl er sich dieser schwierigen Aufgabe hervorragend entledigt, kann er sich mit dem Gedanken, im Hinterland zu dienen, nicht anfreunden und setzt alle Hebel in Bewegung, um wieder an die Front kommandiert zu werden. Nachdem er als Stabsoffizier verschiedenen kämpfenden Einheiten zugeteilt worden ist, wird er im Juli 1917 zum Kommandanten des Fliegerarsenals in Fischamend befördert. Er ist nun sozusagen der Chef der aeronautischen Produktion in Österreich-Ungarn und nicht allein für die Lieferung von Flugzeugen, für die Beschaffung von Ersatzteilen und Material aller Art verantwortlich, sondern er hat auch den Herstellungsprozeß zu überwachen.

*

Im Frühling 1916 hat Petroczy, der das Fliegerlehrbataillon in Wiener Neustadt befehligt, die Idee, die allzu angreifbaren Ballons durch einen Schraubenfesselflieger zu ersetzen, der im Grunde nichts anderes ist als die Captiv-Schraube von Kreß. Das Kriegsministerium, das diesmal über bedeutende Mittel verfügt, zeigt sich am Projekt interessiert. Petroczy, der äußerst kooperationsfreudig ist, sammelt eine Anzahl von Spezialisten um sich, unter anderen Ferdinand Porsche, den technischen Direktor der Austro-Daimler-Werke in Wiener Neustadt. Letztere sollen den Elektromotor herstellen, dem vom Boden über ein Kabel Strom zugeliefert würde. Die Österreichische Flugzeugfabrik AG ihrerseits wird beauftragt, Modelle für den Fesselhubschrauber zu entwickeln. Dieser – den auch die Marine einzusetzen wünscht – soll bis auf eine Höhe von tausend Metern steigen und einer Windstärke von 8 Metern/Sekunde widerstehen können. Der Beobachter würde mit einem Fallschirm und einem Maschinengewehr zur Verteidigung gegen Angriffe feindlicher Flugzeuge ausgerüstet sein und in telefonischer Verbindung zum Boden stehen. Der Apparat soll um die 950 kg wiegen und eine Last von 240 kg laden können.

*

1916 hatten zwei Ingenieure, nämlich Karl Balaban und Oskar von Asboth ihrerseits das Modell eines Fesselhubschraubers – allerdings nur auf dem Papier – entwickelt. Petroczy ist klug genug, die Arbeiten dieser beiden Männer zu nutzen, denen er einen renommierten Gelehrten, Professor von Kàrmàn zuteilt. Es ist hier nicht der Ort, von den privaten wie offiziellen Versuchen zu berichten, die den Helikopter produktionsreif machen sollten. Am 21. August 1917 erhält die Ungarische Allgemeine Maschinenfabrik AG den Auftrag, das Rahmengestell eines Schrauben-Fliegers zu konstruieren, der PKZ-1 (Petroczy-Kàrmàn-Zurovec – letzterer war der Assistent Kàrmàns) getauft wird.
Die Zulieferung des Elektromotors durch Austro-Daimler verzögert sich, so daß der Apparat erst im März 1918 fertiggestellt werden kann. Die Versuche werden unmittelbar daraufhin aufgenommen. Beim ersten Flug erhebt sich der durch drei Kabel zurückgehaltene Helikopter einen halben Meter über den Boden, bald kann er sogar drei Mann tragen. Der Elektromotor erweist sich allerdings als zu schwach, so daß die Versuche unterbrochen werden müssen.

*

Zurovec seinerseits hatte aus eigener Initiative und mit privaten Mitteln einen PKZ-2 mit einer neuen Zelle und drei Benzinmotoren entwickelt. Petroczy unterstützt das Projekt materiell wie mit seinen Ratschlägen. Am 2. April erhebt sich der Hubschrauber 1,2 Meter über den Boden. Nachdem er mit stärkeren Motoren ausgerüstet worden ist, können um die 30 Flüge bis zu 50 Metern durchgeführt werden, was zu jener Zeit alle Rekorde schlägt. Das Kriegsende unterbricht jäh die erfolgversprechenden Versuche. Die Italiener demontieren die Einrichtungen in Fischamend und nehmen den PKZ-2 mit, jenen Prototyp, der den Erfindern und der gemeinsamen Arbeit der österreich-ungarischen Ingenieure alle Ehre machte. „Fest steht, daß in Österreich-Ungarn die Weiterentwicklung des Hubschraubers in staatlichem Auftrag durchgeführt wurde. Es blieb leider der alten Armee versagt, als erste der Welt einen Vorläufer des heute unentbehrlichen Hubschraubers in Dienst stellen zu können", schreibt Ernst Peter in seinem dieser Odyssee gewidmeten Buch.

*

Was geschah nun mit Petroczy? Nach dem Zusammenbruch der Doppelmonarchie – er war bereits Oberstleutnant – begab er sich in sein Heimatland und arbeitete im Geheimen am Aufbau einer ungarischen Luftwaffe, da der Friedensvertrag von Trianon die Wieder-

176

herstellung des ungarischen Militärflugwesens untersagte. Ab 1921 leitete er das ungarische Luftamt, das sich in der XI. Sektion des Handelsministeriums verbarg. Um keine Aufmerksamkeit zu erregen, trugen die rund hundert Offiziere und Unteroffiziere, die ihm zu Diensten standen, Zivilkleidung und wurden auf verschiedene Ministerien aufgeteilt. Er begann damit, alles was es an brauchbarem aeronautischen Material noch gab, zu sammeln und entwickelte in der Folge die Luftwaffe im Rahmen der Zivilluftfahrt, die ihm als Tarnung diente. 1937 wurde er mit 63 Jahren zum Direktor des „Ungarischen Luftschutzbundes" ernannt.

Nach dem Zweiten Weltkrieg mußte dieser bedeutende Mensch und große Pionier des Flugwesens einen wahren Leidensweg durchmachen. Die Kommunisten beschlagnahmten seinen Besitz und strichen seine Pension. Er überlebte durch kleine Gelegenheitsarbeiten und war in der Folge auf Almosen angewiesen. 1957 starb er im Elend.

*

Der Schweizer Degen, der Reichsdeutsche Kreß und der Ungar Petroczy waren die drei großen Pioniere in der Entwicklung des Helikopters; sie alle haben in Österreich gearbeitet und so dieses Land in die vorderste Reihe jener gestellt, die sich dem schwierigen Feld des „Senkrechtstarts" widmeten.

MAXIMILIAN RONGE

Wien, 9. November 1874 – Wien, 10. September 1953

„Im Herbst 1907 wurde ich – damals Generalstabshauptmann in Graz – ins Evidenzbüro (des Generalstabes) berufen.

Ob ich aber auch genügend Kenntnisse für meine neue Verwendung besitze? fragte ich mich. Sechs Jahre Truppendienst, drei Verwendungen im Generalstab, acht Garnisonen in elf Jahren an der italienischen, an der russischen Grenze und im Innern der Monarchie lagen hinter mir; das weite Reich hatte ich nach allen Richtungen durchquert. Genügte dies?"

*

Der Nachrichten-, Spionage- und Spionageabwehrdienst, in den Ronge soeben aufgenommen worden ist, zeichnet sich zu jener Zeit vor allem durch seine extreme Bescheidenheit aus. Als Leiter der Kundschaftsgruppe hat er einen einzigen Mitarbeiter, und Anfang 1912 umfaßt das Evidenzbüro insgesamt nur 28 Bedienstete, deren Zahl Mitte 1914 auf 42 erhöht wird.

*

Die Organisation war übrigens noch jung. Bis zum Ende des 18. Jahrhunderts unterhielt die kaiserliche Armee Kundschafterbüros nur in Kriegszeiten. Erst nach 1801 wurde ein permanentes Kundschafterkorps geschaffen, das die im Ausland gesammelten Informationen in Wien zentral erfaßte, während man in den Grenzprovinzen Kundschafterbüros einrichtete. Finanziell unterdotiert, funktionierten diese Büros schlecht und lieferten nur wenig Material. „Bei Beginn des Krieges 1805 war man über den Feind irrig, 1809 gar nicht unterrichtet", stellte Radetzky fest.

Erst 1850 entstand ein autonomes Evidenzbüro im Rahmen des Generalstabs. Im Laufe der Jahre gewann diese Dienststelle an Bedeutung, sie betrieb nun auch in Friedenszeiten Spionage und wertete die Meldungen der Militärattachés aus.

Um die Gegenspionage begann sich das Evidenzbüro allerdings nicht vor 1880 zu kümmern. Dabei wurden seine Aufgaben immer vielschichtiger. Nicht nur der Balkan, Rußland und Italien mußten überwacht werden, sondern in zunehmendem Maße auch die nationalistischen Bewegungen im Inneren der Monarchie. Eine enge Zusammenarbeit mit dem Nachrichtendienst des deutschen Generalstabs spann sich an.

*

Entschlossen geht Ronge daran, den Kundschaftsdienst zu reorganisieren. Ein Offizier des

Evidenzbüros, Rittmeister von Walzel, hat ein Zeugnis von seiner unermüdlichen Tätigkeit hinterlassen: Major Ronge war der begabteste Offizier, den unser Büro je besaß. (...) Sobald er die Leitung des Büros übernommen hatte, veränderte er das System grundlegend. Mit unglaublicher Ausdauer und unendlicher Geduld machte er sich an die Arbeit. Er unterhielt die besten Beziehungen mit dem deutschen Großen Generalstab, der Wiener Polizei, den Politikern, der Staatsanwaltschaft und der Generaldirektion der Post. Dann, als er sich durch die von diesen und anderen Behörden gelieferten Informationen und Berichte ein Bild geschaffen hatte, schuf er einen Apparat, der die größten Dienste leistete (...). Wer immer Gelegenheit hatte wie ich, ihn jahrelang bis zur Erschöpfung arbeiten zu sehen,

weiß, wie schwierig und anstrengend diese öde Kleinarbeit ist. Doch dieser Arbeit verdankte er seinen großen Erfolg."

*

Ab 1910 wird die Wichtigkeit des Evidenzbüros zunehmend anerkannt, und sein Chef, Oberst Urbanski, kann seinen Ausbau erreichen, dank der Unterstützung des Generalstabschefs Conrad von Hötzendorf. Von 1912 an stehen Ronge acht Offiziere zur Seite, im folgenden Jahr sind es bereits zwölf. Die Selbständigkeit seiner Abteilung zeigt sich darin, daß Ronge direkt dem stellvertretenden Generalstabschef referiert. Im November 1911 geht auch ein Wunsch in Erfüllung, der ihm am Herzen liegt: die Einrichtung eines eigenen Chiffredienstes. Leider bleibt der Mangel an finanziellen Mitteln die größte Behinderung für die Abteilung.
Zur Beschaffung von Informationsmaterial stehen Ronge Militärattachés, Konsularbeamte, inoffizielle, unbezahlte Konfidenten wie Reisende oder Geschäftsleute zur Verfügung, bezahlte Spione kommen nur selten zum Einsatz.

*

Der Name Maximilian Ronges ist unzertrennlich mit dem spektakulärsten Spionagefall verbunden, den die Donaumonarchie am Vorabend des Ersten Weltkriegs erlebte: die Affäre Redl.

Im April 1913 wurde ein an einen gewissen Nikon Nizetas gerichteter Poste-restante-Brief, der wochenlang in einem Postamt des Wiener I. Bezirks nicht behoben worden war, nach Berlin zurückgesandt. Nachdem man ihn dort zur Ermittlung des Absenders geöffnet hatte, stellte der lokale Nachrichtendienst fest, daß er neben einer großen Geldsumme zwei Adressen bekannter Spione in Genf und Paris enthielt. Der Brief wurde Ronge übermittelt, der ihn zum Postschalter zurückbrachte und diesen unter ständige Überwachung stellte. Inzwischen waren noch zwei weitere Briefe an denselben Empfänger angekommen.

Am 25. Mai, kurz nach 17 Uhr, kommt ein distinguierter Herr zum Schalter und verlangt seine Post. Die drei Polizeidetektive sehen die mysteriöse Gestalt nur noch in einem Taxi verschwinden, dessen Nummer sie sich merken und das sie bald darauf ausfindig machen. Der Chauffeur gibt an, daß er seinen Fahrgast beim Hotel Klomser abgesetzt habe. Im Wagen findet sich das Futteral eines Taschenmessers, das der Herr offensichtlich verloren hat. Eilends lassen sich die Detektive zum Hotel bringen, wo sie bestürzt erfahren, daß der kürzlich vorgefahrene Gast der Stabschef des Prager Korps, Oberst Redl sei. Dieser kommt gerade die Treppe herunter. Geistesgegenwärtig tritt ein Detektiv auf ihn zu: „Haben Herr Oberst nicht dieses Futteral verloren?" Redl bejaht, nicht ahnend, daß er damit sein Todesurteil unterschrieben hat.

Als Mitglied des Evidenzbüros hatte er früher Zugang zu streng geheimen Dokumenten gehabt. Um 1901 hatte der russische Nachrichtendienst Wind von seiner Homosexualität bekommen und ihn erpreßt. Redl lieferte unter anderem die Namen der in Rußland tätigen österreichischen Agenten, vor allem aber den Aufmarschplan der k.u.k. Armee im Kriegsfall.

Sofort unterrichten die Detektive Ronge: „In starrem Entsetzen verharrte ich einige Minuten, als mir die Kunde wurde, daß das langjährige Mitglied unseres Evidenzbüros, der militärische Sachverständige bei zahlreichen Spionageprozessen, als der Verräter entlarvt worden war."

Während Polizisten Redl auf den Fersen bleiben, informiert Ronge seine Vorgesetzten. Der Generalstabschef befiehlt, Redl festzunehmen, ihn zu verhören und ihm dann die Möglichkeit zum Selbstmord zu geben. Ronge fällt diese Aufgabe zu. „All die Dinge, die mich mein allzu interessanter Beruf noch erleben ließ, griffen weniger an Herz und Nerven, als dieser Verrat." Völlig gebrochen legt Redl ein Geständnis ab. Ronge läßt ihm eine Browning da; der Verräter erschießt sich im Morgengrauen.

Über das Ausmaß des Schadens, den der Spion der k.u.k. Armee zufügte, ist viel spekuliert worden. Eines steht fest: Nachdem Conrad den Aufmarschplan vor Kriegsausbruch teilweise abgeändert hatte, ohne daß die Russen davon erfuhren, scheinen ihnen die von Redl erhaltenen Angaben nicht viel genutzt zu haben.

*

Zu Beginn des Krieges tritt die Nachrichtenabteilung des Armeekommandos neben das Evidenzbüro, dessen Chef sie unterstellt ist. Sie soll der Armee alle verfügbaren Informationen über den Feind liefern. Gleich zu Beginn kann sie einen Erfolg verbuchen, denn es gelingt, die Funksprüche der Russen zu entziffern. Der „passive Kundschaftsdienst" – die Spionageabwehr – muß beträchtlich verstärkt werden, denn es wimmelt von Spionen auf dem Boden der Monarchie. Allein bis Ende 1914 werden über neunhundert festgenommen, die in den Armeebereich entfallenden nicht gerechnet.

Der Kriegseintritt Italiens bringt keine großen Überraschungen für den Nachrichtendienst, der dank seiner hervorragenden Arbeit den Aufmarschplan des Gegners ziemlich genau erraten hat. Schwierigkeiten bereitet dagegen die Dechiffrierung der italienischen Funksprüche, da diese stark verstümmelt sind. Erst im Juli wird eine komplette Depesche des Generalstabschefs abgefangen, chiffriert nach einem Code, den Ronge schon vor dem Krieg von einem Verräter gekauft hatte. Die Italiener ändern ihren Schlüssel bald, was den Österreichern einiges Kopfzerbrechen macht. Doch es gelingt, ihn zu „knacken", und von nun an gibt es kaum Probleme mehr.

*

Im April 1917 wird Ronge, inzwischen zum Obersten befördert, zum Chef der Nachrichtenabteilung und des Evidenzbüros ernannt, das seinen Sitz in Baden hat. Seine Organisation ist seit dem Ausbruch des Krieges bedeutend vergrößert worden; allein die Nachrichtenabteilung des Armeekommandos zählt 170 Offiziere und Beamte. Zusammen mit der Evidenzgruppe sieht sie sich vor zahlreiche und komplexe Aufgaben gestellt, etwa das Beibringen von Informationen über die Absichten des Feindes, die Jagd auf Spione auf dem eigenen Territorium, Wirtschaftsspionage, Überwachung der nationalistischen oder pazifistischen Kreise, Vernehmung der Kriegsgefangenen, Zensur, Abfangen und Entschlüsseln von Funksprüchen, Desinformation, Vorbereitung von Sabotageakten etc. etc.

*

Dabei ist oft mühsame Detailarbeit erforderlich, die Geduld und Scharfsinn verlangt. So kann, um nur ein Beispiel zu nennen, die Lektüre der Kleinanzeigen in den Zeitungen, die viele Mitarbeiter Ronges beschäftigt, wertvolle Hinweise auf die Tätigkeit feindlicher Spione bringen, wie die folgende, die in einem Wiener Blatt erschien: „Schweizer, 35 Jahre alt, perfekt in Buchhaltung und Korrespondenz, durch Jahre in leitender Stellung in Wien, hervorragende Referenzen." Von einem Spezialisten richtig interpretiert, bedeutete das in Wirklichkeit: 35 Jahre = 35. Infanteriedivision, Schweizer = Italien, Wien = Beobachtungsort, im Klartext: „35. Infanteriedivision von Wien Richtung Italien abgegangen."

*

Der Traum eines jeden Nachrichtenoffiziers, vollen Einblick in die Karten des Gegners zu erhalten, sollte für Ronge und seine Mitarbeiter in Erfüllung gehen. Am 10. November 1917 erreichen die verbündeten österreichischen und deutschen Truppen die Piave, nachdem sie die italienische Front durchbrochen und 12 000 Quadratkilometer in Venetien erobert haben. Ronge hatte den Vormarsch von verschiedenen Abhorchposten hinter der

Front aus verfolgt, und das „Spianti, spianti" der Italiener war Musik in seinen Ohren. Auf ihrem fluchtartigen Rückzug ließen die Italiener tonnenweise Dokumente zurück, die zahllose Informationen lieferten, wie Listen von Irredentisten, Spionen, Agenten des Spionagezentrums in Innsbruck, außerdem über Deserteure oder Gefangene der k.u.k. Armee, von denen sich einige beim Verhör durch die Italiener recht geschwätzig gezeigt hatten.

*

Der Waffenstillstand mit Italien ist unterzeichnet. Schwarzer, dicker Rauch steigt aus den Schornsteinen des Badener Hotels Herzoghof. Ronge hat befohlen, 300 000 Akten der Registratur der Nachrichtenabteilung zu verbrennen, damit sie nicht in Feindeshand fallen. Der k.u.k. Nachrichtendienst ist nicht mehr. „Weit über den herkömmlichen Rahmen hinaus waren im Weltkriege die Aufgaben des Kundschaftsdienstes gewachsen", schreibt Ronge. „Allüberall, innen und außen, sollte er seine Augen und Ohren haben, nicht nur auf militärischem, sondern auch auf politischem, wirtschaftlichem und technischem Gebiet; zahllos waren die Angriffspunkte, die in diesem gewaltigen, nur teilweise auf den Schlachtfeldern ausgetragenen Ringen auszunützen und zu schützen waren. Dies fiel vornehmlich dem im Frieden so wenig unterstützten und beachteten Kundschaftsdienst zu, der somit zu einer Schutz- und Trutzwaffe wurde. Redlich bestrebten sich seine beiden großen Zweige, den ihnen aufgelasteten schweren Pflichten Genüge zu tun."

LITERATURVERZEICHNIS

ALLGEMEINES

– C. von Wurzbach, *Biographisches Lexikon des Kaiserthums Österreich*, 60 Teile, Wien 1856–1891.
– *Österreichisches Biographisches Lexikon. 1815–1950*, 9 Bde, Graz-Köln 1957–1988 (bis zum Artikel „Savić" erschienen).
– *Handwörterbuch der gesamten Militärwissenschaften (...)*, hg. von B. Poten, 9 Bde, Bielefeld und Leipzig, 1877–1880.
– J. Ritter von Rittersberg, *Biographische Skizzen berühmter Feldherren des k.k. österreichischen Heeres, von den ältesten bis auf die neuesten Zeiten*, Prag 1831.
– A. Freiherr von Wrede, *Geschichte der k.u.k. Wehrmacht. Die Regimenter, Corps, Branchen und Anstalten von 1618 zum Ende des XIX. Jahrhunderts*, 5 Bde, Wien 1898–1905.
– *250 Jahre militärische Ausbildung in Österreich (...)*, Wien 1967.
– J. Deák, *Der k.(u.)k. Offizier. 1848–1918*, Wien–Köln–Weimar 1991.

EINZELDARSTELLUNGEN

Die Betroffenen sind mit ihrem gebräuchlichen Adelsprädikat angeführt (also „Graf von Daun" und nicht „Fürst von Thiano") sowie mit dem höchsten Rang, den sie in der k.(u.)k. Armee bekleideten.

Vinzenz Freiherr von Augustin, FZM

– A. Dolleczek, *Geschichte der österreichischen Artillerie von den frühesten Zeiten bis zur Gegenwart*, Wien 1887.
– W. Ley, *Rockets and Space Travel. The future of flight beyond the Stratosphere*, London 1948.
– A. Röpnack, *Die Geschichte der Raketenartillerie von den Chinesen bis zu den Deutschen, über ignis volans bis zur V-2!* Bad Aibling 1960 (masch. Man.).
– J. J. Langendorf, „Ces fusées dans le ciel de l'amitié", in: *Aimez-moi comme je vous aime. 190 lettres de G.H. Dufour à A. Pictet*, Wien 1987.

Ludwig Ritter von Benedek, FZM

– *Benedeks Nachgelassene Papiere*. Hg. und zu einer Biographie verarbeitet von H. Friedjung, Leipzig 1901.

– W. Alter, *Feldzeugmeister Benedek und der Feldzug der k.k. Nordarmee 1866. Mit einer Biographie des Feldzeugmeisters*, Berlin 1912.
– O. Regele, *Feldzugmeister Benedek. Der Weg nach Königgrätz*, Wien–München 1960.
– G. Fritsch, *Feldherr wider Willen. Das Leben des FML* [sic] *Ludwig von Benedek*, Wien–München 1966.

Svetozar Boroević von Bosna, FM
– E. Glaise-Horstenau, „Svetozor Boroević von Bosna", in: *Neue Österreichische Biographie*, I, 1923.
– E.F. Hoffmann, *FM Svetozar Boroević von Bojna. Österreich-Ungarns Kriegsfront an den Flüssen Isonzo und Piave*, Diss. Wien 1985.
– E. Bauer, *Der Löwe vom Isonzo. Svetozar Boroević von Bosna*, Graz–Wien–Köln 1986.

Carl Ritter von Catinelli, Oberst
– *Episoden aus dem Leben des Königlich großbrittanischen Obersten in Pension Carl Ritter von Catinelli (...). Autobiographie mit Beilagen*. Manuskript, Biblioteca statale isontina e biblioteca civica di Gorizia.
– L. Neumann, „Oberst Carl Ritter von Catinelli", in: *Wiener Zeitung*, Nov. 1869, Nr. 261.
– G. Stefani, „Figure dell' antirisorgimento: Carlo Catinelli", in: *Gorizia nel Risorgimento*. Miscellanea di studi storici per il Centenario dell' unità d'Italia, Gorizia 1961.

Franz Graf Conrad von Hötzendorf, FM
– FM Conrad, *Mein Anfang*, Berlin 1925.
– FM Conrad, *Aus meiner Dienstzeit 1906–1918*, 5 Bde, Wien–Leipzig–München 1921–1925.
– G. Gräfin Conrad von Hötzendorf, *Mein Leben mit Conrad von Hötzendorf. Sein geistiges Vermächtnis*, Leipzig 1935.
– A. Urbanski von Ostrymiecz, *Conrad von Hötzendorf. Soldat und Mensch*, Graz–Leipzig-Wien 1938.
– O. Regele, *Feldmarschall Conrad. Auftrag und Erfüllung. 1906–1918*, Wien–München 1955.

Hans Birch Freiherr von Dahlerup, Vizeadmiral
– H.B. Freiherr von Dahlerup, *In österreichischen Diensten*, 2 Bde, Berlin 1911–1912.
– J. Freiherr Benko von Boinik, *Geschichte der k.k. Kriegsmarine während der Jahre 1848 und 1849*, Bd. 3, 1, Wien 1884.

Leopold Graf von Daun, FM
– *Der deutsche Fabius Maximus Cunctator, oder Leben und Thaten Seiner Excellentz des Herrn Leopold Joseph Reichsgrafen von Daun*, Wien 1759.

– F.-L. von Thadden, *Feldmarschall Daun. Maria Theresias größter Feldherr*, Wien–München 1967.

Erzherzog Friedrich von Österreich, Vizeadmiral
– A. Breycha-Vauthier de Baillamont, „Le débarquement austro-britannique de 1840. Rapport du vice-amiral Bandiera", in: *L'Orient*, Beirut, 19. November 1967.
– Ders., *Österreich in der Levante. Geschichte und Geschichten einer alten Freundschaft*, Wien–München 1972.
– R. L. Dauber, *Die Marine des Johanniter-Malteser-Ritterordens. 500 Jahre Seekrieg zur Verteidigung Europas*, Graz 1989.
– Ders., *Erzherzog Friedrich von Österreich. Admiral und Ordensritter*, Graz–Wien–Köln, 1993.

Anton Freiherr von Haus, Großadmiral
– H. H. Sokol, *Österreich-Ungarns Seekrieg 1914–1918*, Zürich–Leipzig–Wien 1933.
– H. F. Mayer, *Die k.u.k. Kriegsmarine 1912–1914 unter dem Kommando von Admiral Anton Haus*, Diss. Wien 1962.
– H. H. Sokol, *Des Kaisers Seemacht. Österreichs Kriegsmarine 1848–1914*, Wien 1980.
– *Denn Österreich lag einst am Meer. Das Leben des Admirals Alfred von Koudelka*, hg. von L. Baumgartner, Graz 1987.

Heinrich Hentzi Edler von Arthurm, GM
– J. de Muller, *Histoire de la Confédération suisse*, Bd. XLV, Paris–Lausanne 1844.
– P. de Vallière, *Honneur et Fidélité. Histoire des Suisses au service étranger*, Lausanne 1940.
– I. Deák, *Die rechtmäßige Revolution. Lajos Kossuth und die Ungarn 1848–1849*, Budapest-Wien 1989.
– *700 Jahre Schweiz. Helvetia – Austria. Archivalische Kostbarkeiten des Österreichischen Staatsarchivs.* Ausstellungskataloge Bd. 14, Nov.–Juni 1991–1992.

Franz Hinterstoisser, Oberst
– F. Hinterstoisser, *Aus meinem Luftschiffer-Tagebuch*, Rzesów 1904.
– Ders., *Fünfundzwanzig Jahre Luftfahrt*, Wien 1915.
– E. Pitsch, *Die Fliegerhorste des Bundesheeres in Krieg und Frieden*, (Die Kasernen Österreichs, Bd. 2), Wien 1982.

Wolf Helmhard Freiherr von Hohberg, Hauptmann
– W.H. von Hohberg, *Georgica curiosa, das ist „Adeliges Land- und Feldleben".* Bericht und Unterricht auf alle in Deutschland üblichen Land- und Hauswirtschaften, ausgewählt und eingeleitet von H. Wehmüller, Wien 1984.
– J. Jerschke, *Wolfgang Helmhard von Hohberg als barocker Dichter*, Emsdetten 1936.

– O. Brunner, *Adeliges Landleben und europäischer Geist. Leben und Werk Wolf Helmhard von Hohbergs 1612–1688*, Salzburg 1949.

Franz Moritz Graf Lacy, FM

– O. Criste, *Kriege unter Joseph II.*, Wien 1904.
– E. Kotasek, *Feldmarschall Graf Lacy, ein Leben für Österreichs Heer*, Horn 1956.
– C. Langendorf, *FM Graf Lacy oder das Erstarren des militärischen Denkens. Ein „Drôle de guerre" am Ende des 18. Jahrhunderts*, Wien 1977 (masch. Man.).

Charles Joseph Fürst von Ligne, FM

– *Lettres et pensées du maréchal prince de Ligne publiées par Mme la baronne de Staël-Holstein*, Paris–Genf 1809.
– Prince de Ligne, *Fragments de l'histoire de ma vie*, hg. von F. Leuridant, 2 Bde, Paris 1927–1928.
– A. Graf Thürheim, *FM Carl Joseph Fürst de Ligne, „die letzte Blume der Wallonen". Eine Lebensskizze*, Wien 1877.
– E. Benedikt, *Karl Josef Fürst von Ligne. Ein Genie des Lebens*, Wien 1936.
– E. Chapuisat, *Le prince chéri, Charles-Joseph de Ligne*, Paris 1944.
– H. Walbroehl, *Der Fürst von Ligne. Leben und Werk*, Diss. Köln, Genf 1965.

Gideon Ernst Freiherr von Loudon, FM

– J. Pezzl, *Loudons Lebensgeschichte*, Wien 1792.
– *Loudon im Gedicht und Lied seiner Zeitgenossen*, gesammelt und hg. von W. Edler von Janko, Wien 1881.
– J. Kunisch, *Der Kleine Krieg. Studien zum Heerwesen des Absolutismus*, Wiesbaden 1973.
– F. Pesendorfer, *Feldmarschall Loudon. Der Sieg und sein Preis*, Wien 1989.

Karl Mack Freiherr von Leiberich, FML

– J. Ritter von Rittersberg, *Biographien der ausgezeichnetsten verstorbenen und lebenden Feldherren der k.k. österreichischen Armee aus der Epoche der Feldzüge 1788–1821*, 2 Bde, Prag 1827–1829.
– „Die Kapitulation von Ulm. Eine Denkschrift des Generals Mack", in: *Historisches Taschenbuch*, 5. Folge, Bd. 3, Leipzig 1873.
– Jean Thiry, *Ulm, Trafalgar, Austerlitz*, Paris 1962.

Wilhelm Friedrich Meyern, Hauptmann

– W.F. Meyern, *Dya-Na-Sore oder Die Wanderer*, Neue Auflage, 5 Bde, Leipzig 1800.
– J. Pauscher, „Dya-Na-Sore. Ein Staatsroman von Friedrich Wilhelm von Meyern", in: *XXXIV. Jahresbericht der k.k. Staatsrealschule Jägerndorf*, 1911.
– R. Lorenz, *Volksbewaffnung und Staatsidee in Österreich (1792–1797)*, Wien 1926.

– T. Stettner, „Wilhelm Friedrich von Meyern", in: Ders., *Aus Ansbachs und Frankens vergangenen Tagen*, Ansbach 1928.
– A. Schmidt, „Dya Na Sore. Blondeste aller Bestien", in: Ders., *Dya Na Sore. Gespräche in einer Bibliothek*, Karlsruhe 1958.
– G. de Bruyn, „Taten und Tugenden. Meyern und sein deutsches Revolutionsmodell", in: W. F. Meyern, *Dya-Na-Sore oder Die Wanderer*, Frankfurt/M., 1979.

Raimondo Graf Montecuccoli, FM
– C. Campori, *Raimondo Montecuccoli. La sua famiglia et i sui tempi*, Florenz 1876.
– A. Gimorri, „Raimondo Montecuccoli e le sue opere", in: R. Montecuccoli, *I viaggi*, Modena 1924.
– *Atti del convenio di studi su Raimondo Montecuccoli nel terzo centenario della battaglia su la Raab*, Modena 1964.
– T. Barker, *The Military Intellectual and Battle. Raimondo Montecuccoli and the Thirty Years War*, Albany, New York 1975.

François-Louis de Pesme de Saint-Saphorin, Vizeadmiral und GM
– S. Stelling-Michaud, *Les aventures de M. de Saint-Saphorin sur le Danube*, Paris–Neuchâtel 1933.
– Ders., *Saint-Saphorin et la politique de la Suisse pendant la guerre de Succession d'Espagne (1700–1710)*, Villette-les-Cully 1935.
– P. de Vallière, *Honneur et Fidélité. Histoire des Suisses au service étranger*, Lausanne 1940.
– T. Gehling, *Ein europäischer Diplomat am Kaiserhof zu Wien. François-Louis de Pesme, seigneur de Saint-Saphorin als englischer Resident am Wiener Hof 1718–1727*, Bonn 1964.

Stephan Petroczy von Petrocz, Oberstleutnant
– E. Peter, *Tragschrauber. Hubschrauber. Österreichs Pioniere*, Graz 1985.
– W. Behringer u. C. Ott-Koptschalijski, *Der Traum vom Fliegen. Zwischen Mythos und Technik*, Frankfurt/M. 1991.

Octavio Fürst Piccolomini, GL
– A. Freiherr von Weyhe-Eimke, *Octavio Piccolomini, als Herzog von Amalfi, Ritter des Goldenen Vlieses, deutscher Reichsfürst und Gemahl der Prinzessin Maria Benigna Franziska von Sachsen-Lauenburg*, Pilsen 1871.
– H.M. Richter, *Die Piccolomini*, Berlin 1874.

Oskar von Potiorek, FZM
– F. Weinwurm, *FZM Oskar Potiorek. Leben und Wirken als Chef der Landesregierung für Bosnien und der Herzegowina in Sarajevo 1911–1914,* Diss. Wien 1964.

– R. Jeřábek, *Potiorek. General im Schatten von Sarajewo*, Graz–Wien–Köln 1991.

Josef Graf Radetzky de Radetz, FM
– K. von Schönhals, *Der k.k. österreichische Feldmarschall Graf Radetzky. Eine biographische Skizze nach den eigenen Dictaten und der Correspondenz des Feldmarschalls von einem österreichischen Veteranen*, Stuttgart–Augsburg, 1858.
– O. Regele, *Feldmarschall Radetzky. Leben, Leistung, Erbe*, Wien 1957.
– A. Sked, *The Survival of the Habsburg Empire. Radetzky, the Imperial Army and the Class War, 1848*, London–New York 1979.
– F. Herre, *Radetzky. Eine Biographie*, Berlin-Darmstadt-Wien 1981.

Maximilian Ronge, GM
– M. Ronge, *Zwölf Jahre Kundschaftsdienst. Kriegs- und Industriespionage*, Zürich–Leipzig–Wien 1930.
– Ders., *Meister der Spionage*, Leipzig-Wien 1935.
– K. von Walzel, *Kundschaftsdienst oder Spionage. Erinnerungen eines alten Nachrichtenoffiziers*, Leipzig–Wien 1934.
– A. Urbanski von Ostrymiecz, *Conrad von Hötzendorf. Soldat und Mensch*, Graz–Leipzig–Wien 1938.
– M. Fuchs, *Der österreichische Geheimdienst. Das zweitälteste Gewerbe der Welt*, Wien 1994.

Daniel Freiherr von Salis-Soglio, FZM
– D. Freiherr von Salis-Soglio, *Mein Leben und was ich davon erzählen will, kann und darf*, 2 Bde, Stuttgart–Leipzig 1908.
– „Beim Erbauer der Festung Przemysl FZM Daniel von Salis-Soglio", in: *Der Bund*, 6. Juni 1915.
– F. Forstner, *Przemysl, Österreich-Ungarns bedeutendste Festung*, Diss. Wien 1987.
– E. Putz, „FZM Daniel von Salis-Soglio" in: *Allg. Schweizerische Militärzeitung* Nr. 3, 1966.

Friedrich Fürst zu Schwarzenberg, GM
– J. Mühlndorfer, *Friedrich Fürst von Schwarzenberg*, Diss. Wien 1911.
– A. Winkler, „Des Fürsten Friedrich zu Schwarzenberg Anteil am Sonderbundskrieg, nach den Akten der Wiener Archive", in: *Zeitschrift für schweizerische Geschichte*, 1, 1921.
– H. Belke, *Autobiographie und Zeitkritik. Friedrich Fürst zu Schwarzenberg als Schriftsteller*, Düsseldorf 1971.
– J. J. Langendorf, *Guillaume Henri Dufour. General – Kartograph – Humanist*, Luzern-Zürich 1987.

Rudolf Freiherr von Slatin, Leutnant

– R. Slatin Pascha, *Feuer und Schwert im Sudan. Meine Kämpfe mit den Derwischen, meine Gefangenschaft und Flucht 1879–1895*, Leipzig 1896.
– R. Hill, *Slatin Pascha*, London 1965.
– G. Brook-Shepherd, *Slatin Pascha. Ein abenteuerliches Leben*, Wien–München–Zürich 1972.
– E. Flaudorfer, *Rudolf Slatin, Pascha und Baron. Das abenteuerliche Leben eines Österreichers in zwei Erdteilen*, Diss. Wien 1971.

Wilhelm Freiherr von Tegetthoff, Vizeadmiral

– *Aus Wilhelm von Tegetthoffs Nachlaß*, hg. von A. Beer, Wien 1882.
– P. Handel-Mazetti u. H. Sokol, *Wilhelm von Tegetthoff. Ein großer Österreicher*, St. Pölten 1956.
– H. Sokol, *Des Kaisers Seemacht. Die k.k. österreichische Kriegsmarine 1848 bis 1914*, Wien–München 1980.
– K. Müller, *Tegetthoffs Marsch in die Nordsee,* Graz–Wien–Köln 1991.

Franz Freiherr von der Trenck, Oberst

– F. von der Trenck, *Merkwürdiges Leben und Thaten des alten Freyherrn von der Trenck*, Neue Aufl., Frankfurt–Leipzig 1788.
– N. v. Preradovich, *Das seltsam wilde Leben des Pandurenoberst von der Trenck*, Graz–Stuttgart 1980.

Franz Freiherr von Uchatius, FML

– A. von Lenz, *Lebensbild des Generals Uchatius, des Erfinders der Stahlbronzegeschütze, mit neuen Briefen des Generals an seine Frau*, Wien 1904.
– V. Tissot, *Vienne et la vie viennoise*, 23. Aufl., Paris 1881.
– E. Kurzel-Runtscheiner, *Franz Freiherr von Uchatius*, Sonderabdruck aus *Blätter für Geschichte der Technik*, 4. Heft, Wien 1937.
– J. Duhem, *Histoire de l'arme aérienne avant le moteur*, Paris 1964.

Georg Freiherr von Vega, Oberstleutnant

– S. Baur, *Allgemeines historisch-biographisch-literarisches Handwörterbuch aller merkwürdigen Personen, die in dem ersten Jahrzehend des neunzehnten Jahrhunderts gestorben sind*, Bd. 2, Ulm 1816.
– *Biographie universelle ancienne et moderne*, Bd. 48, Paris 1827.

Albrecht Herzog von Wallenstein, Generalissimus

– R. Huch, *Wallenstein. Eine Charakterstudie*, Leipzig 1915.
– G. Wagner, *Wallenstein. Der böhmische Condottiere. Ein Lebensbild mit zeitgenössischen Dokumenten*, Wien 1958.

– G. Mann, *Wallenstein*, Frankfurt/M. 1971.
– H. Diwald, *Wallenstein. Eine Biographie,* München 1969.

Alfred Candid Reichsfürst zu Windisch-Grätz, FM
– P. Müller, *Feldmarschall Fürst Windischgrätz. Revolution und Gegenrevolution in Österreich*, Wien–Leipzig 1934.
– R. Kiszling, *Die Revolutionen im Kaisertum Österreich 1848–1849*, 2 Bde, Wien 1948.
– H. Schöckl, *Die antirevolutionäre Dynamik von Radetzky, Windischgrätz und Jellačić im Jahre 1848*, Dipl.arbeit, Wien 1987.

DER AUTOR:

Jean-Jacques Langendorf, geboren 1938, Schweizer Militärhistoriker. Studium der Geschichte, Philosophie, Kunstgeschichte und Arabistik in Lausanne, Genf und Tunis. Verbrachte mehrere Jahre in Nordafrika, im Nahen Osten und auf Zypern zum Studium der Militärarchitektur der Byzantiner, Araber und Kreuzritter und veröffentlichte mehrere Arbeiten hierzu. Verfasser einer Biographie des Generals G. H. Dufour, Herausgeber von dessen Korrespondenz mit A. Pictet, Autor einer Geschichte der schweizerischen Raketenwaffe, einer kritischen Darstellung des Golfkriegs, eines Buches über die Theoretiker der Gegenrevolution sowie zahlreicher Schriften über Militärgeschichte, reaktionäres Denken, Geistes- und Musikgeschichte. Mitarbeiter mehrerer Zeitungen und Zeitschriften, des *Historischen Lexikons der Schweiz* und von „Radio suisse romande". Er verfaßte außerdem drei Romane und zwei Novellenbände, die in die wichtigsten europäischen Sprachen übersetzt wurden.